인권의 최전선

조효제 교수의 미래 인권 강의

인권의 최전선

교양인
GYOYANGIN

1장 ───────────────────

인권의 지평을
넓히는 상상력

2장

녹색 인권 시대가
온다

4장

지구촌 인권의
미래를 묻는다

5장

인권-평화 국가로
가는 길

한국 사회에서 인권 담론이 큰 흐름을 형성한 지 약 이십여 년 정도 되었다. 21세기와 인권의 시대가 거의 일치한다. 인권은 이제 정의로운 세상, 좋은 세상을 은유하는 대표적인 표제어로 손꼽힌다. 또 옳고 그른 것을 판별하는 중요한 기준이 되었다. 어떤 사건이 벌어졌을 때 그것이 인권에 비추어 어떤 의미가 있는지 따져보게 되었다. 많은 사람이 인권의 관점에서 사회 문제를 바라보고, 인권으로 말문을 연다.

인권이 이렇게 널리 회자되는 것은 반가운 일이다. 누구나 인권을 이야기하는 상황이 왜 반가운가? 복잡하게 생각할 필요 없다. 정반대의 상황을 상상해보면 된다. 인권을 기피하고 외면하고 거부하는 것이 정상으로 여겨지는 사회가 있다고 생각해보라. 그곳에 사는 사람들이 얼마나 괴롭고 답답하고 끔찍한 심정이겠는가?

나는 인권이 없는 사회를 상상하다 보면 서대문형무소역사관을 방문했을 때가 떠오르곤 한다. 독립운동가들을 가두어 두던, 아주 비좁은 관을 세로로 세워놓은 듯한 나무로 된 형구(刑具)가 있었다. 가이드가 한번 체험해보라고 해서 고개를 숙이고 들어갔다. 바깥에서 문을 닫는 순간 나는 폐소공포와 공황장애로 숨이 멎는 것 같았다. 지금도 그 순간을 기억하면 가슴에 경련이 날 정도로 고통이 엄습한다.

내가 잠시 동안 느꼈던 그 절박한 두려움을 집단 전체로 확대하면 그것이 곧 인권이 없는 사회의 모습이 아닐까 한다. 돌이켜보면 독재 시대의 하루하루가 그런 사회였다. 언제나 모든 것이 국가 안보의 이름으로 좌우되었다. 언제나 법과 질서를 강조하는 구호와 선전이 난무했다. 언제나 집단과 권위가 개인의 자유와 권리에 앞섰다. 언제나 충성과 순응이 우선시되었다. 학교에서는 교사가 학생을, 선배가 후배를, 동급생이 동급생을 괴롭히고 폭력을 가했다. 심리적 폭력은 폭력 축에도 끼지 못할 정도로 적나라한 물리적 폭력이 횡행하던 시절이었다. 모든 학교가 군대처럼 편성되고 학급 반장은 소대장이라 불렸다. 교련 시간에는 총검술과 수류탄 던지기 훈련을 받았다. 교사 중에서 이런 분위기에 동조하지 않은 사람은 불이익을 당했다는 사실을 나중에야 알았다.

최근 또래 지인들과 오래전 학창 시절에 관해 이야기를 나눈 적이 있다. 고향이 다르고 학교도 달랐지만 한 가지는 일치했다. 아직도 학교 다닐 때 겪었던 심신의 고통의 기억을 제각기 지니고 있었다. 지금껏 악몽을 꾼다는 이도 있었다. 말도 안 되는 억지와 억압을 당해 그때의 일을 용서할 수 없다고도 했다. 머리가 희끗희끗한 중장년들이 수십 년 전의 트라우마를 토로하는 모습에서 나는 인권 없는 사회가 만들어낸 집단적 외상후스트레스장애의 흔적을 발견할 수 있었다.

그때와 비교하면 오늘의 한국 사회는 상전벽해라는 표현도 부족할 정도로 많이 변했다. 자유와 권리와 표현과 자기 주장이 넘쳐난다. 그런데 여기에 함정이 있다. 과거에 비해 자유의 공간이 늘어난만큼 사람들의 인권이 그만큼 향상되고 삶이 그만큼 행복해졌는가? 만일 그렇다면 개인의 자유와 권리를 중시하는 방향으로 사회가 변하면 그에 따라 인권이 단선적으로 진보한다고 간단히 정리할 수 있다. 어제보다 오늘이 낫고 오늘보다 내일이 나을 것이라고 말이다. 과연 그런가?

아마 이 질문에 대한 답에는 '예스'와 '노'가 절반씩 들어 있을 것이다. 이 질문을 어떻게 받아들이느냐, 이 질문에 어떻게 대답하느냐가 오늘날 인권의 핵심적인 이슈가 되었다. 이 질문에 대한 반응이 그 사람의 가치관과 인권관과 역사관을 보여준다고 해도 과언이 아니다. 결론부터 말하면 자유와 권리가 늘어난 것은 분명하지만 새로운 문제가 확산된 것 또한 사실이다. 인권의 토대가 굳건해진 것은 분명하지만 여전히 배제되고 잊힌 존재들이 계속 나타나고 있는 것 또한 사실이다. 권리의 언어가 넘쳐나는 것은 분명하지만 예나 지금이나 본질적으로 달라진 점은 없다고 느끼는 사람들이 여전히 많은 것 또한 사실이다.

바로 여기에 인권 발전의 비밀이 숨어 있다. 인권 발전의 길은 그 속성상 끝이 없는 여정과 같다. 사회가 발전하면서 좋아지는 면도 있지만 상상하지 못했던 억압이 연기처럼 피어오른다. 새 시대가 와도 예전부터 존재해 왔던 인권 문제가 새로운 버전으로 등장하기도 하고, 전혀 새로운 인권 문제가 발생하기도 한다.

과거에는 몰랐거나, 숨어 있었거나, 정당한 권리로 인정받지 못했던—심지어 당사자조차 그것을 인권이라고 알지 못하고, 권리로 주장할 수 있다고 상상하지 못했던—어떤 고통과 욕구가 계속 새롭게 발언권을 얻어 가는 것이 인권의 영원한 회로다. 또한 정치, 경제, 사회, 문화의 변동으로 상상치도 못했던 까다로운 인권 문제가 새롭게 등장하는 것도 인권의 영원한 회로다.

그럼에도 불구하고 일부 사람들이 하는 말이 있다. "세상이 많이 좋아졌는데 뭐 그리 불만이 많은지." "요즘 세대는 세상 어려운 것을 몰라." "이만하면 먹고 살 만한데 왜 허구한 날 인권 타령인가." "인권이 밥 먹여주나." "살아보면 세상이 그렇게 만만하지 않다는 걸 알게 될 텐데." 얼핏 일리 있는 말처럼 들린다. 하지만 짧은 생각으로 쉽게 내놓는 겉핥기식 논평에 불과하다.

이 책은 인권이 왜 시대의 변화와 함께 자동적으로, 가지런하게, 순리대로, 직선적으로 발전하지 않는가 하는 문제 의식에서 출발한다. 어째서 세상은 좋아지는 것 같으면서도 여전히 허술하고, 나아지는 면이 있으면서도 여전히 빈틈이 많고, 하나의 문제가 해결되면 왜 두세 개의 문제가 또 발생하는지에 관하여 해답을 찾고자 했다. 아니, 해답을 찾기보다 그런 해답을 찾아가는 길을 보여주려 했다. 수학 문제의 정답을 제시하기보다 그것에 도달하는 문제 풀이 과정을 안내하는 것과 비슷하다. 어쩌면 인권 역시 목적지보다 과정이 더 중요할지도 모르겠다.

오랫동안 인권을 가르쳐본 경험을 한마디로 요약하면 이렇다. "지성적 토론과 민주적 대화의 과정 없이 OX 식의 정답만 강요하는 인권 교육은 반짝 효과는 있을지 몰라도 장기적으로 보면 모래 위에 지어진 성채에 불과하다."

독재 시대에는 인권 지식과 인권 운동만 있으면 되었다. 자신의 권리를 알고, 독재를 거부하고 인권을 부르짖기만 하면 되었다. 인권을 요구하는 것 자체가 독재 타도를 요구하는 것이었다. 그러나 민주 시대에는 인권 지식, 인권 운동에 더해 인권 공부가 필요해졌다. 인권 공부를 통해 인권의 필요성과 효용성, 장점과 한계, 인권과 민주주의, 법학적 인권과 사회학적 인권의 공통점과 차이점 등을 따져볼 필요가 생겼다.

공부라고 해서 엄청난 학문을 하라는 말이 아니다. 인권 쟁점을 지적으로 분석하고, 논리적으로 따져보고, 마음의 문을 열고 민주적 대화에 참여하는 것이 곧 인권 공부의 핵심이다. 인권 공부는 벼락치기를 허용하지 않는다. 모든 공부가 그렇듯 참된 인권 교육은 숙성의 시간을 요구한다. 물론 즉시 효과를 보아야 하는 긴급한 사안도 있다. 급한 사건은 급하게 대응해야 한다. "지연된 정의는 정의가 아니다."라는 법언이 이를 상징한다.

그러나 민주 사회에서 시민들의 토대적 인식 변화와 시각의 교정에 관한 한, 왕도는 없다. 인권 공부의 효과가 나타나려면 상당한 시간이 걸린다는 점을 받아들여야 한다. 시간도 걸리지만 효과가 나타나는 방식도 직접적이 아닐 때가 많다. 가랑비에 옷 젖듯이 간접적인 변화, 맥락의 변동, 사회적 에토스의 미묘한 선회가 천천히 다가온다.

인권 공부는 사회학적으로나 사회심리학적으로 인권 문제를 살필 안목을 키워준다. 이런 공부를 위해 좋은 길잡이가 될 만한 책을 두 권 추천한다. 고든 올포트의 《편견》은 차별과 배제가 일어나는 근본 원인을 사회심리학적으로 고찰한 현대의 고전이다. 마크 프레초의 《인권사회학의 도전》은 인권 문제가 어떻게 제기되고 인권 운동이 어떻게 전개되는지를 사회학적으로 분석한 명저이다.

예를 들어보자. 표현의 자유가 어디까지 허용되는지, 난민 인권을 옹호한다는 것이 정확하게 무슨 뜻인지, 학생 인권과 교권이 충돌하는 상황을 어떻게 해석해야 하는지, 왜 차별금지법을 만들자고 하는지, 인권에는 권리만 있고 의무는 없는 것인지, 인권은 인간의 권리만 지지하고 동물이나 자연에는 무관심한 개념인지 등은 칼로 무 자르듯 명확한 결론을 내기 어려운 질문들이다. 민주적 대화와 토론을 거쳐 시민들이 해답을 찾아가야 하는 질문들인 것이다. 바로 이 때문에 인권 공부가 필요하다. 열정적으로 논쟁하되 그 논쟁을 거쳐 나온 결론 역시 특정 시점의 '잠정적 결론'임을 인정하는 열린 자세가 필요하다. 오늘 '옳다'고 결론이 난 문제가 몇 년 뒤에는 전혀 다르게 해석될 수도 있다는 점을 받아들여야 한다. 인권의 역사가 이를 입증해준다.

세상 어느 누구도, 모든 문제에서, 영원히, 진리를 독점할 수는 없다. 이것이 인권 공부에 임하는 우리의 자세가 되어야 한다. 그렇지 않으면 민주 시대의 인권 지향이 바벨탑의 혼란으로 귀결될 가능성도 있다. 그러므로 우리가 당연시하는 전제 자체에 대해 원점에서부터 성찰하는 태도가 인권 공부의 출발점이라 하겠다.

한 가지 예를 들어보자. 우리는 흔히 '보편 인권' 또는 '인권의 보편성'이라는 말을 자주 쓴다. '인권'과 '보편'은 분리할 수 없는 단짝 같은 개념이다. '세계인권선언'은 "우리가 인류 가족 모든 구성원들의 타고난 존엄성……"이라는 구절로 시작된다. 모든 인간에게 공통적인 존엄을 인정한다는 말이다. 이때 모든 인간은 피부색, 국적, 성별 등을 초월하는 말 그대로의 모든 인간들이다. 인권 보편성은 너무나 흔히 듣는 말이어서 식상할 정도다. 인권에 조금이라도 관심 있는 사람이라면 상식 중의 상식이라고 여기기 쉽다.

그런데 과연 우리가 인권을 '보편적'인 것으로 받아들이고, 이해하고, 실천하고 있다고 자신할 수 있을까. 나는 시민들과 인권을 이야기하는 자리에서 다음과 같은 질문을 하곤 한다. "최근 몇 년 사이에 기억에 남는 인권 문제로 어떤 것이 있습니까?" 이 질문에 여러 대답이 나온다. 그런데 지금까지 이주 노동자, 난민, 무국적자 또는 미얀마의 소수 민족 로힝야족이 겪는 인권 침해를 이야기하는 사람을 만나본 적이 거의 없다. 그런 문제를 인권 문제가 아니라고 생각하는 것은 아니지만, 먼저 떠오르지 않는 것 같았다. 머리로는 이해가 가는데 가슴으로는 그런 문제를 겪는 당사자들의 고통이 절실하게 느껴지지 않는 것이다. 우리가 인권을 이해하는 방식이 국경선 안에 머물러 있음을 알 수 있다.

이 점은 '보편적 인권'이라는 원칙에 관해 대단히 중요한 함의를 던진다. 즉, 우리는 보편 인권을 상식처럼 간주하지만 실제로는 국민 기본권을 중심으로 하여 인권을 생각하는 경향이 있다. 나는 촛불 집회에 열성적으로 참여하고 스스로 인권 의식이 있다고 자부하면서도 난민 문제에 굉장히 부정적인 태도를 취하는 사람들을 실제로 만난 적이 있다.

이처럼 '인권'을 지지한다고 하지만 그 내용을 들여다보면 국민으로서 지니는 기본 권리를 가리키는 경우가 태반이다. 다시 말해 인권에 대해 잘 알고, 인권을 지지한다고 스스로 자부하는 사람이라 해도 실제로는 인권 개념을 보편적 인권이 아닌 자국 중심의 국민 기본권 개념으로 잘못 알고 사용하는 경우가 많다는 것이다.

솔직히 이렇게 말하는 나 스스로도 인권을 정말 보편적으로 받아들이고 있는지 돌아볼 점이 많다. 인권을 오랫동안 공부했지만 아직도 '팔이 안으로 굽는' 경향이 남아 있음을 정직하게 고백한다. 그래서 인권을 진정 '보편적인' 것으로 받아들이고, 그렇게 느끼기 위해 늘 의식적으로 노력하는 편이다.

'보편적 인권'이라는 기본 중의 기본인 인권 개념조차 제대로 실천하기 어려운 차원이 있다는 점을 한 번 더 강조한다. 그 원칙에 동의한다고 해서 그것을 실제로 실천한다고 보장할 수는 없다. 늘 의식적으로 노력하고, 목적지에 완전히 도달하지 못하더라도 그쪽 방향으로 한 발씩 걸음을 내딛는 과정 자체가 중요하고 의미 있다는 점을 기억하면 좋겠다.

인권 교육과 관련해 꼭 말하고 싶은 것이 있다. 앞에서 보았듯 인권은 국민 기본권을 포함하지만 그보다 더 큰 개념이다. 국민 기본권은 인권의 필요조건이지만 충분조건은 아니다. 이 차이는 생각보다 훨씬 깊고 중요하다. 예를 들어 인권 교육을 위해 대한민국 헌법의 기본권부터 공부한다면 순서가 바뀐 것이다. 헌법상의 권리가 나쁘다는 말이 절대 아니다. 인권은 '보편적' 관점에서 출발하는 것이 논리상 맞다는 이야기를 하는 것이다. 따라서 '세계인권선언'부터 시작해서 보편 인권을 익힌 다음, 헌법을 통해 국민 기본권을 배우는 것이 좋은 순서라고 생각한다. 적어도 시티즌십(citizenship)이 아니라 '인권(human rights)'을 가르치려면 그렇게 차례를 정해야 한다. 단순화해서 말하자면 민주 시민 교육은 민주 공화국의 헌법으로 접근할 수 있다. 그러나 인권 교육은 세계 시민 교육의 정신과 결부해 '세계인권선언'에서 출발하는 것이 바람직하다는 말이다.

다시 원래의 질문으로 돌아가자. 인권은 시대가 바뀌고 사회가 발전한다고 해서 직선적으로 곧바로 발전하는 것이 아니다. 늘 새로운 억압 권력을 찾아내고, 모순적인 현실을 직시하면서 토론과 대화와 논쟁을 통해 건너야 할 '영원의 강'과 같은 것이다. 심지어 '보편 인권'같이 누구나 알고 있다고 생각하는 기본 개념조차 실제로 따져보면 굉장히 복잡하고 실행이 어려운 것처럼, 인권의 모든 측면이 복잡하고 까다롭다. 생각해보고, 궁리해보고, 따져보고, 민주적으로 논쟁하면서 찾아가야 하는 길이지, 정답의 리스트를 미리 정해놓고 암기 식으로 주입할 수 있는 것이 아니다.

이 책은 바로 그러한 길 찾기를 돕기 위해 쓰였다. 인간 세상의 다양하고 모순적이고 급변하는 상황 속에서 보편적인 인간 존엄을 보장받을 수 있는 길을 독자들과 함께 모색하려 한다. 완제품 정답을 제시하기보다, 인권을 원점부터 생각해보고 현실의 모순과 난점을 있는 그대로 드러내어 함께 고민하는 인권 여행의 가이드북이 될 수 있으면 좋겠다.

그것을 위해 책 전체를 다섯 장으로 분류하고 그 안에 글 꼭지들을 나누어 배치했다. '인권의 지평을 넓히는 상상력', '녹색 인권 시대가 온다', '더 깊은 인권 감수성이 필요하다', '지구촌 인권의 미래를 묻는다', '인권-평화 국가로 가는 길'로 구성되었다. 장 제목에서 드러나듯 21세기에 더욱 중요해질 영역과 이슈들이 많다. 그럴수록 대화와 토론의 밀도가 높아져야 할 것이다.

2020년 8월
항동골에서 조효제 드림

1장

인권의 지평을 넓히는 상상력

우리는 모두 난민의 후예다

공자, 모세, 마르크스, 달라이 라마, 프로이트, 아인슈타인, 니체, 쇼팽. 이들의 공통점이 무엇일까. 모두 난민이나 망명과 관련된 인물이라는 점이다. 난민의 역사는 곧 인류의 역사다. 자기 땅에서 살기 어려워 타지로 옮겨 다닌, 자의 반 타의 반 인구 이동의 역사가 호모 사피엔스의 진화 그 자체다. 터키 해변에 떠내려온 세 살배기 시리아 난민 어린아이 아일란 쿠르디의 사진 한 장에 많은 이들의 마음이 먹먹해진 것도 어쩌면 우리 인간의 무의식에 원형질처럼 새겨져 있는 유민(流民)의 경험 때문인지도 모른다.

그러나 오랜 역사를 지닌 난민 현상이 국제 사회의 의제로 등장한 것은 비교적 최근의 일이다. 19세기 말부터 20세기 초 사이, 민족주의의 발흥과 국민국가 체제의 보편화가 진행되면서 난민이 국제적 이슈가 되었다. 지난 1백 년 사이 국제 사회에서 난민에 관해 두 가지 경향이 나타났다. 하나는 제도화 경향이다. 국제연맹은 1921년 역사상 최초로 난민최고대표실을 신설한다. 1917년 러시아의 볼셰비키 혁명과 내전으로 약 80만 명에서 150만 명의 난민이 발생했다. 레닌이 이들의 시민권을 박탈했으므로 수많은 무국적자들이 유럽 각지를 떠돌게 된 것이 새로운 기구 창설의 동기가 되었다. 북극 탐험으로 유명한 노르웨이의 프리드쇼프 난센(Fridtjof Nansen)이 초대 대표로 취임하여 무국적자들에게 국제 여행 증명서, 이른바 '난센 여권'을 발급해주었다. 45만 명이 이 조처의 혜택을 받았다. 러시아 출신의 화가 샤갈, 소설가 나보코프, 작곡가 라흐마니노프와 스트라빈스키도 난센 여권을 품에 지니고 살았다. 그 뒤 여러 국제 기구에서 난민을 다루다가 1951년 유엔에서 난민지위협약이 제정된 후 오늘날의 유엔 난민최고대표실(유엔난민기구)이 결성되었다.

또 하나는 '난민' 개념의 확대다. 알다시피 난민협약에 나와 있는 난민 규정은 엄격하다. 자기 나라를 벗어나 있어야 하고, 박해를 받았으며, 자국으로 돌아갔을 때 박해를 받을 근거 있는 우려가 있고, 인종, 종교, 국적, 특정 사회 집단 소속, 정치적 견해 때문에 조국을 떠났다는 조건을 갖춰야만 한다. 시간이 흐르면서 정치적·사회적·경제적 조건이 변하여 원래의 난민 개념은 아니지만 여러 이유로 삶의 터전을 (반)강제로 떠날 수밖에 없이 내몰린 사람들이 심각한 문제로 떠올랐다. 자국 내에서 내전이나 기근으로 삶의 뿌리가 뽑혀 고향을 떠나게 된 사람도 크게 늘었다. 요즘은 공식적 난민과 비공식적 난민을 뭉뚱그려 '강제 이재민(FDP, Forcibly Displaced Persons)'이라고 부른다. '강제 이산민'이라 하기도 한다. 반기문 유엔사무총장도 이 표현을 자주 사용했다. 최근에는 성소수자 정체성 탄압 혹은 여성 생식기 절제를 피해 타국에 비호 신청을 하는 사람이 많아졌다. 유엔 추산에 따르면 2014년 말 기준 전 세계적으로 약 5960만 명의 이재민이 있다.* 이중 약 3분의 1이 국제 이재민(공식적 난민 포함)이고, 나머지는 국내 이재민이다.

지난 30여 년간 아프가니스탄에서 난민이 가장 많이 발생했지만 이제 시리아가 그 자리를 차지했다. 유럽에서 시리아 난민 수용을 놓고 논란이 많지만 실제로는 국제 이재민 중 86퍼센트 이상이 개도국에 수용되어 있다. 터키, 파키스탄, 요르단, 레바논, 이란, 케냐, 차드, 중국 등이다.** 이중엔 자기 국내 사정도 어려운 나라가 많다. 난민을 받아들이는 상위 10개국 중 이른바 선진국은 독일뿐이다. 선진국들의 이기적인 행태는 어제오늘 일이 아니다. 나치에게 추방된 유대인 난민 문제를 풀기 위해 1938년 프랑스 에비앙에서 국제 회의가 열렸다. 이때 미국을 비롯해 32개국이 참여했지만 자국에 할당된 수보다 더 많은 난민을 수용한 나라는 개도국인 도미니카공화국밖에 없다.

난민 문제를 해결하려면 근본적인 발생 원인을 알아야 한다. 국가 간 전쟁과 내전이 가장 큰 원인이다. 여기에 더해 국가 내부의 모순과 국제적 외부 개입이 복합적으로 작용한다. 군사비 지출이 높고 무기 거래가 활발할수록 난민이 늘어날 개연성이 커진다. 대인 지뢰 매설 지역이 늘어나면 농경지가 줄면서 강제 이재민이 급증한다. 아프가니스탄과 캄보디아의 지뢰를 모두 제거하면 농업 생산량이 당장 두 배로 증가할 것이라는 예측도 있다. 빈곤 문제도 난민이 발생하는 요인이다. 토지 개혁이 안 되어 소농의 삶이 팍팍한 나라, 국제 농산물 대기업이 토지를 대거 매입한 나라, 정치적 문제로 국제 사회의 제재를 받아 식량과 의약품의 금수 조처를 당한 나라에서도 난민이

---

* 유엔에 따르면 2018년 기준 전 세계 이재민은 약 7,080만 명이었다. 그중 2,590만 명이 국제 이재민이었다.
** 유엔에 따르면 2018년에는 시리아에서 난민이 가장 많이 발생했다. 난민을 가장 많이 수용하는 나라는 터키, 파키스탄, 우간다, 수단이며 국제 이재민 중 84퍼센트가 이 국가들에 수용되었다.

늘어난다. 인권 침해가 심한 곳에서 난민이 증가하며, 정권이 바뀐 후 이전 정권 지지자들을 박해하는 나라에서도 난민이 발생하곤 한다. 민족, 종교, 정치적 이유를 들어 소수 집단을 박해하는 국가도 인권 고위험 국가에 속한다. 전 세계 40퍼센트 국가들이 5개 이상 민족 집단으로 이루어져 있는데 이들 역시 주요 난민 발생국이다. 기후 변화도 국내외 이재민을 양산하는 중요한 요소로 떠올랐다.

지금까지 말한 요인들이 주민을 자기 땅에서 밀어내는 힘으로 작용한다면, 다른 나라로 끌어당기는 요인도 있다. 하루하루를 간신히 살아가야 하는 나라의 주민일수록 의식주와 안전, 고용 기회, 자녀의 교육을 제공해줄 수 있는 조건이 나은 나라에 마음이 끌리게 마련이다. 한국에 오는 난민과 이주 노동자를 탐탁잖게 생각하는 사람들에게 해주고 싶은 말이 있다. 만일 우리가 난민 송출국처럼 된다면 제발 와 달라고 빌어도 아무도 오지 않을 것이다. 한국이 그래도 살 만한 곳이니 우리한테까지 오는 것이다. 게다가 우리는 국제 무역으로 먹고사는 나라가 아닌가. 굳이 인도적 이유가 아니라 자기 이익의 관점에서 보더라도 국제적 인구 이동에 전향적 태도를 보일 필요가 있다.

난민이 겪는 구체적인 인권 침해가 많지만 가장 근본적인 문제는 자신을 보호해줄 국적국, 즉 자기 권리를 보호해줄 궁극적인 의무가 있는 주체가 사라진다는 점이다. 다시 말해 인권 보호의 주체가 자국에서 타국으로 옮겨진다는 점이 난민 인권 문제의 핵심이다. 자신과 주권 재민의 사회계약 관계가 없는 타국 정부의 온정과 호의에 자신의 삶을 맡겨야 하는 불안한 상황이 벌어지는 것이다. 또한 난민이 되면 사회적 동물인 인간에서 사회적 맥락이 사라져버린다. 다양한 사회적 관계를 맺고 살아가던 어엿한 인간이 최소한의 생명 보전에 급급해야 하는 비참한 존재로 전락하기 쉽다. 유대인으로서 난민이 되어야 했던 독일 태생의 미국 정치철학자 한나 아렌트(Hannah Arendt)는 다음과 같은 냉소적 기록을 남겼다. "구출되어도 자존심이 상하고, 도움을 받아도 굴욕감을 느낀다." 내전이 발발하기 전까지 시리아는 세계에서 난민을 가장 많이 받아들이던 나라 중 하나였다. 오늘의 시리아 난민 중에는 과거에 타국 난민을 돕던 사람이 분명히 있을 것이다. 이처럼 우리 모두는 잠재적으로 난민이 될 수 있는 존재다.

난민협약에 따르면 난민은 박해받을 가능성이 있는 자국으로 강제 송환되지 않을 권리가 있다. 아주 중요한 난민 권리다. 또한 기본적 의식주를 제공받을 권리, 최소한의 교육 기회를 누릴 수 있는 권리가 있다. 비합법적으로 입국하여 비호를 신청했다 하더라도 그 사실만으로는 처벌받지 않을 권리도 있다. 여기에 더해 난민은 다른 모든 인간과 마찬가지로 보편적 인권을 누릴 자격이 있다.

따지고 보면 난민은 많은 사람의 삶과 직간접적으로 연결되어 있다. 기원전 1세기 어느 날 밤, 팔레스타인의 한 갓난아이가 권력자의 칼날을 피해 부모와 함께 이집트 망명길에 올랐다. 이 아이는 장성하여 다음과 같은 말을 했다. "여우들에게도 굴이 있고 창공을 나는 새들도 둥지가 있건만 사람의 아들에게는 머리를 둘 데조차 없도다." 예수라 불린 이 난민 출신 스승에게 신앙 고백을 하는 크리스천이 오늘날 전 세계에 25억 명이나 있다. 작금의 난민 사태는 특히 기독교 신도에게 인도적 실천을 할 수 있는 황금 같은 계기를 제공한다. 개인적으로 나도 어릴 때 집안 어른들에게서 6·25 때 피난살이 이야기를 듣고 자랐다. 남북한 이산가족 상봉 역시 난민 스토리의 연장선 상에 있다. 그렇다, 우리 모두 난민의 후예가 아니던가.

2015년 9월

인권 인문학이란 무엇인가

요즘 인권 인문학이라는 말이 자주 들린다. 《인문학이 인권에 답하다》(박경서 외)라는 책까지 나왔다. 인권 관련 모임이나 강연회 같은 데서 인문학과 인권을 조합한 주제를 내거는 경우도 종종 보인다. 인권을 인문학으로 접근하려는 움직임이 대학 커리큘럼에 반영되면서 상당수 대학에서 이미 넓은 의미의 인문학 관련 과목으로 인권을 가르치기 시작했다. 외국에도 이런 움직임이 있다. 예를 들어 오스트레일리아 모내시대학에는 인문학을 토대로 삼아 인권을 주전공이나 부전공으로 공부할 수 있는 제도가 있다. '인권학 학사'라 하면 얼핏 낯설게 들리겠지만 잘 생각해보면 상당히 흥미로운 시도다. 인권만큼 인문학과 사회과학의 학제 간 연구에 적합한 분야도 없기 때문이다.

인권에서 인문학적 접근이 필요한 이유는 인권이 무척 불확정적이고 맥락 의존적인 주제이기 때문이다. 아마 나를 포함해 많은 인권론자들은 내심 간단명료한 정의관으로 선악이 확실히 구분되는 세상을 원할 것이다. 그런데 이런 기대와는 달리 현실은 복잡하고 역설적이며 골대가 계속 움직이는, 부조리한 축구 경기와 같다. 아무리 엄밀한 용어로 못박아 둔 인권 조항이라 해도 시대와 환경이 바뀌고 사람들의 인식이 변하면 얼마든지 새로운 해석과 주장과 왜곡이 등장할 수 있다. '세계인권선언'의 앞쪽에 나오는 노예 조항을 보라. "어느 누구도 노예가 되거나 타인에게 예속된 상태에 놓여서는 안 된다. 노예 제도와 노예 매매는 어떤 형태로든 일절 금지된다." 문자적으로 이보다 더 명명백백한 규정이 있을 수 있겠는가. 하지만 21세기 들어 인간을 상품화하거나 사회적·심리적으로 속박하는 것을 인권 침해가 아니라고 강변하고, 더 나아가 자발적으로 예속을 선택할 '자유'를 생계권의 이름으로 정당화하는 일까지 벌어지고 있다.

이런 와중에 '세계인권선언'의 조항을 아무리 외쳐본들 자칫 꼰대 취급을 받기 십상이다. 이 때문에 인권은 시대마다 인간의 평등한 가치와 존엄이라는 출발점으로 돌아가 본질적인 논쟁을 다시 해야 하는 것이다. 바로 이 지점에서 인문학적 사유, 비판 정신, 상상력의 도움이 절실하다. 인권에서 '인간'이 법적 인격(person)이 아닌 휴머니즘 전통의 인간(human)으로 표현되어 있는 점도 곱씹어봐야 한다.

인권이라는 주제를 놓고 얼마나 다양한 인문학적·사회과학적 접근이 가능한지 짚어보자. 우선 인권은 철학으로 접근할 수 있다. 인간의 가치 기준을 어디에 둘 것인가, 인간 존엄성의 도덕적·윤리적 기초는 무엇인가. 이런 질문에 철학만큼 잘 답할 수 있는 사유 체계도 없다. 인권은 역사학으로 접근할 수 있다. 근대 시민권은 어떻게 형성되었나, 헌법의 기본권은 어떻게 유린되었나, 시민의 자유는 어떻게 쟁취했나, 인권을 억눌렀던 독재 시대는 어떻게 해석할 것인가. 이런 질문 없이 몰역사적이고 정태적이고 이론적으로만 인권을 배울 순 없다.

인권은 예술적 감성의 문제로 접근할 수 있다. 도쿄경제대학 서경식 교수의 말을 들어보자. "국가 권력은 (가부장제나 상업주의 권력까지도) 사람들의 감성 밑바닥까지 침투해 통제하려 하는 법이다. 바로 그 때문에 개개인의 존엄이나 권리를 지키기 위해서는 감성의 차원에서 권력으로부터 독립할 필요가 있다."

인권은 정치학으로 접근할 수 있다. 기본권으로 보장된 인권은 결국 정치인들의 입법 과정을 거쳐 만들어지기 때문이다. 그리고 기본권으로 보장된 인권조차 정치적 의지나 대중의 지지가 없으면 휴지조각이 될 가능성이 높기 때문이다.

인권은 경제학으로 접근할 수 있다. 경제·사회적 권리를 위한 부의 재분배를 경제학에서는 어떻게 보는가, 재산권을 기초로 삼아 형성된 자본주의 원칙과 사회권의 관계는 어떻게 설정할 수 있는가. 프랑스 경제학자 토마 피케티는 프랑스혁명의 '인권선언' 정신을 불평등 연구의 중심축으로 삼고 있다.

인권은 사회학이나 인류학으로 접근할 수 있다. 왜 인권 침해가 무작위로 발생하지 않고 특정 계급과 특정 계층에서 더 많이 발생하는가, 친족 관계로 얽힌 전통 사회에서 발생한 집단 학살 문제를 이념적 잣대로만 판단할 수 있는가. 이런 문제를 실정법으로만 해결하려는 태도는 매우 부분적인 접근에 불과하다.

인권의 창을 활짝 열어 인문학과 사회과학의 새바람이 들어오게 하는 것은 인권을 존재론적이고 해석학적으로 이해하는 데 큰 도움이 되지만, 넘어야 할 도전도 적지 않다. 인권을 인본주의 관점에서 본다고 할 때 아주 깊은 차원에서 인간 실존과 고통의 다의성, 복합성, 불확정성, 역설을 이야기해야 하기 때문이다. 하지만 인권 침해를 최전선에서 방어하고 있는 인권 운동가들에게 이런 식의 접근은 한 가로운 음풍농월로 들리기 쉽다. 지금 여기의 현실은 한없이 무자비하고 역겹도록 불합리하며 분초를 다투는 시급함 그 자체인데 어찌 다의성이니 복합성이니 하는 사변적 유희를 즐길 수 있단 말인가. 이런 우려를 극복할 수 있는 유일한 길은 인본주의의 비판적 상상력을 극대화하여 인권적 정의를 위한 우군으로 삼는 데 있다.

미국 연방대법원이 1984년에 다룬 사건이 있다. 문서 위조, 은행 강도 범죄로 실형을 살던 파머라는 수감자가 감방을 강압적으로 압수 수색한 교도관 허드슨에게 제기한 소송이었다. 파머는 압수 수색이 자신에게 굴욕감과 고통을 안겨주려고 실시되었으므로 부당한 수색·체포를 금하는 연방헌법 수정 조항 4조, 적법 절차를 규정한 14조를 위배했다고 주장했다. 대다수 판사들이 파머의 주장을 기각했지만 존 폴 스티븐스 대법관은 반대 의견을 냈다. 그는 편지나 사진처럼 사소해 보이는 개인 물품이 "한 죄수의 인간 존엄성과 더 나은 미래에 대한 희망을 위해 얼마나 중요한지를 상상함으로써 파머의 독자성과 개별성"을 인정했다. 스티븐스 판사는 "죄수와 다른 시민들의 차이를 인지하면서도 동시에 그 둘을 잇는 공통된 인간의 관심, 이를테면 가족, 집에 대한 추억, 자기 개선에 대한 염려를 인식하는 방식으로 그의 권리를 포용"했다고 한다. 미국 법철학자 마사 누스바움은 《시적 정의》에서 이 에피소드를 소개하면서 스티븐스 판사가 헌법 해석만이 아니라 문학적인 '분별 있는 관찰자'적 시각으로 법리를 전개했다고 높이 평가한다. 인본주의의 비판적 상상력과 인권 존중이 조화를 이룰 수 있음을 보여주는 증거라 할 만하다.

인문학적 접근이 인권을 풍요롭게 하는 것만큼이나 인권이 인문학의 어떤 측면에 빛을 밝혀줄 수도 있다. 인권 사례는 일반적 인문학에서 찾을 수 없는 현실의 화급성과 즉각성을 증언할 수 있는 통로를 제공한다. 인권의 맥락에서 철학, 종교, 역사, 예술을 논할 때 인문학은 실제 정치, 사회, 도덕상의 예민한 쟁점을 다룰 수 있는 살아 숨 쉬는 인문학으로 승화할 수 있다. 또한 인권의 도움을 받으면 존엄이니 가치니 정의니 하는 추상적 쟁점에 부합하는 형상화된 실체를 보여주거나 서사적 예화를 제시할 수도 있다. 이런 식으로 재구성된 인문학은 현실 삶의 고통과 모순과 복합성에 눈을 뜨게 해주고, 불명확한 사회 상황을 나름대로 평가하고 자신의 가치관에 따라 용기 있는 결정을 내리는 데 도움을 줄 것이다. 인권 인문학은 우아한 교양으로서 인문학만이 아니라, 현실 삶을 인문학적 관점에서 헤아리는 실전 인생론이 될 수도 있다. 특히 인권 인문학을 통해 인간을 이해하게 된 학생이라면 법, 의료, 저널리즘, 문예창작, 국제 관계, 정치, 국제 이해 교육, 사회 복지, 기업 사회 공헌, 국제 개발 등의 영역에서 독특한 시각을 지닌 인재로 성장할 잠재력을 갖춘 셈이다.

이런 통찰은 모든 인권 지지자에게 적용될 수 있다. 이성적으로 인권의 논리를 추구하기 위해서라도 공상과 공감, 휴머니티를 위한 능력을 갖추는 게 좋다. 그런 능력이 없으면 "정의를 통해 말할 수 있기를 추구했던 '오랫동안 말이 없던' 목소리들은 침묵 속에 갇힐 것이며, 민주적 심판의 '태양'은 그만큼 장막에 가려질 것"이라고 누스바움은 경고한다. 인권은 시적 정의의 세례를 받을 필요가 있고, 인문학은 고통 앞에 중립적이지 않은 인권의 정신을 새겨야 한다.

2015년 11월

인권의 두 기둥,
자유권과 사회권

20대 국회의원 선거의 프레임은 경제였다. 선거에서 야당이 경제 이슈를 들고나오는 건 드문 일이다. 그만큼 국민의 삶이 팍팍해졌다는 뜻이리라. 단순히 경제 성장만이 아니라 경제 민주화를 이야기한다. 성장이라는 결과만이 아니라 목표와 과정을 중시하고, 삶의 질과 행복을 중심에 놓고 경제 시스템을 다시 짜보자는 주장이라고 이해한다. 이런 점들에서 경제협력개발기구(OECD) 국가 중 현재 우리가 밑바닥에 속하지 않은 지표가 드물 정도다. 복지부터 노동까지, 무엇 하나 부끄럽지 않은 항목이 있는가. 인권에서는 이런 문제를 경제적·사회적 권리(줄여서 '사회권')의 틀로 해석할 수 있다. 경제 민주화 이슈를 사회권과 관련해서 정리해보자.

잘 알다시피 인권에서 중요한 준거 문헌을 하나만 말한다면 단연 '세계인권선언'을 꼽을 수 있다. 그런데 이를 처음 읽는 사람이 흔히 놀라는 부분이 바로 22조에서 27조 사이의 사회권 조항들이다. 심지어 이것이 언제부터 선언에 들어 있었는지 묻는 이도 있다. 유엔에서 '세계인권선언'을 제정한 지 70여 년이 지났는데 아직도 우리에겐 사회권이 인권이라는 상식적 관념이 믿을 수 없을 만큼 부족하다.

'세계인권선언'을 만들 때부터 자유권과 사회권은 양대 산맥으로 함께 포함되었다. 하버드 법대 교수 메리 앤 글렌던은 인권이라는 단어에 두 가지 '사투리'가 함께 있다고 비유한다. 하나는 앵글로색슨에서 유래된 자유권이다. 또 다른 하나는 유럽 대륙에서 발전한 사회권이다. 간혹 자유권은 서구 자본주의 진영에서, 사회권은 동구 사회주의 진영에서 선호했던 인권이라고들 한다. 냉전 시기에 양 진영이 인권을 정치화하여 분열시켰을 때엔 분명 그런 측면이 있었다. 그러나 적어도 '세계인권선언'을 만든 1948년 시점에서는 미국과 서유럽의 자본주의 국가들도 사회권을 적극 지지하고 승인했다. 사회권 조항을 미국도 찬성했다는 사실을 반드시 기억해야 한다. 그때만 해도 뉴딜형 자본주의가 대세였던 점이 하나의 이유였다. 프랭클린 루스벨트 대통령의 부인 엘리너 루스벨트가 초대 유엔인권위원회 위원장을 맡았던 점도 관련이 있었으리라.

사회권이라는 사투리에는 다시 두 가지 억양이 들어 있다. 첫째, 독일계 사회적 시장 경제론에서 유래한 사회권 전통이다. 이는 가톨릭을 선두로 하여 19세기 말부터 발전해 온 기독교 사회교리 사상에서 유래했다. 사회적 시장 경제론에서는 사유 재산을 인정하고 시장 경제를 옹호하지만, 경제의 일차적 목적이 맹목적 성장과 자본 축적에 있지 않고 인간의 선익과 공동선을 증진하는 데 있다고 전제한다. 시장 경제를 옹호하는 이유는 인간 복리를 늘리고 약자를 책임 있게 돌보기 위해 필요한 재원을 창출하는 데 시장 경제만큼 효율적인 체제가 없기 때문이다. 약자를 보호하는 시장의 사회적 측면은 반대로 시장 경제의 활성화에 도움이 된다. 복지를 시장 기능을 유지할 수 있는 투자로 볼 수 있기 때문이다.

사회적 시장 경제에서 생각하는 인권은 다음과 같다. 우선, 경제 활동은 인간의 존엄을 대전제로 삼아 이루어져야 한다. 덧붙여, 경제 활동을 포함한 개인 선택의 자유를 보장해야 한다. 그리고 최선의 경제적 결과를 도출하기 위해 경제 활동의 구조적 거버넌스가 갖춰져야 한다. 경제 거버넌스 없는 경제 활동은 애플리케이션 없는 스마트폰과 다름없다. 또한 서로 다른 유형의 가치 사이에서 균형을 잡아야 한다. 예를 들어 성과에 따른 공정한 보수라는 가치와 재화와 서비스의 공정한 분배라는 상충하는 가치 사이에서 최대 공약수를 추출하여 사회 구성원 간의 평화적 공존을 지향해야 한다. 마지막으로, 개인은 자기 자유를 보존하기 위해서라도 타인과 연대를 유지해야 하고, 국가는 개인 위에 군림하지 않으며 개인의 자기 결정권을 돕는 보조성의 원리를 지켜야 한다.

사회적 시장 경제는 유럽의 맥락에서 중도 우파에 속하는 사상이며, 독일의 집권당인 기독교민주연합(CDU)의 공식 이념이기도 하다. 독일 기독교민주연합을 포함하여 범유럽 최대 우파 정당 연합인 유럽인민당(EPP)에서는 사회적 시장 경제를 다음과 같이 정의한다. "사회적 시장 경제는 '세계인권선언'에 나와 있는 인간 존엄, 복리, 자기 결정, 자유, 책임을 지향하는 인간적 사회의 구현이라는 철학의 표현이다." 흔히 유럽의 우파 이념이 한국에 오면 좌파쯤 된다고 하지만, 내가 보기에 유럽과 한국의 차이는 단순히 이념 스펙트럼의 상대적 위치나 제도만이 아니다. 생각의 회로와 정치 문화의 바탕도 많이 다르다. 독일의 리하르트 폰 바이츠제커 전 대통령이 한 말이 있다. "사회적 시장 경제는 법조항에서 나오지 않는다. 사람들 마음속에서 자라나고 행동을 통해 드러난다."

사회적 시장 경제론에서 빼놓을 수 없는 요소가 노동권인데, 노동권의 제도적 형태가 노사 공동 결정제이다. 고 김종민 대구 가톨릭대학 교수에 따르면 노사 공동 결정제는 의사 형성 과정에서 정보 접근권과 자문권을 통해 영향력을 행사하는 차원과, 의사 결정 과정에서 노동자들이 투표권을 행사하는 차원으로 이루어진다. 특히 노동자의 생활과 직결되는 사항인 "임금, 휴가, 승진, 작업 시간의 길이와 배정, 신규 채용과 해고, 해고에 따른 여러 부수적 조치"에서 노동자의 투표권을 인정한다.

사회권 내의 두 번째 억양에는 스웨덴식 사회민주주의(사민주의)의 전통이 있다. 사회적 시장 경제가 제도만큼이나 문화적이고 규범적인 태도를 중시한다면, 사민주의에서는 논리성과 제도적 구속력을 중시한다. 독일 정치학자 토마스 마이어가 제시한 현대 사민주의의 4단계 인권론은 이렇다. 첫째, 소극적 인권인 자유권은 정당하며 보편적으로 적용되어야 한다. 둘째, 그러나 적극적 인권이 제공되지 않는 체제에서는 소극적 인권이 제대로 보장될 수 없다. 예를 들어 교육을 제공하는 사회 인프라가 미흡할 때 언어와 문자를 사용하는 표현의 자유를 행사하기 어렵다. 셋째, 소극적 인권이 형식적 타당성을 넘어 실질성을 지니려면 적극적 인권을 보장할 방안을 강구해야 한다. 이를 위해 부유층이 사회적 재분배를 수용해야 한다. 이는 부유층이 재산권 행사의 자유를 포함해서 시민적·정치적 권리에서 약간의 침해를 감수해야 한다는 뜻이다. 넷째, 부의 사회적 재분배는 보통 국가의 몫이다. 그러므로 국가는 소극적 인권과 적극적 인권 사이의 균형을 협상하고 이행해야 한다. 여기서 핵심은 세 번째 항이다. 개별 권리, 특히 재산권이 신성불가침이므로 일점일획도 손대지 못한다고 보지 않는 것이다.

요컨대 사회권은 유럽 우파의 사회적 시장 경제론과 좌파의 사민주의가 인간의 존엄이라는 가치에 동의하여 절충하고 종합한 것에 그 뿌리가 있다. 한국 상황에서 경제 민주화는 사회권의 오른쪽 날개에 해당하는 사회적 시장 경제를 실행하기 위한 정치적 독트린이라 할 수 있다. 그런데 위에서 봤듯이 사회적 시장 경제는 제도뿐만 아니라 사회문화적 토양도 중요하다. 사회권 감수성을 키우는 것이 그 방향으로 가는 길이 될 것이다.

자유권은 법의 지배와 민주적 통제를 받는 영역에서 작동하지만, 사회권은 정치 하위인 사회정책의 영역에 속하는 것이라는 사회의 통념은 정확한 인식이 아니다. 사회권은 정치의 차원에서 결정된 의제들을 행정적으로 시행하기만 하면 되는 업무 과제 같은 것이 아니기 때문이다. 흥미롭게도 독일어에서 사회 정책에 해당하는 어휘는 'sozialpolitik'이다. 직역하면 '사회 정치'인 셈이다. 사회 전체에 영향을 끼치는 문제를 해결하고 사회적 목표를 달성하기 위해 정치적 결정을 내린다는 적극적 의미가 들어 있다. 사회권 확보를 위해 선거라는 민주 정치의 핵심 도구를 어떻게 활용해야 할지를 고민해야 한다는 뜻으로 받아들이고 싶다. 총선에 인권당이 출마한다면 다음과 같은 구호를 써야 하지 않을까. "문제는 사회권이야, 정답은 정치야, 채점은 선거야!"

2016년 4월

고독이라는 이름의 고문

　인권과 관련해 주목할 만한 소식이 있었다. 미국 루이지애나주에서 거의 일흔에 가까운 흑인 재소자가 석방되었다. 강도죄로 형을 살다 교도관을 죽였다는 이유로 추가 종신형을 받아 복역하던 앨버트 우드폭스라는 사람이다. 무려 43년 동안 운동 시간을 제외하고 하루 23시간을 독방에 갇혀 지낸 우드폭스는 흑인 해방 단체인 블랙팬서에 가담한 탓에 살인 누명을 썼다고 주장해 왔다. 그는 여생을 독방 구금 반대 운동에 바치겠다고 다짐한다. 어떻게 그 긴 세월을 버텼을까. 살아남기로 맹세하고 신문, 잡지를 통해 바깥세상 돌아가는 형편을 매일 공부하면서 악착같이 정신을 놓지 않았다고 한다.

　사회에서 범죄를 저지르면 사법 처벌을 받아 감옥에 갇힌다. 교도소 안에서 규정을 위반하면 징벌을 받는다. 징벌은 사법상 처벌이 아니고 행정상 불이익 처분이다. 징벌 중 제일 심한 벌인 독방 구금을 금치(禁置) 처분이라 한다. 문제는 금치 처분이 심각한 인권 유린이라는 점이다. 그런데도 금치가 공론화되지 않는 이유는 이들이 범죄자이기 때문이다. 이런 사람에겐 일반인이나 교정 담당자나 흔히 부정적인 태도를 취한다. '죄짓고 갇혀 있는 주제에 또 사고를 치면 독방에 갇히는 게 당연하다.' 과연 그럴까. 한 사회 내에서 가장 경멸받고 망각된 사람의 문제를 인권 문제로 볼 줄 아느냐 여부가 당신의 인권 감수성을 측정하는 바로미터가 된다.

어떤 사람을 일반 사회에서 분리하여 옥살이시키는 것을 1차 격리라 한다면, 교도소 내에서 다른 수감자들과 분리하여 독방에 가두는 것은 2차 격리라 할 수 있다. 2차 격리자는 감옥 안의 감옥 생활을 하는, 정말 세상에서 완전히 소외된 사람이다. 학계에서는 1950년대부터 이런 이들에게 나타나는 변화를 연구하기 시작했다. 캐나다 맥길대학에서 자원 학생들을 대상으로 하여 독방 구금으로 일어나는 변화를 측정한 적이 있다. 원래 6주 예정으로 시작한 실험이었지만 며칠 만에 중단할 수밖에 없었다. 피실험자들의 정신 상태가 급격히 나빠졌기 때문이다.

비슷한 시기에 미국 위스콘신대학의 심리학자 해리 할로가 실험용 붉은털원숭이에게서 이상한 현상을 발견했다. 그는 인도에서 수입하던 원숭이 가격이 올라 실험실 내에서 직접 원숭이를 키우기로 하고, 위생과 영양이 완벽하게 제공되는 공간에다 새끼 원숭이를 한 마리씩 넣어 길렀다. 이 원숭이들의 신체 발육 상태는 수입한 원숭이보다 월등히 좋았다. 그러나 격리된 채 자란 원숭이들은 하루 종일 멍하게 우리 안을 맴돌며 이상하게 행동했고 자기 몸에 상처를 내기 일쑤였다. 나중에 다른 원숭이들과 섞어놓아도 함께 어울릴 줄 모르는 외톨이가 되곤 했으며 사망률도 아주 높았다. 할로는 영장류가 오랜 기간 격리되면 사회성을 영구히 상실한다는 결론을 내렸다.

그 후 중동 같은 분쟁 지역에서 인질로 잡혀 몇 년씩 고립된 상태로 갇혀 있었거나, 전쟁 포로가 되어 독방 구금을 당했던 병사들에 대한 연구가 이루어졌다. 말로 표현 못할 가혹 행위를 당한 사람이 많았지만 이들은 하나같이 육체적 고통만큼이나 독방 고립 생활이 힘들었다고 증언했다. 독방에 감금되었던 사람들은 환청, 환시, 공황장애, 폐소 공포, 인지 혼란, 망상, 기억 상실, 무기력, 우울, 신경과민, 자해, 만성 피로, 집중 장애, 맹목적 적개심을 보였다. 자살률도 높았다. 장기 독방 구금자들은 태아 같은 자세로 웅크린 채 하루 종일 비몽사몽 상태에 빠지기도 했다.

이런 증상은 전문 의학자뿐만 아니라 수인을 가까이서 관찰할 수 있는 교도관들에게도 잘 알려져 있었다. 그런데 이러한 심리적·정신적 장애만이 전부가 아니었다. 오랜 독방 구금자들은 심한 뇌진탕을 당한 환자와 비슷한 수준으로 뇌파 기능이 저하되는 것으로 나타났다. 독방 구금이 몸과 마음을 함께 파괴한다는 사실이 입증된 것이다. 고독 자체가 고문임을 인정할 수밖에 없게 되었다. 이때 '고문'은 단순한 비유가 아니다. 인간은 사회에서 분리되면 더는 인간이 아니게 된다. 인간이 사회적 동물이라는 말은 생물학적 차원에서도 그러하다는 뜻으로 이해해야 마땅하다.

《이희호 평전》(고명섭)에 이런 일화가 나온다. 신군부에 의해 청주 교도소에 갇힌 김대중은 완전한 격리 상태로 수감되어 있었다. 1981년 2월 김대중은 아내에게 편지를 썼다. "여기 온 지 불과 20일이고 가족 면회한 지 10일인데 이 모든 것이 반년이나 된 것 같습니다. 그토록 세월이 지루하고 고독이 무섭다는 것을 지금까지 없었던 새로운 체험으로 느끼게 됩니다." 김대중은 그해 11월 가족을 면회하는 자리에서 이런 말을 남기기도 했다. "잠을 자다가도 숨이 턱 막히면 발광할 지경이 되어서 일어나 기도함으로써 극복했습니다." '발광',

나는 이 이상으로 독방 구금을 전율할 만큼 정확히 묘사한 표현을 알지 못한다. 민주화 이후에도 교도소 상태는 민주주의와 거리가 멀었다. 조영래 변호사의 《진실을 영원히 감옥에 가두어 둘 수는 없습니다》를 보면 1989년 원주교도소에 갇힌 대학생들이 서적 불허 조치에 항의하자 다섯 시간 동안 재갈을 물리고 두 달간 징벌방에 가두는가 하면 면회, 서신, 운동을 일체 금지했다.

현재 형 집행법은 금치 기간을 30일 이내로 하고, 징벌위원회에 외부위원을 3인 이상 포함시키며, 규율 위반 시 징벌 종류를 다양화하여 총 14가지 징벌을 내릴 수 있다. 그러나 예나 지금이나 교도소 내에서 징벌은 금치 처분이 주를 이룬다. 김옥기·송문호는 2014년 발표한 논문에서 현행 징벌 제도가 금치에 편중되어 있다는 사실을 실증적으로 밝혔다. 2008~2012년 사이의 법무부 자료에 따르면 교도소 수용 인원 중 약 30퍼센트가 징벌을 받았다고 한다. 그런데 놀랍게도 징벌 중 금치 처분이 압도적 비율을 차지했다. 2012년의 경우 전체 징벌 1만 3,702건 중 90퍼센트가 금치 처분이었다. 지시 불이행, 수용자 폭행, 생활 방해 등 징벌 사유에 걸리면 거의 무조건 징벌 독방에 구금되었던 것이다.

위의 연구에는 한 교도소에서 5주간 금치 일변도가 아닌 징벌의 다양화를 시도했던 실험이 소개되어 있다. 가장 빈번한 징벌 사유인 입실 거부의 경우, 금치 처분이 아닌 텔레비전 시청 금지, 작업 장려금 삭감, 접견 제한 같은 징벌도 효과가 있었다고 한다. 그런데도 왜 교정 시설에선 금치 처분에만 매달리는 것일까. 현장 관계자들이나 징벌위원들이 관행적으로 금치 처분만을 징벌로 인식하기 때문이다. 따라서 외부의 상시적 통제 장치가 필요하다. 조직 내 부적응을 이유로 들어 금치를 시행하면 오히려 더욱 심각한 조직 부적응자를 양산하게 되므로 금치 처분은 어처구니없이 역설적인 처벌인 셈이다. 국가인권위원회가 이 문제에 어떻게 개입하고 있는지 궁금하다.

2011년 당시 유엔 고문 특별보고관이었던 후안 멘데스는 하루 22시간 이상 홀로 가둬 두는 독방 구금이 범죄자의 교정에 반하는 고문이자 가혹 행위라는 보고서를 제출했다. 사회적 격리가 '불가역적 정신 장애'를 초래하므로 15일 이상의 금치 처분, 특히 미성년자와 정신 질환자의 금치를 무조건 폐지해야 한다고 유엔총회에 보고했던 것이다. 버락 오바마 미국 대통령은 2016년 초 행정 명령을 발동해 전국의 모든 연방 교정 시설에서 미성년자의 금치 처분을 금지했다.

여기에 더해 사회학적 상상력을 발휘할 필요가 있다. 교도소 내의 독방 구금이 인권 유린이라면, 일반 사회에서 강요되는 고립은 어떻게 봐야 할까. 실직자, 노숙인, 쪽방 거주자, 독거노인, 경쟁 사회에서 배제된 은둔형 외톨이, 불평등에 따른 흙수저처럼 자포자기하여 사실상 분리되고 배제된 사람들 역시 '사회적 고문'을 받고 있다고 볼 수 있지 않을까. 인간에게서 사회적 탯줄을 제거하면 그에겐 고통을 느끼는 육신만 남게 된다. 모든 인간은 고문 없는 세상에서 살 권리가 있다.

2016년 3월

인권의 잃어버린 고리를 찾아서

2015년 파키스탄의 카라치에 있는 '2층'이라는 카페에서 공개 토론 모임이 열렸다. 사회적 기업으로 운영되던 '2층'은 문화 공연 공간이자 시민 운동의 보금자리 같은 곳이었다. 그날 모인 참석자들은 파키스탄의 분리주의 세력과 보안군이 충돌하는 발루치스탄주*에서 일어나는 주민 실종 사태에 관한 증언을 듣고 인권 보호 방안을 논의했다. 밤 9시쯤 행사가 끝난 후 카페 운영자 사빈 마흐무드는 자기 차를 몰고 귀갓길에 올랐다. 출발한 지 몇 분이 채 안 되어 교차로에서 신호 대기 중이던 사빈은 오토바이를 탄 괴한이 쏜 총탄을 맞고 현장에서 절명했다. 마흔 살의 열정적인 여성 인권 운동가가 허망하게 목숨을 잃은 것이다.

멀티미디어 회사에서 사회 생활을 시작한 사빈은 언론의 자유, 표현의 자유가 억압받는 나라에서 '2층' 카페를 열어 젊은이들에게 오아시스의 장을 마련해주었다. 카페 운영만이 아니라 인권 캠페인과

발루치스탄(Baluchistan)주 이란, 아프가니스탄, 인도와 맞닿은 파키스탄 서쪽 지역이다. 1887년에 영국령이 되었고, 1948년에 파키스탄에 합병되었다. 발루치스탄인은 파키스탄 중앙정부의 차별을 규탄하며 분리 독립을 주장한다.

사회 운동에 빠짐없이 참여하고 온라인에서 자유의 메시지를 전파하는 데 힘썼다. 사빈의 죽음은 오늘날 이슬람권의 인권 현주소를 잘 보여준다. 용의자를 잡고 보니 명문대를 나온 젊은 이슬람주의자였다. 그는 사빈이 밸런타인데이를 공공연하게 축하하고, 테러를 지지하는 이슬람 성직자를 규탄하는 집회에 참석하는 등 이슬람 정신에 어긋나는 짓을 저질러 범행을 결심했다고 진술했다. 파키스탄 사회가 이슬람 원리로 똘똘 뭉쳐야 하는데 감히 개방성과 다원주의를 설파하는 게 괘씸해서 죽였다고 당당히 고백했다. 배후가 누구인지는 아직도 밝혀지지 않았다.

파키스탄에서 가장 큰 도시 카라치에서는 매년 수백 건의 표적 암살 사건이 발생하고 있다. 정치적 반대자가 아니라 인권 운동가에게도 극단적인 인권 침해가 발생했다는 점에서 이 사건은 충격적이다. 하지만 해결 방법을 찾기가 간단치 않다. 진상을 규명하고 배후를 파헤치고 범인을 처벌하고 유가족에게 배상·보상을 하고 유사범죄가 재발하지 않도록 제도적 조처를 취할 수 있으면 아마 최선의 해법이 될 것이다. 그런데 이 정도의 일반적 해법도 쉬운 일이 아니다. 게다가 이런 해법에는 결정적 한계가 있다. 사건의 근본 원인이 무엇인가라는 질문이 빠져 있다. 카라치 지역 정당들의 혈투, 그 배후에 깔린 토지와 권력 쟁탈전, 중앙정부와 지방정부 사이에서 벌어지는 분권화를 둘러싼 갈등이 원인으로 제시된다. 하지만 이런 해석만으로 사빈의 암살 원인을 다 알 수는 없다. 더 깊은 차원의 이유를 찾아야 한다. 파키스탄을 포함해 이슬람권에서 커지고 있는 이슬람 근본주의가 21세기의 세속주의, 정교 분리 원칙과 충돌하는 경계에서 발생한 사건이 아닐까. 더 거슬러 올라가보면 이슬람 근본주의를 오늘날 이렇게까지 키운 데에는 중동의 지정학적 요인과 서구의 지배 전략에도 책임이 있지 않을까.

사빈 암살을 암살자의 범행으로만 본다면 직접적 가해 위주의 인과 관계로 사건을 파악하는 것이고, 근본 원인까지 감안한다면 설명 위주의 인과 관계로 사건을 파악하는 것이 된다. 그런데 절대다수의 인권 침해는 전자로만 설명된다. 그 어떤 인권 유린 사건도 근본 원인까지 속속들이 파헤쳐 끝장을 보는 식으로 해결하는 경우는 극히 드물다. 바로 이것이 '인권의 잃어버린 고리'이다. 눈앞에 생생하게 보이는 물리적 인권 침해에는 치를 떨지만, 그런 침해를 일으키는 구조적 원인은 알기도 어렵고, 알고 싶지도 않고, 안다고 해도 뾰족한 해결책이 없어 보인다. 이 문제는 인권 연구에서 오랫동안 수수께끼로 남아 있었다. 왜 미시적이고 가시적인 인권 침해에만 집중하고, 거시적이고 구조적인 인권 침해에는 무심한가.

인권에 접근하는 가장 흔한 방법이 바로 눈에 보이는 폭력과 차별과 불의에 맞서는 것인데, 이것을 '인권 문제 해결 패러다임'으로 부를 수 있다. 주로 법과 제도를 통해 인권 침해를 시정하는 방식이다. 오늘날 인권 담론의 90퍼센트 이상이 인권 문제 해결 패러다임에 속한다 해도 지나치지 않을 것이다. 그러나 원래 이렇지는 않았다. 현대 인권 담론이 만들어진 1945년부터 약 20년간의 문제의식은 오늘날과 많이 달랐다. 유엔을 포함한 현대 인권의 설계자들은 깊은 차원에서 인권을 달성할 수 있는 거시적 근본 조건을 분명히 인식하고 있었다.

예를 들어 1945년 제정된 '유엔헌장'의 전문은 이렇게 시작한다. "국제연합의 인민들은 우리 일생에 두 번이나 말할 수 없는 슬픔을 인류에 가져온 전쟁의 불행에서 다음 세대를 구하고, 기본적 인권, 인간의 존엄 및 가치, 남녀 및 대소 각국의 평등권에 대한 신념을 재확인하며, 정의와 조약 및 기타 국제법의 연원에서 발생하는 의무에 대한 존중이 계속 유지될 수 있는 조건을 확립함으로써, 더 많은 자유 속에서 사회 진보와 생활 수준의 향상을 촉진할 것을 결의했다." 즉 유엔의 목적인 안보(평화), 인권, 발전을 달성하기 위한 방법으로서 정의와 국제법을 피상적으로 존중하는 것이 아니라 그것들이 존중될 수 있는 심층 조건을 확립하겠다고 한 것이다.

1966년에 나온 양대 '국제인권규약'의 전문에는 다음과 같은 내용이 공통적으로 포함되어 있다. "'세계인권선언'에 따라 공포와 결핍으로부터 자유를 향유할 수 있는 자유인의 이상은 모든 사람이 자신의 시민적·정치적 권리뿐만 아니라 경제적·사회적·문화적 권리를 향유할 수 있는 조건이 형성되는 경우에만 달성될 수 있음을 인정하며……." 또한 1948년의 '세계인권선언'은 권리 보장의 전제 조건을 다룬 28조에서 "모든 사람은 이 선언에 나와 있는 권리와 자유가 온전히 실현될 수 있는 사회적·국제적 질서 내에서 살아갈 자격이 있다."고 선포했다. 즉 인권 달성을 위해서는 개별 권리가 보장되어야 하지만 그 개별 권리를 보장하기 위해서는 법 제도의 수립만으로는 미흡하다는 것이다. 또 더 깊은 차원에서 권리의 향유를 가능하게 하는 심층적 조건과 사회적·국제적 질서가 갖춰져야 한다는 점을 공식적으로 강조한 것이다. 이런 접근 방식을 뭉뚱그려 '인권 조건 형성 패러다임'이라고 불러보자.

그러나 현대 인권 담론 발생 초기에 강조되었던 '인권 조건 형성 패러다임'은 냉전과 지정학적 경쟁, 인권의 정치 도구화 때문에 지난 반세기 동안 거의 잊혔다. 그와 함께 국제 인권 조약 체계가 인권 담론에서 정전적(正典的) 방법론의 지위를 획득했다. 또한 근본 차원에서 인권 달성을 방해하는 거대 권력의 존재도 문제가 되었다. "권리의 향유를 가로막는 수많은 문화적·정치적·경제적 장벽이 존재한다. 이러한 장벽은 권리를 차단하는 권력이 큰 영향력을 발휘하고 있음을 뜻한다." 미국 정치학자 브룩 애컬리의 말이다. 인권 조건 형성 패러다임을 제대로 실천하려면 현존하는 사회적·국제적 질서에서 패권을 차지한 자본주의와 미국 중심의 세계 질서에 근본적 차원의 문제 제기를 할 수밖에 없다. 따라서 이 패러다임에 따른 인권 달성은 이상적이긴 하나 실천 불가능한 방법론으로 치부되었던 것이다.

그러나 핵심은 이것이다. 인권을 달성하려면 인권 문제 해결과 인권 조건 형성이 한 방향으로 정렬되어야 한다. 다시 말해 개별 인권 침해 사건을 해결하는 노력과, 민주적이고 정의롭고 공평한 세상을 만드는 노력이 연대해야 한다는 뜻이다. 세상이야 어떻게 되든 내 개인 권리만 찾으면 된다고 생각하면 나무만 보고 숲을 못 보는 것이다. 반대로, 사회를 바꾸려는 거대한 행진 앞에서 개개인의 사소한 권리는 뒤로 밀려도 상관없다고 생각하면 숲만 볼 줄 알지 나무의 문제를 못 본 것이다. 오랫동안 인권 담론에서는 거시적 조건이나 사회과학적 통찰을 접어 두고 개별 권리 침해의 사실 관계 조사와 법적 해결에만 치중하는 경향이 있었다. 인권의 잃어버린 고리를 재발견하는 일이 21세기 인권 운동의 가장 중요한 숙제가 되었다. 나무도 살리고 숲도 함께 가꿔야 한다. 눈을 들어 넓고 멀리 봐야 한다.

2016년 5월

스포츠는 인권이다

서울 만리동의 옛 양정고보 자리에 손기정 기념관이 있다. 내부를 둘러보노라면 전시물 한 점이 유독 눈길을 끈다. 손기정이 1936년 8월 9일 베를린 올림픽 마라톤 경기에서 우승하고 이틀 뒤 한국의 지인에게 보낸 엽서다. 이보다 간단할 수 없을 만큼 짧은 문장이 가슴을 친다. "슬푸다!!?" 세 글자와 세 부호로 이루어진 이 전언은 식민지 주민의 복잡한 감정이 응축된 우리 민족의 모스 신호라 해도 지나치지 않다. 많은 사람이 이것을 나라 잃은 슬픔이라고 풀이한다. 인권 개념으로 본다면 자기 결정권을 빼앗긴 인민의 울분으로 해석할 수 있을 것이다.

2016년은 베를린 올림픽 80주년이자 리우 올림픽이 열리는 해였다. 8월 한 달 내내 세계인의 이목이 브라질에 쏠렸다. 그러나 올림픽 경기에 출전한 선수들에게 열광하면서 구경꾼의 위치에 자족하고, 언론이 전해주는 메달 집계에만 관심을 기울이는 구태의연한 습관을 이제 바꿀 때가 되었다. 이런 식의 피동형 스포츠 관람은 한 세대 전에나 통했고, 그 당시에도 이미 많은 비판을 받은 문제 있는 방식이기 때문이다.

그렇다면 스포츠에서는 무엇이 선진적이고 21세기적인 태도인가. 인권의 시선으로 스포츠를 볼 줄 아는 안목을 키우는 것이다. 우리에겐 약간 생소하지만 스포츠 인권은 인권 분야의 새로운 의제로 큰 주목을 받고 있다. 스포츠의 지구화와 글로벌 매스컴 혁명이 맞물리면서 스포츠는 이제 인류의 의식을 하나로 묶고 상상력을 무한히 자극하는 인지적 초점이 되었다. 정치판 돌아가는 것에는 신물을 내면서도 운동 경기 판세에는 귀를 기울이는 게 보통 사람들의 감성이 아닌가. 그만큼 스포츠는 긍정적으로든 부정적으로든 사회 변화에 큰 영향을 끼친다. 엘리트 스포츠건 풀뿌리 스포츠건 마찬가지다. 단언컨대 앞으로 스포츠 인권에 관한 연구와 정책 수요가 크게 늘어날 것이다. 10년 뒤를 생각하는 대학원생이라면 지금 당장 스포츠 인권 논문을 쓰라고 권하고 싶다.

스포츠 인권은 정확히 무엇이며 무엇을 어떻게 해야 할까. 이런 문제를 놓고 전문가, 교육자, 연구자 들이 머리를 맞대고 고민하는 '스포츠평화포럼'이라는 모임이 있다. 스포츠 분야에서 인권을 이렇게 깊이 논의할 수 있을까 싶을 정도로 진지한 공부 모임이다. 이곳에 한번 참석하여 스포츠 인권에 대해 귀동냥을 할 기회가 있었다. 여기서 얻은 통찰을 내 나름대로 정리해보자면, 스포츠 인권을 세 범주—서로 연결되지만 구분되는—로 나눌 수 있지 않을까 한다.

첫째, "스포츠 활동에서 인권을 보장한다." 아마 제일 많이 알려진 부분일 것이다. 운동선수들을 메달 따 오는 머슴 취급하고, 그들의 인격과 인권을 다반사로 짓밟으며, 경기력 향상과 국위선양이라는 미명 아래 그런 행태를 버젓이 자행하고 방조하고 묵인하는 정부, 체육 단체, 스포츠 지도자, 기업 들을 보라. 메달 지상주의, 경쟁 지상주의, 체육 상업주의가 스포츠를 뿌리에서부터 왜곡해놓은 결과다. 스포츠야말로 '비정상의 정상화'가 필요한 분야가 아닐까. 그러나 박근혜 정부가 내놓은 정상화 추진 과제 중 스포츠 부문을 보면 고작 '체육 단체의 불공정·불투명성 개선'이니 '연예인·스포츠 선수의 병역 면탈 행위 근절'이니 하는 피상적 사안들만 나열되어 있다. 권력의 인권 의식을 보여주는 바로미터다.

게다가 주요 스포츠 행사에서 발생하는 인권 침해도 있다. 특히 초대형 체육 행사(메가 스포츠 이벤트)를 두고 국제적인 논쟁이 벌어졌다. 올림픽이나 월드컵 같은 거대 행사의 선정, 유치, 건설, 입찰, 주관, 진행까지 전 과정이 문제가 되었다. 경기장 건설 노동자의 착취부터 비판 세력과 약자 집단 탄압·제거에 이르기까지 수많은 인권 문제가 발생한다. 초대형 체육 행사의 인권 실적을 수우미양가로 나눠보면 학생 시위대 수백 명이 학살된 1968년 멕시코시티 올림픽이나 군부의 '더러운 전쟁'을 도와준 꼴이 된 1978년 아르헨티나 월드컵은 '가'에 속한다. 2022년 카타르 월드컵은 이주 노동자들에 대한 끔찍한 착취 때문에 벌써부터 '피의 월드컵'을 우려하는 말이 나온다.

2012년 런던 올림픽은 '수'에 가깝다고 평가된다. 인간, 자연, 도시의 지속 가능성을 중시하고, 독립적인 인권 감시 기구의 외부 평가를 자발적으로 수용했다. 모든 공사의 발주·공급·하청 사슬에 사회적 책임성 개념을 적용한 덕에 건설 과정에서 단 한 건의 산재 사망도 발생하지 않은 사상 첫 올림픽 대회가 되었다. 문제는 런던의 성공 사례가 한 번으로 그칠 가능성이 높다는 데 있다. 국제앰네스티는 주요 스포츠 행사에 필요한 인권 존중을 위해 권고문을 발표하여 조직

단체, 주최 국가, 수주 기업이 모두 인권 침해 위험 감소를 위한 노력을 기울여야 한다고 강조한다.

둘째, "스포츠 자체가 인권이다." '올림픽헌장'은 몸과 의지와 마음을 균형 잡힌 전일성 속에서 고양하고 합일하려는 삶의 철학이 올림픽 이념(올림피즘)이라고 정의한다. 나아가 스포츠와 문화와 교육을 배합하여 "노력에 따른 기쁨, 모범 사례가 주는 교육적 가치, 사회적 책임성, 그리고 보편적 기본 윤리 원칙의 존중에 기반을 둔 삶의 양식을 창조하는 것"이 올림픽의 목적이라고 말한다. 이렇게 보면 인권의 목적인 '인간의 활짝 꽃피움'을 위해서는 체육이 필수불가결한 요소가 된다. 바로 이 때문에 '올림픽헌장'은 기본 원칙 4항에서 "스포츠 활동이 곧 인권"이라고 선언하기에 이른다. 스포츠가 인권이라는 점을 곧이곧대로 받아들인다면 대한체육회는 스포츠 인권의 수호자 역할을 자임해야 마땅하다. 또한 입시를 핑계로 삼아 체육 시간을 없애는 그릇된 교육관을 지닌 학교와 교장은 학생 인권 유린으로 지탄받아 마땅하다.

셋째, "스포츠를 통해 인권을 증진한다." 2016년 6월 제네바의 유엔인권이사회에서 스포츠 인권과 관련된 국제 회의가 열렸다. 인권이사회 의장 최경림 대사가 주관한 이 모임은 스포츠와 올림픽의 정신을 활용하여 장애인, 여성, 어린이를 포함한 모든 사람의 인권을 보장하고, 인권의 보편적 존중을 증진할 수 있는 방안을 논의했다. 실제로 인권이사회는 최근 몇 년 사이 스포츠 인권 관련 결의안을 다섯 번이나 채택할 정도로 스포츠를 통한 인권 향상에 관심이 많다. 스포츠가 국가들과 국민들 사이의 관용과 이해를 높일 수 있는 분위기 조성에 큰 도움이 된다는 인식을 보여준다.

인권이사회의 결의안 이전에도 이미 유엔총회에서 교육, 발전, 평화, 국제 협력, 연대, 공평, 사회적 포용, 보건을 증진하기 위해서 스포츠를 활용하는 것이 대단히 유용하다는 결론을 수차례 내놓았다. 최근 개도국 개발 협력 현장에 나가 있는 제자를 만나 대화를 나눈 적이 있다. 이 방면에 진출하고 싶은 한국의 젊은이들이 어떤 전문성을 갖추면 좋겠는가 하고 물었다. 제자는 컴퓨터에서 한국어 교습까지 모든 기술과 전문성을 환영한다고 하면서, 체육을 가르칠 수 있는 교육 능력도 개도국 발전에 꼭 필요하다고 덧붙이는 게 아닌가.

국제 관계뿐만 아니라 사회 생활에서도 스포츠가 인권 향상에 기여할 수 있는 역할이 크다. '올림픽헌장'은 스포츠가 사람들 사이의 "우애와 연대와 페어플레이 정신에 기반을 둔 상호 이해"를 돕는다고 강조한다. 그러고 보니 스포츠에선 차별을 반대하는 정신도 일찌감치 상식으로 자리 잡고 있다. '올림픽헌장' 기본 원칙 6항에 이미 나와 있지 않은가. "인종, 피부색, 성별, 성적 지향, 언어, 종교, 정치적 또는 기타 견해, 민족 또는 사회적 출신, 재산, 출생 또는 여타 신분 등 어떤 종류의 차별도 없이 '올림픽헌장'에 명시된 권리와 자유를 누릴 수 있어야 한다." 인권이 존중되는 세상을 원하는가. 더도 덜도 말고 스포츠 정신대로만 하면 된다.

2016년 7월

노인을 위한 나라

경북 영덕에서 경운기 사고로 농부가 사망했다는 뉴스가 나왔다. 60대 노인이었다. 경북 구미에서도 비슷한 사고로 세상을 뜬 농부 소식이 들렸다. 70대 노인이었다. 경북 소방본부의 집계에 따르면 2016년 한 해 동안 농기계와 관련해 도내에서 발생한 사망자가 총 16명인데 그중 60대가 5명, 70대가 8명이었다. 전국을 합하면 경운기 사고로 목숨을 잃는 고령의 농부들이 얼마나 많을까.

소준철의 연구에 따르면 도시 재활용품을 수집하는 노인들의 삶도 고달프긴 마찬가지다. 이들은 새벽 4시에서 6시 사이에 일을 시작한다. 새벽 1시에서 4시 사이 일하는 이들도 적지 않다고 한다. 심야는 가장 위험한 시간대이기도 하다. 이때 길거리를 헤매는 것은 교통사고 위험을 높인다. 크고 작은 사건·사고가 얼마나 많이 발생할 것인가.

초고속으로 노인층이 늘어나는데도 노인을 위한 대책이 너무나 부족한 나라가 한국이다. 경제협력개발기구(OECD) 국가 중 노인 빈곤율, 자살률, 교통사고 사망률이 최악인 사실은 잘 알려져 있다. 삶의 만족도 역시 꼴찌 수준이다. "의지할 수 있는 친척이나 친구가 있는가?"라는 질문으로 대변되는 사회적 지지 역시 최하위권이다. 한국 노인 다수가 가난과 외로움이라는 이중의 늪에 빠져 있는 현실이다.

19대 대선의 유권자 네 사람 중 한 명이 60살 이상이었다. 후보들이 내놓은 다양한 노인 복지 정책은 주로 기초 연금을 올리고 노인 의료를 확충하는 것이었다. 장기 요양 보험, 돌봄 서비스, 일자리 따위가 단골 공약 사항이었다. 그런데 이런 논쟁은 한국만의 문제가 아니다.

예전에는 고령화가 극소수 선진국에 한정된 행복한 고민이라고 생각하는 경향이 있었다. 그러나 오늘날 고령자 중 3분의 2가 소득 중하위권 국가에 거주할 만큼 노인 문제는 전 세계적인 현상이 되었다. 이제 우리는 《노년의 역사》의 저자 팻 테인의 말마따나 "늙는다는 것이 역사상 처음으로 정상적인 것이 된" 세상에 살고 있다.

노인 문제에 접근하는 데 비교적 새로운 동향이 있다. 그중 하나는 국제적으로 노인 문제를 인권 의제로 다루기 시작한 것이다. 유엔총회는 2002년 '노령화에 관한 마드리드 국제 행동 계획'을 채택하여 노인에 대한 나이 차별과 방임·학대·폭력을 중요한 인권 문제로 규정했다.

유엔사무총장이 2011년 유엔총회에 제출한 노인 인권 문제 보고서는 노인들이 경험하는 네 종류의 도전을 지적한다. 우선 나이에 따른 차별 문제가 있다. 연령 차별은 성별, 인종, 장애, 사회경제 상황 같은 여타 차별과 결합해 나타나곤 한다.

둘째, 빈곤 문제가 있다. 가난한 노인들은 노숙, 영양 결핍, 만성질환, 식용수나 위생 시설 접근의 어려움, 의료 혜택 부족, 저소득에 시

달릴 개연성이 크다. 노인이 가구의 생계나 손자녀 양육을 책임지는 경우엔 더 심한 가난에 빠지곤 한다. 셋째, 신체적·정신적 고통을 겪을 수 있으며, 더 나아가 성적 학대의 피해자가 될 수도 있다. 마지막으로 요양 시설이나 서비스 부족, 그리고 시설에서 일어나는 학대 문제가 있다.

2017년 3월에 개정된 노인복지법에서는 노인 학대를 "노인에 대하여 신체적·정신적·정서적·성적 폭력 및 경제적 착취 또는 가혹 행위를 하거나 유기 또는 방임을 하는 것"으로 규정한다. 유엔의 접근을 충실히 따르고 있음을 알 수 있다.

또 다른 새로운 동향은 노령화와 도시화가 동시에 진행되는 추세를 감안하자는 움직임이다. 2050년이면 전 세계 고령화율이 22퍼센트, 도시화율이 66.4퍼센트에 달할 것으로 예상된다. 한국은 10년 내에 초고령 사회가 되고 도시화율은 85퍼센트에 이를 것이다. 즉, 도시에 거주하는 고령자들이 노인 대책의 주요 대상이 될 가능성이 높다.

계간 〈걷고 싶은 도시〉 2017년 봄호는 '노인과 도시'라는 특집으로 '고령 친화 도시' 개념을 소개한다. 고령 친화 도시는 우선 '활기찬 노년'을 중시한다. 나이가 들어도 삶의 질이 늘 수 있도록 건강·참여·안전을 위한 기회를 도시가 최적화해서 제공한다는 뜻이다. 고령 친화 도시는 시설 요양에서 벗어나 '살던 곳에서 늙어 가기'로 강조점을 이동시키며, 더 나아가 '지역 사회에서 늙어 가기'를 최종 목표로 삼는다. 주거 중심의 노인 대책에서 사회적 관계 중심의 노인 대책으로 지향점이 바뀐다. 이렇게 되면 노인을 포함한 주민 공동체 모두를 아우르는 물리적·사회적 도시 환경을 설계하는 일이 중요해진다. 서울시는 이미 고령 친화 도시 아이디어를 정책에 반영하고 있다.

안현찬은 인상적인 설명을 제시한다. "최근 서점에는 고령 사회에 관한 책들이 넘쳐난다. 대부분은 우리를 겁먹게 하고, 부지런히 적금과 보험료를 붓게 만든다. 이와 비교하면 고령 친화 도시는 일종의 사회적 노후 대비다. 여기에도 우리가 꼬박꼬박 부어야 할 게 있다. 살던 곳에서 활기차게 늙어 가고 싶다는 동의, 이로부터 생겨나는 노인의 존중과 배려다. …… 이러한 개인적 동의와 배려와 노력이 많이 모이면 사회적 합의와 태도와 실천이 된다. 가입자가 늘어날수록, 보험료가 쌓일수록 고령 친화 도시라는 만기일은 앞당겨질 것이다."

이런 점에서 헤밍웨이의 《노인과 바다》는 노인 문제를 새로운 시각으로 볼 수 있게 해주는 흥미로운 텍스트다. 거대한 청새치를 낚았지만 오히려 고기에게 끌려다니게 된 노인 산티아고가 표류 도중에 큰소리로 독백하는 장면이 나온다. "아이가 함께 있었다면 얼마나 좋을까. 날 도와주고, 이걸 같이 볼 수 있을 텐데." 그러면서 그는 사람이 늙어서 혼자 외롭게 살면 안 된다고 생각한다.

천신만고 끝에 귀환한 노인을 대하는 동네 사람들의 모습은 또 어떤가. 노인의 소식을 몰라 애태우던 소년은 오두막집에서 잠들어 있는 그의 모습을 확인하고 안도의 울음을 터뜨린다. 쪽배 주변에 모여든 어부들은 입을 모아 노인의 안부를 묻는다. 카페 주인은 노인을 위해 우유와 설탕을 탄 커피를 소년에게 쥐어주면서 "걱정 많이 했다고 말해줘."라고 안부를 전한다. 노인은 에스파냐에서 쿠바로 건너온 이주 노동자 출신이다. 갈색 피부의 물라토 원주민들 사이에서 "바다 물빛 눈동자"를 가진 이방인으로 살아왔다. 그런 사람 하나가 실종됐다고 해경이 수색에 나서고 비행기까지 동원한 것이다. 이런 식으로 읽으면 산티아고는 지역 사회에서 늙어 가는, 가난하지만 사회적 지지망에 기댈 수 있는 복노인으로 재해석될 수 있다.

유엔은 노인 인권을 위한 향후 과제 중 하나로 노인들 스스로 공공 정책 결정 과정에 참여할 수 있는 권리를 꼽는다. 이는 노인의 욕구를 채워주는 수동적 접근에서 권리에 기반을 둔 적극적 접근으로 방향을 전환해야 한다고 보는 고령 친화 도시 개념과도 통하는 것이다.

단순히 복지 혜택을 누리는 것만이 아니라 공적 결정에 참여할 권리를 노인 인권의 핵심으로 꼽으려면 두 가지가 함께 필요하다. 우선 여러 사회 집단 사이에 기본적인 연대 의식이 있어야 한다. 특히 젊은이와 노인의 세대 간 연대가 없으면 안 된다. 또 민주 시민으로서 지향과 자의식을 지녀야 한다.

이런 전제 없이 노인 복지만으로 노인 인권을 규정한다면 자신에게 유리한 권익의 총량을 늘리려는 이익 집단식 정치로 귀결될 수밖에 없다. 물론 복지는 중요하고 확장되어야 한다. 하지만 세대 간 연대의 정신 위에 구축된 복지가 아니면 진정한 노인 인권이라 하기 어렵다. 민주 시민으로서 공공성에 따라 결정권을 행사하는 노인이 많아져야 진짜 노인 인권이 바로 선다. 그런 시민은 하루아침에 만들어지지 않는다. 젊었을 때부터 민주적 지향을 지니고 살아온 사람이 나이 들어서도 그런 자세를 유지하기 쉽다. 공적 시민 의식을 지닌 민주적 시니어, 이것이 노인 인권이 지향하는 이상적 노인상이다.

노인 문제는 따로 있지 않다. 노인 역시 전체 인간의 일부이며, 노인 문제가 인간 문제의 일부이기 때문이다. 노인의 고통이 젊은이의 고통과 연결되고, 여성·소수자·이주자에 대한 멸시가 노인에 대한 멸시로 이어지는 세상 이치에 눈을 떠야 한다. 노인을 위한 나라를 원하는가. 구성원 모두의 삶을 소중히 받드는 공동체를 만드는 것이 그 지름길이다.

2017년 5월

인권의 눈으로 본 과학 기술

　다음 내용 중 공통점이 무엇일까? 살충제 달걀, 사드 환경영향평가, 몰카 피해, 핵무기, 국정원 댓글부대, 대륙간탄도미사일, 문케어, 자주포 사고, 핵발전 공론화, 통신비 할인, 용가리 과자……. 이 모든 사안의 공통분모는 과학 기술이다. 오늘날 공적으로 중요한 문제에 과학 기술이 개입되지 않은 사례를 찾는 것은 불가능에 가깝다. 과학기술정보통신부 과학기술혁신본부장 임명을 둘러싼 논란은 과학과 기술이 현대 사회에서 차지하는 비중을 상징적으로 보여준 사건이었다. 그렇지만 과학 기술이 인권에서도 대단히 중요한 이슈라는 사실을 아는 사람은 많지 않다.

　우선 역사적 배경부터 소개해보자. 제2차 세계대전 후 유엔에서 제일 먼저 시작한 일 하나가 '세계인권선언'을 제정하는 것이었다. 같은 시기에 독일 뉘른베르크에서는 나치 전범 재판이 잇따라 열리고 있었다. 그중에서도 특히 나치 의사들 재판이 주목을 받았다. 우생학적 살인, 생체 실험, 가스실 처형 같은 의과학 지식을 악용한 반인도적 범죄의 적나라한 실상이 전 세계 언론에 보도되자 사람들은 경악했다. 이를 접한 인권선언문 집필 위원들 역시 과학 기술이 인권에 미치는 영향을 심각하게 고려하지 않을 수 없었다.

당시 유네스코의 줄리언 헉슬리 초대 사무총장은 공교롭게도 생물학자이자 작가로서 명성이 높았다. '세계인권선언' 제정에 유네스코의 견해를 반영해야 한다고 믿었던 헉슬리는 과학 기술인을 포함한 각계 전문가들의 자문을 받아 제안서를 만들어 인권선언 집필위원회에 제출했다. 이런 연유로 '세계인권선언'과 그 이후의 '국제인권규약'에 과학 기술과 관련된 조항이 들어가게 된 것이다.

과학 기술 인권은 자연 계열에만 해당되는 개념이 아니다. 이것은 일반 대중, 과학 기술계, 그리고 국가라는 세 기둥으로 이루어진 건축물에 비유할 수 있다. 첫째 기둥인 일반 대중을 보자. 모든 사람은 넓은 의미에서 모든 문화적 생활에 참여할 권리가 있으며, 과학 진보의 혜택을 누릴 권리가 있다. 이때 '과학'은 자연과학뿐만 아니라 라틴어 '스키엔티아(scientia)'가 뜻하는 대로 학문 전반을 포괄하는 것으로 이해할 수도 있다. 초기엔 일반인들이 과학의 혜택을 '공유'할 수 있다고 쓰였지만, 나중에는 '향유'할 수 있다는 식으로 표현이 강화되었다.

국제 무대에서 인권은 흔히 보편적이고 격식 있는 법의 언어로 작성되곤 한다. 하지만 점잖은 표현 뒤에 숨어 있는 깊은 차원의 의미를 잘 짚어야만 인권을 제대로 이해할 수 있다. 바로 이 때문에 외국어를 구사하고 국제 경험이 있지만, 사회를 보는 인식이 철저하지 못한 상태에서 국제 인권 담론을 활용하면 인권을 형식적으로 받아들이고 법이나 외교의 지렛대로만 오해하는 일이 종종 발생한다.

과학 진보의 혜택을 모든 사람이 '향유'한다는 말의 행간에 숨어 있는 뜻도 마찬가지다. 이 말에는 근본적 차원에서 인권의 평등주의적인 지향이 깔려 있다. 과학 기술이 권력자, 엘리트, 지배 계층의 전유물이 되어선 안 되고 인종, 국적, 성별, 계급, 지위를 떠나 모든 사람에게 골고루 과학 기술의 혜택이 가야 한다는 근본 원칙이 그 바탕을 이루는 것이다.

따라서 유복한 일부 계층만이 누릴 수 있는 과학 기술은 그 자체로 반인권적이라는 사실을 똑바로 봐야 한다. 돈 있고 여유 있는 사람들이 '값비싼' 과학 기술의 혜택을 더 잘 누릴 수 있는 게 너무나 당연하지 않냐고 은연중에 생각한다면 그런 식의 사고방식 자체가 금전만능의 반인권적 세계관을 전제하고 있음을 알아야 한다. 인권을 규정한 각종 국제 문헌의 진짜 의미를 역사적·사회적·구조적으로 독해하고 실천하는 것이 진정한 인권의 정신임을 잊어선 안 된다.

둘째 기둥인 과학 기술계를 보자. 모든 과학 기술인은 과학과 문화의 보존, 발전, 확산을 담당하는 중추적 역할을 맡고 있다. 이들은 자유와 권리를 누리는 주체임과 동시에 막중한 책무를 지닌 전문가라는 이중적 지위를 지닌다. '국제인권규약'은 과학자들이 과학 연구와 창조적 활동에 반드시 필요한 자유를 맘껏 누릴 수 있어야 한다고 규정한다. 과학 기술인들은 전문가이자 시민으로서 의견과 표현의 자유, 그리고 결사와 집회를 백 퍼센트 보장받아야 한다. 황우석 사태 당시 젊은 과학자들이 용기 있게 진실을 밝혔던 일은 과학 기술인의 자유와 권리의 행사라는 측면에서도 중요한 선례가 되었다.

또한 과학 기술인에게는 국제 교류와 접촉을 할 수 있는 자유 역시 중요한 인권이다. 과학은 흔히 보편적 진리 추구라는 이상에 근접한 패러다임으로 묘사되곤 한다. 이것은 과학 기술이 초국적이고 공동선을 지향하는 활동임을 암시한다. 과학계에서 애국과 경쟁의 목소리만 들린다면 그런 과학계는 과학의 본령에서 한참 벗어났다고 할 수 있다.

과학 기술인이 지켜야 할 책무 또한 중요하다. 연구 활동이 파괴가 아닌 건설, 갈등이 아닌 평화, 일부가 아닌 만인을 위해 쓰여야 한다는 기본 철학을 지녀야 한다. 이런 생각을 하는 뜻있는 과학자들이 적지 않겠지만, 과학계의 겉모습은 철저하게 도구적 이성으로서 과학 기술뿐이다. 연구 성과 높이기, 국책 사업 따 오기, 〈사이언스〉나 〈네이처〉 같은 명망 있는 학술지에 이름 올리기를 최고의 가치로 떠받드는 풍조가 우리 과학 기술계의 일상적 풍경 아닌가.

그러나 모든 과학이 이렇게 묻지마식의 실적주의 과학은 아니다. 지난 2017년 6월 〈사이언스〉에 중요한 논문 한 편이 실렸다. 〈사회적으로 책임 있는 해산물의 의지〉라는 이 논문은 동남아를 포함한 세계 여러 지역에서 해산물을 수확·가공·포장하는 노동자들이 겪는 노예 상황을 개탄하면서 해양 과학자들이 해산물과 관련된 사회적 이슈와 인권 문제에 관심을 쏟아야 한다고 촉구했다.

우리 과학 기술인들도, 굳이 국내 정치의 진보-보수 구분을 떠나, 전문직 종사자로서 직업 윤리에 입각해 인권을 옹호하는 발언이 많이 나올 수 있는 풍토가 만들어지면 얼마나 좋을까 싶다. 일본 물리학자 마스카와 도시히데가 쓴 책 《과학자는 전쟁에서 무엇을 했나》를 모든 과학 기술 전공자들이 읽고 새겨야 할 것이다.

셋째 기둥인 국가를 보자. 모든 시민이 기본적 차원에서 과학 진보의 결과를 고루 누릴 수 있도록 최대한 정책적 배려를 하는 데서 과학 정책이 출발해야 한다. 또한 과학 기술인을 국가가 원하는 대로 활용할 수 있는 기능 인력풀 정도로 간주하는 시각을 버려야 할 것이다. 과학 기술인의 자유와 권리를 최대한 보장하는 정책의 결과로서 국익이 증진된다고 봐야지, 그 반대는 곤란하다.

바로 이 지점에서 국가 차원의 거버넌스에 참여하는 고위 과학 기술인, 과학 기술 부문 기업인, 그리고 과학 기술 전문 관료에 대한 철저한 검증이 요구된다. 현대 국가의 복잡한 정책 과정 속에서 공익을 가장하면서도 매끄럽게 사익 추구를 할 줄 알고, 풍부한 인맥과 산-학-언-군-정을 잇는 네트워크를 통한 로비에 익숙한 구태 인물들에게 과학 기술 정책을 맡기면 엘리트 과학, 반인권적 과학, 반평화적 과학의 적폐는 절대 없어질 수 없다.

한 걸음 더 나아가 생각해보자. 국가의 과학 기술 정책을 인권적으로 정립하기 위한 가장 깊은 차원의 안전 장치는 민주주의 심화, 그리고 평화적이고 탈상품화된 사회 분위기라 할 수 있다. 이런 점이 갖춰지지 않으면 어떤 국가, 어떤 체제에서도 과학은 인간을 위한 것이 되지 못한다. 소련의 리센코 사건*, 미국의 핵무기 사용을 기억하면 당장 답이 나온다.

서구 몇몇 나라의 과학계에서 인권 증진을 위한 프로그램과 인턴십을 실시하는 사례를 참고할 만하다. 자기 전공을 살려 주거 환경 개선, 식용수나 하수 처리 문제 해결, 근린 오염 물질 제거, 디지털 약자 계층을 위한 교육 활동, 위성 사진 이미지 판독 기술을 활용한 대규모 인권 침해 사건 조사까지 다양한 분야에서 과학 기술인의 인

리센코 사건 소련의 생물학자 트로핌 리센코(Trofim Lysenko)는 멘델의 유전 법칙을 부정하고, 후천적으로 얻은 형질이 유전된다고 주장했다. 스탈린의 지지를 앞세워 리센코는 자신의 학설에 반대하는 과학자들을 대대적으로 숙청했다. 이후 소련의 농업 생산력은 급격히 줄고 과학 분야는 쇠퇴했다.

권 활동이 이루어지고 있다. 변호사들이 프로보노* 공익 활동을 하는 것처럼 과학 기술인들도 프로보노 활동을 제도화해봄직하다.

2017년 8월

프로보노(probono) 각 분야 전문가들이 자신의 전문성을 활용해 사회적 약자와 소외 계층을 돕는 활동을 가리킨다. '공익을 위하여'라는 뜻을 지닌 라틴어 'pro bono publico'에서 유래했다.

장애인 인권 선언

학급당 학생 수가 예순 명이 넘던 시절이 있었다. 양쪽 클러치를 쓰는 한 장애 급우가 짧은 휴식 시간에 화장실에 가고 싶어도 느린 동작 때문에 다시 주저앉곤 하던 광경이 떠오른다. 교사부터 학생들까지 장애 친구를 비속어로 부르기 일쑤였고 도움의 손길을 내미는 경우는 드물었다. 부끄러운 기억이다.

장애인을 바라보는 세 가지 시각이 공존해 왔다. 첫째로 운명이라고 받아들이고 체념하는 시각이 있다. 또 기피하거나 멸시하거나 연민과 자비의 대상으로 보는 시각이 있다. 마지막으로 자선 사업, 사회 사업과 가까웠던 시각이 있다. 이러한 전통적 장애관에 혁명적 변화가 왔다. 그 변화의 핵심에 장애 인권이 있다.

전 세계적으로 1980년대부터 개인이나 국가가 베푸는 '시혜'를 장애인이 '고맙게' 받는다는 구도가 통하지 않기 시작했다. 장애인도 인격적 주체고, 국가 공동체의 구성원 자격(시티즌십)을 요구할 권리가 있으며, 동정보다는 인권의 완전한 향유를 바라는 흐름이 대세를 이루게 되었다.

인권에 근거한 장애 개념은 실천과 이론 모두에 깊은 영향을 끼쳤다. 장애인을 인도적·종교적 정신에서 돕는다고 전제해 왔던 자선 모델은 방향 전환을 요구받았다. 장애인에게 도움이 될 것이라 당연시한 관행, 그리고 자선 모델에 비추어보더라도 잘못된 조치들이 비판을 받았다. 학문도 마찬가지였다. 계급, 인종, 젠더에 몰두하던 사회과학에 장애라는 새로운 쟁점이 큰 과제로 등장했다.

국제적으로 장애인 권리는 늦게 발전한 편이다. 1948년 '세계인권선언'에는 장애에 대한 언급이 없다. 1966년 양대 '국제인권규약'에도 장애가 규정되어 있지 않다. 1950년 유럽인권협정에 정신장애에 관한 부수적 언급이 있고, 1961년 '유럽사회헌장'은 장애인의 고용, 직업 훈련, 주거를 별도 항목으로 다루었다. 국제노동기구는 1955년 장애인의 직업 재활을 다룬 권고99호를 발표했다. 유엔도 1971년 지적장애인의 권리선언을 선포했고, 1975년에는 장애인 권리선언을 제정했다.

유엔은 1981년을 국제 장애인의 해로 정했고 그해 한국의 보건사회부는 4월 20일을 제1회 '장애자의 날'로 지정했다. 유엔은 1983년에 '장애인의 십 년' 기간을 선포했고, 그 이듬해에 최초로 장애 인권 특별보고관을 임명했다. 1989년의 아동권리협약 23조는 정신적·신체적 장애 아동에게 존엄성이 보장되고 자립이 촉진되며 적극적 사회 참여가 장려되는 환경 속에서 품위 있게 살 수 있는 권리가 있음을 인정했다.

유엔총회는 1990년대 들어 정신 질환자 보호에 관한 원칙과 장애인의 기회 균등에 관한 기본 규정을 만들었다. 이런 단계를 거쳐 2006년 말에야 역사적인 장애인권리협약이 제정되었고 2008년 5월 3일 드디어 발효되었다. 한국도 그해에 협약을 비준했다. 이처럼 장애인 권리가 국제법상의 인권으로 인정된 것은 최근의 일이라 할 수 있다.

왜 이렇게 늦어졌나. 장애를 주로 병리 현상으로 설명하고, 장애인은 누군가에게 의존해야 하므로 의학적 개입과 사회사업적 지원이 최선이라는 인식이 지배적이었기 때문이다. 인권 원칙에 따르면 장애인이든 비장애인이든 모든 인권을 똑같이 누릴 수 있기 때문에 장애인의 권리를 별도의 범주로 둘 필요가 없다는 형식 논리도 한몫을 했다.

2006년의 장애인권리협약은 이런 경향에 종지부를 찍었다. 제정 과정이 속전속결이었고, 장애인 당사자 단체(DPO), 비정부기구(NGO), 정부 대표가 긴밀한 협의를 거쳐 도출한 국제 조약이었다. 한국의 장애인 단체들도 뉴욕에서 협상과 로비에 적극 참여했다. 한 제자가 유엔 본부에서 현장 중계로 전해주던 이메일을 학우들과 함께 읽던 기억이 생생하다.

장애인권리협약은 장애인도 똑같이 존엄한 존재이고, 지역 사회에서 살아갈 권리가 있으며, 법적 주체성을 지닌 인격이고, 참여하고 발언할 수 있는 대등한 시민이며, 모든 권리의 정당한 향유자임을 명쾌한 언어로 선포한다. 협약은 장애를 개인의 문제로만 보지 않는다. 장애란 어떤 손상을 지닌 사람과 사회 전체의 태도와 환경적 장벽이 상호 작용하는 과정에서 발생한다는 사회적 모델을 취한다. 장애를 개인에게 고착된 낙인이 아니라, 사회 환경이 좋아질수록 긍정적으로 재구성될 수 있는 가변적 상태로 파악한다는 뜻이다.

협약은 장애인의 특수한 욕구 충족을 위한 권리를 요구하는 공민권적 접근을 넘어 보편적 접근을 중요하게 다룬다. 전자는 장애인도

주류 사회의 제도와 서비스에 동등하게 접근할 수 있게 해 달라는 것이다. 후자는 사회가 다수의 비장애인과 소수의 장애인으로 이루어진다고 보지 않는다. 누구라도 생애주기 속에서 잠재적으로 장애인이 될 가능성이 있다고 본다. 장애인도 기능적 제약의 정도가 다양하므로 만인의 인권을 염두에 둔 포괄적 장애 정책이 바람직하다고 본다.

장애인권리협약 덕분에 인권의 문법이 많이 변했다. 국가가 간섭만 하지 않으면 된다던 자유권을 국가의 개입 의무가 발생하는 권리로 바꿔 해석한다. 예를 들어 표현의 자유를 접근 가능한 정보 취득권으로 전환시켰다. 이렇게 되면 국가의 역할이 더욱 커질 수밖에 없다. 의사 결정을 둘러싼 관점에도 근본적 변화가 왔다. 과거에 장애인을 대신해서 결정해주었다면, 이제는 장애인이 의사 결정을 잘할 수 있도록 돕는다는 패러다임으로 바뀌고 있다. 발달장애인이 어떻게 스스로 제대로 된 결정을 내릴 수 있겠는가 하는 회의적 관념은 이제 구식이 되었다.

자기 마음대로 하는 것이 자기 결정이 아니다. 장애인의 '자기 결정권'은 고전적인 두 차원의 자유론과 연결될 수 있다. 우선 자신과 타인에게 해를 끼치지 않는 한, 간섭받지 않고 자기 의지대로 행동할 수 있는 소극적 차원의 자유가 있다. 그리고 자신에게 진정 유리한 선택을 할 수 있는 역량을 갖추기 위해 정부와 복지기관의 지원과 조력을 받을 적극적 차원의 자유가 있다. 이런 경우 사회 복지사의 전문적 개입은 부당한 간섭이 아니라 자유 증진에 해당한다.

장애 인권이 보장되는 사회는 종적 존재로서 인간이 얼마나 진보할 수 있는지를 보여주는 바로미터다. 이런 나라들을 관찰할 기회가 있었다. 주관적으로 느낀 바를 정리하면 이렇다. 첫째, 처음부터 수준 높은 국민은 없다. 사회의 조직 방식, 제도, 정책이 대중의 인식을 끌어올린다. 둘째, 장애인 권익 운동과 공동선에 기반을 둔 민주 정치가 같이 갈 때에 장애 인권이 발전한다. 양자가 분리되면 지속적인 변화가 어렵다. 셋째, '데인저'와 '리스크'를 구분한다. 안전을 위협하는 위험 요소(danger)는 최대한 줄여야 하지만, 삶의 일부인 확률적 리스크(risk)는 감당하겠다는 능동적인 자세가 필요하다. 무조건 안전만 강조하면 장애인에게서 도전과 경험을 통해 성장할 수 있는 기회를 박탈하는 것이고, 복지 기관은 방어적인 경향이 생긴다. 장애 당사자, 보호자, 서비스 제공자 사이에 리스크에 관해 공감대가 형성되어야만 혹시라도 어떤 문제가 발생했을 때에 지혜롭게 책임 소재를 가리고 대처할 수 있다. 넷째, 장애인 권리가 보장될수록 의도치 않은 관련 효과가 발생한다. 장애인의 욕구를 이해하고 그것에 반응할 줄 아는 섬세한 시선을 지닌 대중이 많아지면 예술, 문화, 미디어의 감수성이 높아지고, 정치 과정에서 커뮤니케이션의 수준도 올라간다. 비즈니스의 질도 향상될 수밖에 없다. 마지막으로, 장애 복지가 발전해도 젠더는 여전히 중요한 요소로 남는다. 여성 신체장애인, 여성 지적장애인의 인권 침해에는 고유의 특성을 고려한 맞춤형 지원이 필요하다. 보호자와 부모와 돌봄 제공자 중에서도 어머니와 여성의 역할이 두드러져 보이는 현상을 젠더 관점에서 고민해봐야 한다. 장애인 인권은 인권의 전체 영역에서 인식의 전환과 전문적 접근이 가장 높게 요구되는 분야에 속한다. 인권 발전의 역사에서 비교적 늦게 출발했지만 가장 앞서 나아가고 있는 권리라 할 수 있다.

2018년 3월

'여성차별철폐협약' 40년의 성취

세계 여성 인권의 주요 이정표가 세워진 지 40여 년이 흘렀다. 인권 운동가들이 흔히 '시이도(CEDAW)'라 부르는 여성차별철폐협약(이하 '협약')이 그것이다. 과거엔 굉장히 불온하게 여겨진 여성의 평등한 지위와 권리가 오늘날 당연한 (적어도 원칙과 형식 면에서) 상식으로 자리 잡는 데에는 이 '협약'의 공이 컸다.

반세기 전만 해도 국제 인권 운동에서 여성 인권은 제대로 대접받지 못했다. 주로 개발 분야에서 여성의 주장과 욕구를 정책에 반영해야 한다는 관점이 있었을 뿐이다. 그러나 1966년 자유권규약과 사회권규약이 나온 뒤 여성 권리를 독자적인 인권 의제로 인정해야 한다는 분위기가 생겼다.

그런 움직임에 호응하여 유엔총회는 1967년 여성차별철폐선언을 내놓는다. "여성에 대한 차별은 근본적으로 불의한 인간 존엄의 침해다."라는 1조의 천둥소리로 많은 사람의 눈에서 비늘이 떨어졌다. 그 여세를 몰아 유엔은 1975년을 국제 여성의 해로 정했고, 그때부터 법적 구속력이 있는 조약을 준비하여 마침내 1979년 '협약'을 제정했다.

다른 국제 인권 기준과 비교해보면 '협약'의 특징이 드러난다. 대단히 구체적인 행동 의무를 당사국에 부여한다. 그리고 각국 헌법과 법령에 나오는 여성의 법적 권리를 실질적으로 보장해야 한다는 실천성을 누누이 강조한다. 실질적 보장성은 무엇인가.

우선 법이나 정책이 구속력 있는 효과를 내야 한다. 제도와 인프라의 수준을 높여 여성 차별에 관해 공무원, 경찰, 공공 부문 종사자를 훈련해야 한다. 여성의 출산과 양육이라는 특성을 사회를 조직하는 모든 단계에서 감안해야 한다. 그리고 여성 인권에 대한 모든 사람의 인식과 태도를 바꿔야 한다. 이런 주장은 지금이야 당연하다고 생각하지만 당시엔 혁명 공약만큼이나 파격적이었다.

'협약'은 전 세계 여성의 삶과 지위에 어떤 영향을 끼쳤을까. 여성의 정치적 권리 신장에 확실히 기여했고, 사회적 권리에도 상당한 영향력을 발휘했으며, 경제적 권리에는 작지만 일정한 효과가 있었다는 평가를 받는다. '협약' 위원회에서 일반 권고를 내려 '여성에 대한 폭력' 문제를 정식 인권 의제로 각인한 공로도 높이 평가할 수 있다. '협약'에 들어 있지 않은 이슈라 해도 위원회가 하기 나름으로 얼마든지 중요하게 만들 수 있다는 선례를 세웠다.

'협약'만 따로 떼어 효과를 논하기보다 여러 관련된 요인들을 함께 고려해야 한다는 견해도 있다. 그 나라가 '협약'과 중복되는 내용의 여타 국제 조약에도 의무를 지고 있는지, 지속 가능 발전 목표(SDG) 같은 정책 목표를 잘 지키는지, 정부와 국민이 성평등 의지가 있는 상태에서 '협약'을 비준했는지, '협약'이 그 나라의 기존 법 체계와 잘 호응하는지, 그리고 특히 시민 사회 활동이 얼마나 단단히 뿌리를 내렸는지 살피는 것도 중요하다.

물론 '협약'에 가입한다고 해서 어떤 나라의 여성 인권 수준이 당장 좋아진다고 보긴 어렵다. 정부가 위원회에 보고서를 제출하는 사이클이 되풀이되면서 정부의 여성 정책이 위원회의 지적과 권고에 서서히 맞물려 돌아가게 된다. 그렇게 본다면 마흔 살이 넘은 '협약'이 전 세계 여성의 인권을 주류화하는 데 분명한 역할을 했다고 말할 수 있다.

현재 189개국이 '협약'을 비준한 상태다. 이란, 소말리아, 수단, 통가는 서명을 하지 않았고, 미국과 팔라우는 서명만 하고 비준을 하지 않았다. 한국은 1984년에 비준을 했다. 한국이 유엔에 가입하기 전에 비준한 인권 조약으로 '협약'과 인종차별철폐협약이 있다.

5공 시절인 1982년, 한국 대표단이 유엔여성지위위원회에 옵서버 자격으로 참석한 뒤 '협약'의 중요성을 인식하게 됐다. 국제적 신망을 높이려고 '협약'의 비준을 추진했지만 국적법의 부계 혈통주의가 걸림돌이 되었다. 호주제나 동성동본 불혼제에도 문제가 있었지만, '협약'의 일부 조항을 유보한 상태에서 서둘러 비준을 추진했다. 그 뒤 국적법과 가족법을 개정하여 유보 조항을 철회하게 된다.

한국이 '협약'을 비준한 뒤 민주화가 진행되면서 이루어진 입법 중 '협약'을 반영한 법률이 상당수 있다. 1994년의 '성폭력 범죄의 처벌 및 피해자 보호 등에 관한 법률', 그리고 1998년의 '가정폭력 범죄의 처벌 등에 관한 특례법'은 여성 폭력에 반대한 '협약' 위원회의 취지를 이어받았다. 1999년의 '남녀 차별 금지 및 구제에 관한 법률'과 2004년의 '성매매 알선 등 행위의 처벌에 관한 법률' 역시 '협약'에서 직접 영향을 받은 것이다.

개혁적인 제도가 흔히 그러하듯 '협약'도 보수와 진보 양쪽에서 공격을 받아 왔다. 전통 보수주의는 여성의 개별적 완전성과 독립성, 평등성을 주창하는 '협약'을 못마땅해한다. 혼인과 가족 관계의 모든 측면에서 평등을 규정한 16조를 유보한 채 협약을 비준한 국가가 많다는 사실이 이를 방증한다. 급진 페미니즘은 '협약'이 젠더 평등을 양성 평등에 국한한 점, 섹슈얼리티에 관한 다양한 시각을 반영하지 못한 점을 비판한다.

'협약' 이후 40여 년이 흐른 현재 한국 사회를 들끓게 하는 페미니즘의 도전과 젠더 이슈를 어떻게 보면 좋을까. 우선 제도적인 성평등 조차 지체된 분야는 근본적으로 재정비해야 한다. 예를 들어 과거 호주제에서 자녀는 아버지의 성과 본을 무조건 따라야 했다. 그러나 개정된 민법 781조 1항은 다음과 같이 규정한다. "자는 부의 성과 본을 따른다. 다만, 부모가 혼인 신고 시 모의 성과 본을 따르기로 협의한 경우에는 모의 성과 본을 따른다."*

강제 부성 원칙에서 부모 협의 원칙으로 개선된 것 같지만, 자세히 보면 혼인 신고를 할 때 미리 그렇게 해놓아야 한다는 뜻이다. 아직 태어나지도 않은 아이의 성을 혼인 신고 때 미리 정해놓을 신혼부부가 과연 몇이나 될까. 2018년 국민 여론 조사에 따르면 응답자의 3분의 2 이상이 이런 규정이 불합리하다고 지적했다. 현행 민법으로는 결혼 시점에 어머니의 성을 따르기로 미리 상의한 경우와, 혼인 외자만이 어머니 성을 따를 수 있다.

이건 거의 블랙코미디 수준의 법이라 할 수밖에 없다. 한국가정법률상담소의 조경애와 조은경은 다음과 같은 대안을 제시한다. 아이의 출생 신고를 할 때 부모가 협의하여 성을 결정하고, 그것이 어려

---

* 2020년 5월 법무부 산하 '포용적 가족문화를 위한 법제개선위원회'는 민법 781조 1항 내용을 전면 개정해 부성우선주의를 폐기하고, 자녀의 성을 부모의 협의로 정하는 것을 원칙으로 세울 것을 법무부에 권고했다.

우면 성을 미정으로 둔 채 일단 신고한 뒤 나중에 법원의 결정에 따르자는 것이다. 장기적으로는 사람의 성을 국가가 규율하는 제도 자체를 폐지하는 것도 고려해야 한다.

페미니즘의 문제 제기가 국제적인 여성 인권 운동 조류와 연대할 수 있도록 운동가들과 연구자들의 의식적인 관심과 노력이 필요하다. 그래야 여성 인권 운동은 젊은 페미니스트들의 첨예한 문제의식에 자극받아 시대 정신에 민감한 운동으로 진화할 수 있다. 또 페미니즘은 국제 인권 운동이 오랫동안 발전시켜 온 수준 높은 정책적 도구와 방법론을 활용할 수 있을 것이다.

오랜 시간을 거치며 누적된 모순이 폭발해 나타난 페미니즘의 주장과 그것이 표현된 현상을 역사적 관점에서 이해해야 한다. 그런 차원과 맥락을 배제한 채 현상적인 분석으로만 접근하면 자칫 인상 비평이나 불만에 빠질 위험이 있다. 모든 사회 운동이 다 그렇지만 특히 성평등을 둘러싼 논란은, 우리에게 긴 호흡의 역사 의식으로 인간 해방이라는 대장정의 일부로서 이 문제를 바라볼 것을 요청한다.

'협약'에서 간과되어 온 여러 부분을 재발견해야 한다. 예를 들어 "모든 형태의 인종주의, 인종 차별, 식민주의, 신식민주의, 침략, 외국의 점령 및 지배와 국내 문제에 대한 간섭 등의 제거가 남녀 권리의 완전한 향유에 필수적"이라는 지적을 보라. 성평등의 문제가 전 세계적이고 국제적인 구조의 모순과도 연결된다는 통찰을 수용할 필요가 있다. 미투 운동이나 디지털 성범죄 반대 운동이 한반도의 구조적 모순을 타파하려는 움직임과도 소통할 때 젠더 평등은 더욱 견고한 기반 위에 구축될 수 있을 것이다.

2019년 1월

언어 다양성과 생물 다양성

일제강점기에 소학교를 다녔던 선친께서 들려주신 일화다. 학교에서 조선말을 쓰지 못하게 했지만 아이들은 대화 중에 계속 조선말을 썼다. 어느 날 일본인 교장이 전교생을 모아놓고 앞으로 조선말을 쓰다 걸리면 운동장 구석에서 큰 돌덩이를 들고 서 있는 벌을 받을 것이라고 경고했다. 한번은 아버지가 벌을 받게 되었는데, 다른 아이가 잡혀 차례를 넘겨줄 때까지 울면서 계속 돌덩이를 들고 있어야 했다. 억압적 언어 정책이 우리 민족에게 남긴 정신적 상흔은 얼마나 깊을까.

언어와 인권에 관하여 유명한 사례가 있다. 캐나다의 백인들은 원주민을 주류 사회에 동화시키기 위해 19세기 초부터 기숙 학교 시스템을 운영했다. 원주민 부족 아이들을 부모에게서 강제로 떼어내 수백 킬로 떨어진 기숙 학교에 보낸 다음 영어나 프랑스어, 서양 문화, 서양 종교를 가르친 것이다.

분리 트라우마, 언어와 문화 박탈, 체벌, 열악한 생활 환경 때문에 원주민 아이 수천 명이 죽었다. 또 그들은 열등감, 자존감 상실, 정체성 혼란으로 평생 고통을 겪었다. 자기 부족의 언어를 썼다는 이유로

묶여 있거나 비누를 먹는 벌을 받기도 했다. 20세기 들어서 이런 학교들이 없어졌지만 이미 원주민의 영혼은 상할 대로 상했고, 이들의 과거사는 지금까지도 캐나다에서 아주 중요한 정치적·사회적 문제로 남아 있다.

최근 들어 가톨릭과 개신교는 기숙 학교 운영에 관여했던 역사적 죄과를 뉘우친다고 발표했다. 연방정부 차원에서 배상금을 지급했고 진실화해위원회가 진상 조사와 화해를 위한 정책적·교육적 조처를 발표했다. 원주민 아이들에게 모어 사용을 금지한 일이 '문화적 제노사이드'에 해당된다고 결정한 점은 특기할 만하다.

자신의 언어를 제약 없이 사용할 수 있는 상태를 인권으로 인식하기 시작한 것은 20세기 중반 이후부터이다. 원래 인권은 한 사람 한 사람이 누리는 개인적 권리로 여겨졌다. 그런 면에서 1세대 시민적·정치적 권리와 2세대 경제적·사회적 권리는 내용상 다르지만 개인을 대상으로 한다는 점에서는 같다.

그런데 언어는 한 무리의 사람들이 지닌 전체 정체성의 일부이자 의사소통의 수단으로서 의미가 있다. 따라서 언어는 본질적으로 개인의 권리라기보다 집단의 권리라는 특징이 있다. 이 논리를 확장하면 어느 집단이 공유하는 역사, 제의, 생활 양식, 의식주 따위와 관련 있는 인간의 모든 공통적 활동을 집단적 권리로 규정할 수 있다. 음악, 미술, 문학 같은 예술 활동만이 아니라 인류학적 의미의 문화를 생각하면 된다.

어느 인구 집단이 자신의 문화와 삶의 양식을 지키며 살려면 그 집단이 몸담고 있는 대지와 산과 강과 숲, 그 속에서 사는 동식물, 자연환경, 생태, 경관 같은 조건이 유지되어야 한다. 이런 조건 역시 그들이 공통으로 누려야 하는 집단 권리이다. 얼핏 관련이 없어 보이는 문화와 환경이 인권에서 동전의 양면처럼 연결된다.

이런 깨달음에서 뒤늦게 3세대 문화적·환경적 권리가 집단권으로 개념화되었다. 3세대 인권은 비교적 최근에 등장하긴 했지만 역사적 배경은 상당히 길다. 식민 지배와 착취, 제2차 세계대전 이후 개발 시대의 도래, 그리고 신자유주의적 지구화가 그것이다.

이런 눈으로 보면 19세기 말부터 지금까지의 한국 역사를 문화적 정체성의 유지와 지속 가능한 발전을 고민한 3세대 인권 투쟁의 파노라마로 그릴 수 있다. 언어라는 관점에서 보면, 한국어는 중국어에 치였고, 일본어에 치였고, 지금은 영어에 치이고 있다. 그러나 끈질기게 생명을 잃지 않은 한국어의 인정 투쟁, 언어 권리의 수호 역사이기도 한 것이다.

최근 기후 위기와 대멸종의 징후를 암울하게 전망하는 여러 논의가 나오고 있다. 그중에서도 언어와 환경의 관련성에 대한 연구가 이목을 끈다. 언어 다양성과 생물 다양성 사이에 밀접한 관련이 있다는 것이다. 소수 언어가 사라지면 생물 다양성도 크게 줄어든다는 사실을 어떻게 해석해야 할까. 도대체 그 이유가 무엇인가. 여기에 인간 언어의 비밀이 숨어 있다.

모든 언어는 그 언어를 사용하는 인간들의 경험과 집단 지성이 녹아 있는 인류 지혜의 백과사전이다. 세상을 보는 관점과 가치관까지 언어 속에 들어 있다. 자연계를 대하는 태도 역시 언어에 나와 있다. 생물종의 명명, 동식물과 관계 맺는 표현, 절기를 구분하고 날씨에 맞춰 농사를 짓는 지식 집약적 노동관이 언어의 형태로 표현되고 전승된다.

그런데 자연을 돈벌이 수단으로 착취하는 자본주의형 개발과 현대 농업이 기승을 부리면서 전승 지식의 언어를 사용하는 집단과 생물 다양성이 함께 사라지고 있다. 단일 경작과 화학 농법이 등장해 농업 할당 토지가 온실가스 배출의 30퍼센트 이상을 차지하게 되었다. 다시 말해 토착어의 소멸과 생물 다양성의 감소와 기후 위기의 심화는 하나의 사이클로 돌아가는 악순환이다. 이제 언어 권리는 한 집단이 자기 모어를 사용할 수 있는 권리를 넘어 인간 생존의 바로미터가 된 것이다.

이러한 문제의식을 한국에 적용해보면 맨 먼저 제주도의 상황이 떠오른다. 유네스코는 2010년에 '위험에 처한 세계의 언어 현황'이라는 조사에서 세계 모든 언어의 건강도를 여섯 단계로 분류했다. ①안전 ②취약 ③확실한 위험 상태 ④심각한 위험 상태 ⑤위중한 상태 ⑥소멸. 여기서 제주어는 소멸 직전의 '위중한 상태'라는 진단을 받았다. 제일 젊은 사용자가 조부모 또는 그 이상 세대이며 모어를 부분적으로나 간혹 사용하는 상태라는 것이다. 당시에 이미 70~75살 노인 세대 중 5천 명에서 1만 명 정도만 이 범주에 속한다고 했으니 지금은 더 줄었을 것이다.

나는 제주강정해군기지, 개발과 부동산 투기 광풍, 비자림 도로, 신공항 건립과 같은 소식을 들을 때마다 소멸의 길에 들어선 제주어를 함께 기억한다. 제주어의 운명이 제주의 문화, 제주의 환경, 제주도민의 생존권과 거대한 인과의 그물망으로 연결된다는 진리를 개발론자들은 알고 있을까. 개발을 부추기는 정치인들은 현세대와 자식 세대와 환경에 얼마나 큰 죄를 짓고 있는지 인식하고 있을까.

제주어연구소 강영봉 이사장은 양전형 시인의 〈사라오름〉이라는

시를 인용하면서 제주어를 살리자고 호소한다. 가장 아름다운 토착
어로 표현된 가장 격렬한 생명권 선언이다.

절 야명 벨딱 벨딱 일어사도 (물결 아무리 성내며 일어서도)

제주 빌덜은 바당 소곱에도 뜨메 (제주 별들은 바닷속에도 뜨네)

곤 누이 실껍둘 도들오름에 진 후제 (고운 누이 초승달 도들오름에
지고 나서)

새비꼿 층층이 불 붉힌 질 걸엉 (찔레꽃 층층이 불 밝힌 길 걸어)

사라오름에 오르민 나도 빌이메 (사라오름에 오르면 나도 별이네)

2019년은 유엔이 정한 세계 토착어의 해였다. 토착어는 곧 생명이
다. 한글날의 의미를 언어만이 아니라, 문화 다양성과 만물의 공생을
지향하는 날로 넓혀야 할 이유가 여기에 있다.

2019년 10월

인권과 사회학이 만날 때

영화 〈82년생 김지영〉이 평점 테러를 당했다고 한다. 같은 영화를 두고 여남 관객들 사이에 이렇게 호오가 갈리다니. '조국 사태'를 놓고 86세대와 청년들 사이의 골이 깊어졌다는 분석도 많다. 전통 인권과 첨단 인권에 대한 사람들의 반응도 크게 나뉜다.

이런 현상을 어떻게 해석해야 할까. 어떤 사안을 놓고 찬반이 확연하게 갈릴 때 우리는 다음과 같은 질문을 해야 한다. 논쟁의 구도가 제대로 설정되었는가. 잘잘못만 따지는 논쟁인가, 전체 맥락까지 보는 논쟁인가. 현재 이야기만 하는가, 역사적인 차원도 말하는가. 한국 사회만의 문제인가, 전 지구적 자본주의 체제에서 공통적으로 나타나는 문제인가.

이런 점을 파악하려면 사회(과)학적 시각이 필수다. 사람들이 내놓는 비전의 결정적 차이를 판별할 수 있기 때문이고, 죽느냐 사느냐를 다투는 문제일 수도 있기 때문이다. 한가한 소리로 들리는가. 예를 들어보자.

《누가 왜 기후 변화를 부정하는가》라는 책으로 한국에 잘 알려진 기후학자 마이클 만 교수는 인터뷰에서 기후 위기를 부정하는 견해가 진화하고 있다고 주장했다. 과거처럼 기후 변화가 없다는 식의 완강한 부정은 이제 거의 없어졌지만 훨씬 더 미묘하고 '설득력' 있는 부정적 의견이 등장했다고 한다.

이런 식으로 기후 위기를 부정하는 것은 음식이나 교통수단 선택, 에너지 절약 같은 개인의 행동 변화에 초점을 맞춰 메시지를 전달하곤 한다. 이렇게 되면 문제가 많다. "그런 것은 일종의 회피 전략이기 때문이다. 선의를 지닌 사람들이 이런 함정에 빠지곤 한다."

만 교수가 개인의 행동 변화를 반대하는 것은 절대 아니다. 개개인의 변화는 기후 위기 대응에 매우 중요하다. 그러나 개인의 행동 변화는 거시적 정책 변화에 '더하여' 이루어져야 진정한 의미가 있다. 개인 변화가 정책 변화를 대체하기는 어렵다. 정치적으로 각성한 유권자, 화석 연료 산업에 분노하는 시민, 환경 윤리를 지키는 개인이 결합해야 한다.

기후 위기 대처가 개인의 생활 양식 변화에만 치우치면 두 가지 결정적 폐해가 생긴다. 개인적 선택과 미시적 올바름을 강조할수록 기후 위기를 염려하는 '착한 사람들' 중 누가 더 옳은지를 두고 설전이 벌어지기 쉽다. 또한 그런 식의 논쟁 때문에 정작 더 큰 문제인 석유, 석탄에서 나오는 온실가스를 규제해야 할 정치적·정책적 압력이 분산된다.

"개인 변화를 강조하는 입장은 일종의 연성적 부정에 해당되고 그것은 여러 면에서 과거의 흑백식 부정보다 훨씬 치명적이다." 마이클 만은 자연과학자이지만 사회학적 관점을 아주 잘 이해하는 것 같다. 상당수 인권 논쟁도 기후 위기 대응과 비슷하게 개인 행동에 초점을 맞춰 벌어지곤 한다.

사회학적으로 인권을 볼 줄 아는 안목이 그래서 중요하다. 인권 문제를 권력의 원근법으로 파악할 수 있고, 핵심적인 문제와 부수적인 문제를 가릴 수 있으며, 인권을 총체적이고 전 지구적이고 역사적인 관점에서 이해할 수 있게 해주기 때문이다.

우선 어떤 인권 문제가 발생하게 된 이유를 알 수 있다. 어떤 사회적 고통이 생기더라도 즉각 인권의 레이더에 잡히지 않는다. 인권의 레이더에 잡히더라도 즉각 공적인 의제가 되지도 않는다. 시대적·정치적·경제적·사회적으로 조건이 형성되어야 어떤 사회적 고통을 인권 문제라고 볼 수 있을지 논쟁할 수 있다. 즉 사회적 고통은 역사 변화의 산물이라고 할 수 있다.

예를 들어 산업혁명으로 도시 노동자라는 완전히 새로운 계층이 탄생하기 전에는 노동권이라는 개념 자체가 만들어지기 어려웠다. 선거 제도가 도입되기 전에는 투표권을 행사하기 위한 참정권 운동 자체가 금시초문인 것이었다.

그 다음으로 수많은 사회적 고통 중에서 왜 어떤 문제는 인권으로 인정되거나 정책적으로 해결되는 데 반해, 왜 어떤 문제는 그렇게 하기 어려운지를 설명할 수 있게 해준다. 고통받는 당사자, 인권 운동 단체, 인권 옹호가들이 어떻게 자원을 동원하면 될지, 어떤 식으로 프레임을 짜면 효과적일지 알려준다. 또 인권을 원하는 쪽과 그것에 반대하는 쪽이 어떻게 대결, 타협, 합의하는지를 입체적으로 파악할 수 있게 해준다.

사회학은 어떤 인권 문제가 입법이나 정책의 형태로 '해결'되었을 때 권력 관계 당사자에게 유의미한 변화가 왔는지를 평가할 수 있는 기준과 도구를 제공해준다. 어떤 피해자에게 유리한 변화가 왔다 해도 미처 예상치 못했던 부작용을 낳거나 의도치 않게 누락된 대상이 나타나기도 한다. 사회적 고통이 나타나고 그것을 권리의 이름으로 요구해 마침내 해결되었는가 싶었는데 또 다른 억압 권력이 새로운 고통을 일으킨다. 이런 끊임없는 과정이 인권 역사의 영속적인 유형이다.

마지막으로 사회학은 인권 감수성에 두 종류가 있음을 가르쳐준다. 당대의 불의한 현실에 대한 인권 감수성과 역사적 인권 발전에 대한 인권 감수성이 그것이다. 시대별로 사람들이 유독 민감하게 느끼는 사회적 고통이 있다. 그것이 당대의 인권 감수성이다. 국왕의 자의적인 권력 남용에 질렸던 시대에는 '법의 지배'만 확립해도 정말 좋은 세상이 올 것이라 믿었다. 모든 책을 검열하던 시대에는 '출판의 자유'만 보장되어도 숨 쉬고 살겠다고 믿었다. 1987년 유월항쟁 때에는 '고문 없는 세상'과 '대통령 직선제' 요구가 무척 많이 등장했다. 그것만 이루어지면 편한 세상이 올 줄 알았다.

그런데 시대별로 특유한 억압 권력이 나타나 인권 문제를 일으킨다 하더라도 그 시대에 그 인권 문제만 있다는 뜻은 아니다. 여러 문제가 존재하거나 드러나지 않은 상태에서 어떤 인권 문제가 유난히 도드라질 뿐이다.

이것을 인권 열차에 비유해보자. 인권 열차의 기관차와 각 차량은 각각 다양한 인권 문제를 상징한다. 기관차에도 엔진이 있고 각 차량에도 엔진이 있다. 열차는 앞에서 끌고 뒤에서도 밀어주어야 움직인다. 시대별로 기관차의 선도 구실을 하는 인권이 달라진다. 예전에 '법의 지배'가 인권 열차의 기관차였다면 오늘날에는 '페미니즘'이 기관차가 되었다. 앞으로 시대가 바뀌면 또 다른 이슈가 기관차가 되어 인권 아이콘 구실을 할 것이다. 이런 점을 볼 줄 아는 눈이 인권의 역사적 감수성이나.

젊은 세대는 아무래도 눈앞의 문제에 민감한 당대적 감수성을 지니기 쉽다. 반면 기성 세대는 경험에 근거한 역사적 감수성이 있다. 서로가 상대를 알기 위해 노력해야 한다. 기성 세대는 젊은 세대의 당대적 감수성이 없으면 인권이 새롭게 확장되고 발전할 수 없다는 점을 인정해야 한다. 젊은 세대는 자신의 당대적 감수성과 분노가 역사적 인권 발전이 축적된 토대 위에서 표출될 수 있음을 깨달아야 한다. 사회학적 시각을 갖추면 자기 자신과 자기 세대의 인식적 특성조차 객관적으로 볼 수 있게 된다.

여성이든 남성이든, 젊은 세대든 86세대든 고정관념이나 자기류의 확신을 넘어 좀 더 사회학적인 시각으로 사회의 변화를 파악하면 좋겠다. 자칫 피상적인 논쟁에 빠지면 그것이 겉으로 아무리 치열해 보여도 막대한 기회비용을 발생시키면서 인권과 사회의 진정한 진보를 늦추기 때문이다.

2019년 11월

/

2장

녹색 인권 시대가 온다

지속 가능한 발전과 미래 인권

새해 벽두에 유엔정상회의에서 채택한 〈우리 세계의 전환〉을 읽었다. 아마 '지속 가능 발전을 위한 2030 의제'라는 부제로 더 잘 알려진 문서일 것이다. 제목에 나오는 '전환'을 영어로 옮기면 'Transformation', 즉 변혁이라 변역할 수도 있는 말이다. 왜 하필 이 글을 골랐던가. 2016년 1월 1일부터 향후 15년간 인류가 나아갈 목표를 제시한 내용이기 때문이다. 세계적으로는 이미 2030년을 향한 대장정이 시작된 지 오래다. 되도록 많은 사람이 이것을 읽고 새기면 좋겠다는 생각이 든다. 2015년 발표된 프란치스코 교황의 환경 회칙 〈찬미 받으소서〉도 이미 번역되어 나왔다. 이 둘을 읽고 토론하는 독서 모임이 전국 방방곡곡에 퍼지는 모습을 상상해본다. 한 가지는 단언할 수 있다. 앞으로 거시 경제 정책이든, 학교와 대학의 커리큘럼이든, 국제 연대나 국제 활동이든 지속 가능한 발전이라는 화두를 빼고 유의미한 내용을 채우기가 점점 더 어려워질 것이다. 나는 당장 봄 학기부터 수업에서 이 문헌을 가르칠 예정이다.

인류가 구체적으로 경험한 근대성의 표상은 개발 또는 발전이다. 국제 개발 분야의 세계적 석학 필립 맥마이클이 《거대한 역설》에서 지적했듯 개발의 역사는 식민 지배와 수탈로 시작되어 제3세계 신생국의 정책으로 추진되다가 지구화 프로젝트로 변질된 후, 최근 들어 지속 가능한 발전의 시대로까지 변천해 왔다. 따라서 〈찬미 받으소서〉와 〈우리 세계의 전환〉은 인류가 지속 가능한 발전을 추구할 수밖에 없고, 또 그렇게 해야만 하는 눈앞의 현실 인식과 규범적 당위를 동시에 보여준다. 지속 불가능한 생산과 소비 체계, 화석 연료, 성장 만능의 경제 관념은 이제 패러다임적으로 퇴출 영순위에 속한 썩은 동아줄이다. 우리가 때를 놓치지 않고 새 동아줄로 갈아탈 수 있을까. 거대한 배의 방향을 돌리려면 엄청난 노력과 시간이 필요하다. 마찬가지로 기존의 발전 모델을 바꾸려면 익숙한 시스템, 달콤한 습관, 관성적 경로 의존에서 벗어나야 한다. 또 기성 체제의 인지적 세계관에서 빠져나오기 위한 정치적·개인적 결단, 강력한 의지가 있어야 한다.

지속 가능 발전 목표(SDG)는 21세기 초부터 2015년 말까지 진행되었던 새천년 개발 목표(MDG)의 후속탄이다. 새천년 개발 목표는 유엔의 야심찬 기획이었고 어느 정도 성과가 없지 않았지만 근본적인 한계가 있다. 기초 욕구라는 개념에 입각하여 8개 영역에서 일반 목표를 설정했지만 이 목표들이 서로 내적으로 연결되지 못한 채 제각기 나열식으로 추진되었다. 그리고 각 영역에서 최소한의 정량적 목표치를 설정했지만 결과적으로 그 목표가 달성되었다고 보기 어렵다. 또한 최저선을 끌어올리겠다는 목표였으므로 주로 개발도상국에만 해당되었다. 왜 우리나라에서 새천년 개발 목표가 겉핥기로만 소개되었는지 짐작이 가는 부분이다. 그러나 가장 결정적인 결함은 인권의 관점이 크게 미흡했다는 데 있었다. 민주주의, 참여, 인권을 뒷전으로 물린 채, 하향식 모델의 발전 목표를 답습했던 것이다. 국제 개발 현장에서 흔히 일어나는 문제이지만, 주민의 자발적 참여와 결정에 기반을 둔 민주적 발전 모델과는 거리가 멀었다.

지속 가능 발전 목표는 만족할 수준은 아니지만 새천년 개발 목표의 한계를 넘어서려 한 흔적이 많이 보인다. 우선 유엔 스스로 인정하듯 준비 과정에서 유엔 역사상 가장 광범위하고 철저한 협의와 공론화 과정을 거쳤다. 전 세계 시민 사회의 목소리가 이처럼 많이 담긴 문헌도 거의 없을 것이다. 구체적으로 어떤 특징이 있는지 정리해 보자.

첫째, 지속 가능 발전 목표는 개도국만이 아니라 전 세계 모든 국가가 추구해야 할 목표를 제시한다. 이른바 보편적 접근이다. 그것을 위해 17개 목표와 169개 대상 영역을 제시한다. 17개 목표에는 빈곤 퇴치, 기근 추방, 건강과 웰빙, 양질의 교육, 젠더 평등, 깨끗한 물과 위생 시설, 저렴·청정 에너지, 양호한 일자리, 산업 혁신과 인프라, 불평등 완화, 지속 가능한 도시, 책임 있는 소비와 생산, 기후 변화 행동, 해양 수산 자원 보존, 지표면 보존과 생물 다양성, 공정하고 평화롭고 포용적인 사회, 목표 이행을 위한 전 지구적 동반자 관계가 있다. 이 목표들은 우리나라에도 해당되고, 반드시 달성해야 할 의제다.

둘째, 지속 가능 발전 목표는 전통적 개발 패러다임을 넘어 변혁적 관점을 강조한다. 단순히 경제 발전을 통한 물질적 개선을 넘어 '5-P'에 바탕을 둔 근본적 의제라는 것이다. 사람(people), 지구(planet), 번영(prosperity), 평화(peace), 동반자 관계(partnership)를 전일적으로 추구하며, 기존의 시스템을 넘어 새로운 세상을 꿈꾸는 비전이다.

셋째, 인권의 총체성을 강조하는 목표다. 이 점이 지속 가능 발전 목표를 인권 친화적 문헌으로 자리매김하는 데 결정적 역할을 한다. 전문에서부터 "모든 사람의 인권을 실현"해야 한다고 전제하고 '세계인권선언'과 '국제인권규약'의 중요성을 여러 차례 강조한다. 비전을 다룬 8조는 "인권과 인간 존엄, 법의 지배, 정의, 평등과 불차별을 보편적으로 존중하는 세상을 꿈꾼다."고 담대하게 선언한다. 17대 목표 중 결론에 해당하는 16대 목표를 보자. "지속 가능한 발전은 평화와 안보 없이 실현될 수 없으며, 지속 가능한 발전이 없을 때 평화와 안보는 위험에 처한다. 새로운 발전 의제는 정의에 대한 평등한 접근성을 제공하고, 인권(발전권 포함) 존중에 기반을 둔 평화롭고 공정하고 포용적인 사회를 건설해야 할 필요성을 인정한다."

넷째, 지속 가능한 발전을 위해 평등과 반차별이 모든 발전의 핵심으로 자리 잡아야 한다고 지적한다. 모든 나라가 "인종, 피부색, 성, 언어, 종교, 정치적 혹은 여타 견해, 민족 혹은 사회적 출신 배경, 재산, 출생, 장애 또는 여타 조건에 따른 그 어떤 구분도 없이" 모든 사람의 모든 인권을 존중하고 보호하고 증진해야 할 책임이 있다고 못박는다. 이제 차별 금지는 인권뿐만 아니라 발전의 영역에서도 절대적인 가치로 인정되고 있음을 알 수 있다.

마지막으로, 지속 가능 발전 목표는 발전과 환경 문제 해결을 위한 재원 마련에서 개도국들의 형편을 고려한 "공통의, 그러나 차별화된 책임(Common but differentiated responsibilities)" 원칙을 내세웠다. 잘사는 나라에 더 큰 부담 의무를 지운 것이다.

지속 가능 발전 목표가 우리에게 주는 교훈은 명확하다. 우선 인간과 지구와 생태가 다 같은 운명 공동체임을 인정해야 한다. 또한 물질적 조건 확보, 발전, 그리고 인권을 분리해서 생각할 수 없다. 그동안 국제 개발 협력이나 인도적 지원 활동 분야에서 인권이나 민주주의 개념을 은연중 꺼리는 경향이 있었다. 정치에서 경제 개발을 분리할 수 있고, 또 그래야만 한다는 식의 탈정치적 관점이 성행했다. 이는 발전에 대한 적절한 인식이 아니고, 국제 기준에도 부합하지 않는다. 더 나아가 지속 가능한 발전은 21세기 전 세계 모든 나라에서 실천해야 하는, 우리 시대의 정언 명령으로 새겨야 한다. 2015년 영국 경제사학자 로버트 스키델스키가 방한한 자리에서 이원재 희망제작소 소장이 질문을 던졌다. "한국 경제는 언제까지 성장해야 충분한가?" 다음과 같은 답이 돌아왔다. "그것은 무엇을 위한 충분함인가에 달려 있다. 성장이 과연 그 공동체의 필요성을 해결하는가를 물어야 한다. 먼저 그 공동체가 원하는 필요가 어떤 것인지를 스스로 찾아야 한다." 이원재 소장은 스키델스키 교수의 답이 우리에게 주는 의미를 정리한다. "경제 성장 자체가 절대적인 목표가 될 수 없으며, 무엇을 위한 성장인지를 한국 사회 구성원이 성찰하고 토론해야 한다." 지속 가능 발전 목표는 우리 사회가 성찰과 토론을 벌일 수 있는 지성적·실천적 프레임을 제시하고 있다.

2016년 1월

녹색 도시가 인권이다

여름 내내 "너무 더워 못 살겠다."는 말을 골백번도 더 한 것 같다. 조금 여유를 두고 폭염의 사회적 의미를 짚어보자. 우리에겐 두 가지 상수가 존재한다. 하나는 기후 변화가 지속되는 한 앞으로도 극단적으로 덥고 춥고 변덕스런 날씨가 이어질 것이라는 사실이다. 기온의 신기록 행진은 멈추지 않을 것이다. 또 하나는 한국에 사는 대다수 사람들은 미래에도 도시에서 거주할 것이라는 점이다. 국토교통부 자료를 보면 2014년 기준 용도 지역으로 지정된 국토 면적에서 도시 거주 인구 비율이 91.66퍼센트에 달했다. 즉 4700만 명 이상이 도시에서 살고 있는 것이다. 이 비율이 낮아질 가능성은 거의 없다. 도시화는 수은주를 높인다. 덥다고 에어컨을 틀수록 도시는 더 뜨거워진다. 전기를 쓸수록 발전을 더 해야 한다. 발전을 더 할수록 기후 변화는 심해진다. 이런 악순환이 돌고 돈다. 요컨대 기후 변화와 도시화가 지속되는 한 우리는 여름마다 지난해보다 더한 '지옥'을 매년 겪을 게 분명하다. 이렇게 본다면 전기 요금 누진제 논의는 부차적인 쟁점에 불과하다. 근본 원인은 외면하면서 대증 요법에 몰두하는 단편적인 생각이고 미봉책이다.

아무리 기후 변화가 심해져도 모든 사람이 똑같이 고생하는 건 아니다. 계층으로 보면 가난하고 소외된 사람들이 제일 큰 피해를 본다. 지리적으론 저지대, 상습 침수 지역, 해수면 인근 지역 주민들이 제일 큰 타격을 받는다. 기후변화행동연구소에 따르면 독거노인들이 사는 쪽방촌의 평균 온도가 33~34도이고, 심하면 38도를 넘긴다고 한다. 국립재난안전연구원은 2020년 여름 한 달간 폭염이 계속될 경우 4주째엔 1만 명 이상이 죽음을 맞는다는 시나리오를 내놓았다. 이때 도시 지역에서만 9,166명의 사망자가 나오고 그중 절대다수가 환경·에너지 빈곤층에 집중될 것이라는 계산이 당장 나온다.

이런 사태는 기후 변화에 따른 도시 학살이라고 부르는 게 더 정확할 것이다. 현대 한국인들의 인권 문제 중 대부분이 도시 인권 분야에서 일어난다. 따라서 도시 인권 정책에서 도시 계획, 도시 디자인, 도시 생태계 구축이 아주 중요하다. 그렇다면 기후 변화에 따른 인권 침해를 줄이기 위해 도시가 취할 수 있는 일은 구체적으로 무엇일까. 단순해 보이지만 효과적인 방책이 있다. 나무 심기, 즉 녹색 청산(靑山) 도시를 만드는 것이다. 이건 새로운 이야기가 아니다. 2014년에 만들었던 '서울시민 인권헌장' 31조를 보라. "서울 시민은 더 쾌적한 환경에서 살 권리가 있다. 서울시는 적절한 녹지와 공원을 조성하여 시민들이 쾌적한 자연 환경을 누릴 수 있도록 노력한다."

세계 인권 도시의 모범으로 꼽히는 캐나다 몬트리올의 인권헌장에도 비슷한 조항이 나온다. 최근의 연구를 보면 '적절한 녹지'는 단순히 쾌적한 환경을 조성하는 것 이상의 역할을 한다. 도시 녹지는 두가지 보너스와 기후 변화에 대처할 수단을 제공한다. 보너스부터 살펴보자.

나무는 건강권을 증진한다. 1984년 미국 환경심리학자 로저 울리히가 〈사이언스〉에 발표한 고전적 연구가 있다. 담낭 절제 수술을 받은 환자들에게 녹음이 울창한 풍경이 보이는 병실을 배정해주었는데, 회복 시간이 단축되고 수술 후 합병증도 적었다. 그 후 여러 다른 연구에서도 비슷한 결과가 나오면서 수목이 인간의 신체적·정신적 손상을 복구해준다는 '회복적 환경' 개념이 자리를 잡았다. 나무가 도시인의 일상생활에서 발생하는 정신적·심리적 스트레스에 적응할 수 있는 능력을 재생해준다는 것이다.

푸른 수풀이 사람의 스트레스와 불안과 우울을 줄이고, 혈압과 심박동을 낮추며, 근육 긴장도를 풀어주는 데다 내분비계와 면역계를 활성화한다는 연구도 나와 있다. 심지어 주의력결핍과잉행동장애(ADHD) 억제에도 녹색 자연이 도움을 준다고 한다. 이런 효과는 잿빛 콘크리트 생활 조건에서 나타나는 것과 정반대 현상이다. 최근 연구에선 도시 녹지 공간이 10퍼센트 늘어나면 평균 수명 5년에 해당하는 건강 증진 효과가 발생한다고 한다. 서울 시내 가로수를 열 그루당 한 그루씩만 더 심어도 누적 수명 5천만 년이 늘어난다는 뜻이다.

녹지는 도시 거주민의 공감 능력을 키우며, 사람과 사람의 관계, 그리고 사람과 더 큰 세상의 연결성을 늘린다. 2001년 미국 일리노이 대학 환경과학과 부교수 프랜시스 쿠오는 녹지가 있는 도시 빈민 지역과 그렇지 않은 지역 주민이 빈곤 문제에 대처하는 차이점을 조사했다. 나무가 적은 지역에 사는 사람일수록 과감하게 행동하지 못하고, 자신의 상황이 해결 불가능하다고 지레 위축되는 경향이 있었다. 즉, 녹지의 유무가 인생 역경의 대응력에 큰 차이를 일으켰다.

미국 시카고의 영세민 임대 주택 단지 중 나무가 많은 곳의 주민들은 지인의 숫자, 이웃 간 유대와 일체감, 사회적 지지망 면에서 높은 수치가 나왔다. 지역 사회 소속감이 늘고, 범죄율이 떨어지며, 폭력 빈도가 낮아지고, 가정폭력 비율이 줄어드는 현상도 관찰되었다. 이런 사실을 뇌신경 과학자들이 놓칠 리 없다. 자기공명영상(MRI)을 찍어보니 녹색 자연림을 응시하는 피실험자의 뇌에서 공감과 타인에 대한 사랑을 관장하는 부분이 활성화된 반면, 회색 도심의 콘크리트 건물만 바라본 사람의 뇌에선 두려움과 불안을 지배하는 부분의 활성도가 높아졌다고 한다. 물질적 결핍만이 아니라 '자연 녹지 결핍' 역시 반인권적 환경이라는 사실이 이제 정설로 받아들여지고 있다. 그뿐만 아니다. 녹지 공간은 공공성 형성에도 도움을 준다. 미국에서 20세기 초 그린벨트 운동이 벌어진 이후로 대중 공원이 많은 도시일수록 공공성에 대한 시민들의 암묵적 합의 수준이 높다는 점을 정치학자들이 발견했다.

도시 녹화에 따른 두 가지 보너스만 해도 대단한 혜택인데, 본격적인 선물이 더 있다. 즉 기후 변화의 대응력을 높여준다는 점인데, 근본적 차원의 혜택이 아닐 수 없다. 학계에서는 일단 어떤 지역이 행정 구역상 도시로 분류되는 순간 그곳의 생태학적 영향력을 제로로 가정하는 경향이 있었다. 하지만 실상은 전혀 다르다.

2011년 〈응용생태학저널〉에 실린 연구를 보면 인구 30만 명이 사는 영국 레스터 시의 개인 주택 정원, 공적 공간, 도로변, 용도 폐기된 산업 단지 등지에서 자라는 나무들의 탄소 흡수량이 무려 23만 1천 톤으로 조사되었다. 독일의 라이프치히 시의 탄소 발자국* 연구에서는 도시 녹지 1헥타르당 28톤에서 218톤에 이르는 탄소가 흡수된 것으로 추산되었다. 이런 효과를 전 세계 차원으로 확장해본다면 도시 녹지 공간이 단기적으론 기후 변화 적응에 영향을 끼치고, 장기적으론 기후 변화 완화에 상당한 역할을 할 수 있다는 결론이 나온다. 어차피 인류가 앞으로도 계속 도시에서 살 운명이라면 도시를 '재자연화'하는 데 우리의 미래를 걸어야 한다. 한국에서도 나무를 심어 도시 온도를 낮춘 사례가 여럿 있었다. 나무 심기가 주는 복합적인 혜택을 고려하면 도시 녹화만큼 가성비 높은 정책도 없다.

물론 나무 심기가 만병통치약은 아니다. 자칫 보여주기식 행정으로 전락할지도 모른다. 또한 이미 푸른 부자 지역을 더 푸르게 하고, 나무가 꼭 필요한 빈곤 지역은 상대적으로 간과하는 전형적인 불공정 조치—영국 의학자 줄리언 튜더하트가 말한 '정책의 반비례 법칙'—로 귀결될 가능성도 배제할 수 없다. 그러나 녹지 확충은 도시 인권 문제가 발생하는 구조적 조건을 고려한 해결 방식을 지향하는 의제이며, 정치적 논란이 비교적 크지 않은 이슈이기도 하다. 동네마다, 골목 구석마다 나무 한 그루라도 더 심어 녹색 띠(green belt)가 아니라 녹색 점(green dots)으로 인권 도시를 구현하려는 방안이다.

전국의 도시 지자체장들이 임기 중 녹지를 최소 10퍼센트 확충하겠다는 '청산 인권 도시' 프로젝트에 서약하고, 약속을 지킨 지자체에 청산 도시 로고와 기후 변화 대처 모범상을 주면 어떨까. 도시 녹화는 사람도 살리고 도시도 살리고 지구도 살리는 실천이다. 우리는 수풀 우거진 청산 도시에서 살 권리가 있다.

2016년 8월

탄소 발자국 개인이 활동하거나 기업이 상품을 생산·소비하는 과정에서 직간접적으로 발생하는 온실가스의 총량. 일상생활에서 사용하는 연료, 전기, 용품 따위를 모두 포함한다. 탄소 발자국 지표로 온실가스 물질이 기후 변화에 미치는 영향을 알 수 있다. 예를 들어 샤워 시간을 1분 줄이면 이산화탄소 7킬로그램을 줄일 수 있다.

트럼프 시대의 '인권 트럼프'

저명한 법철학자인 로널드 드워킨의 《권리를 심각하게 받아들이기》는 인권학 고전에 속하는 저서다. 한국에는 《법과 권리》라는 제목으로 소개되었다. 드워킨은 법의 역사 속에서 발전해 온 개인의 평등한 권리가 곧 법의 지도 원칙이므로 그 어떤 사회적 목표로도 권리를 억압할 수 없다고 주장한다. 국가는 설령 공중의 이익을 위한 것이라도 인간의 본질적 권리를 침해할 수 없다. "개인의 권리는 그 사람이 가진 정치적 으뜸패와 같은 것이기 때문이다." 포커 게임에서 으뜸패(트럼프)가 다른 모든 패들을 꺾듯이, 사회에서도 권리가 다른 모든 이익을 이긴다는 뜻이다. 인권이 정치 공동체의 트럼프인 것이다. 그런데 하필이면 트럼프라는 이름을 가진 자가 세계 최강 대국의 대통령이 되어 인권과 거리가 먼 정책을 펼치고 있다. 역설이 따로 없다.

2017년 1월 트럼프 대통령은 관타나모 기지에 갇힌 수인들이 아주 위험한 존재라는 메시지를 트위터에 올렸다. 트럼프식 '탈진실'의 전형적인 예다. 그때는 관타나모 기지의 수인 중 720명이 이미 무혐의로 풀려나 제3국으로 이주해 59명만이 잔류하고 있었다. 그중에서도 23명은 국방부와 국토안전부의 결정에 따라 석방 날짜만 기다리고 있었다. 9·11사태와 직접 관련된 혐의를 받은 사람은 오직 5명밖에 없었다. 그런데도 사실을 완전히 호도하는 발언을 한 것이다.

트럼프 행정부의 인권 전망은 암울하다 못해 시계 제로에 가깝다. 고문에 대한 입장을 보라. 오바마 정부에서 금지했던 강화 신문 기법 (물고문의 완곡어법)이 부활할 것 같다. "국민이 강하게 원한다면 물고문이 아니라 더 심한 짓이라도 기꺼이 하겠다."라고 공언했다. 요즘 미국 내 미등록 이주 노동자들은 공포 속에 살고 있다. 선거 공약대로 수백만 명을 색출하여 수용소에 가두거나 강제 송환을 보내고 있다. 그것도 법의 이름으로 말이다. 미국이 이민으로 이루어진 나라라는 맥락에서 이런 정책은 나치의 유대인 강제 추방에 견줄 정도로 끔찍한 연상을 불러일으킨다.

이주자 집단만이 아니라 무슬림, 히스패닉, 여성, 장애인, 성소수자를 멸시하고 모욕하는 경향도 트럼프의 인식에 깊이 뿌리내려 있다. 내집단과 외집단을 철저히 구분하면서 노골적이고 경멸적으로 '타자 만들기(othering)'를 하여 '우리'의 일체감을 높인다. 약자, 소수 집단을 차별하고 혐오하는 것은 미국에서 새로운 현상이 아니며 미국만의 현상도 아니다. 그러나 세계 최강국의 최고 지도자가 이런 일들을 공식적으로 제도화할 수 있게 되면서, 해묵은 배타주의가 21세기 버전으로 새롭게 승인을 받은 셈이다. 과거에는 차별을 하더라도 대다수가 인권 규범의 눈치를 보면서 조심하던 '조용한 차별자'였다. 그러나 대통령이 직접 나서서 규범의 규제를 풀어주는 판이니 이젠 거리낄 게 아예 없어졌다. 앞으론 '민낯 차별자'들이 활보하게 될 가능성이 높아진 것이다. 역설적으로 인권 운동의 전선이 한층 명확해졌다.

트럼프와 그의 지지자들은 인권을 어떻게 생각할까. 그들에게 인권은 백인 국가의 주권을 강탈하려는 세계주의자들의 음모 또는 노름에 불과하다. 유엔 같은 다자간 국제 기구를 싫어하는 트럼프 추종자들은 인권의 이름으로 가해지는 어떠한 요구도 수용할 마음이 없다. 그러나 타국을 공격하거나 협상의 수단으로 동원할 수 있는 인권은 기꺼이 받아들일 것이다. 이들은 양식 있는 시민들이 자기들을 무지하고 시대착오적이며 수치스러운 존재로 본다는 사실을 잘 알고 있다. 그러나 이들은 겉으로 비치는 이미지가 어떻든 권력을 잡기만 하면 만사형통이라고 믿을 만큼 교활하고 영리하다. 더 나아가 이들은 인권을 제대로 지키려면 상당히 복잡한 논리와 어려운 실천 체계가 필요하다는 사실을 영악하게 이해한다. 인권이 때론 모순적으로 보이기도 하는 특성 역시 이들에겐 행복한 먹잇감이다. 따라서 이들은 포퓰리즘적인 선동으로 인권을 즐겁게 조롱하고 힐난한다.

트럼프의 등장으로 미국민 전체의 체감 인권이 당장 나빠지지는 않을 것이다. 타자로 낙인찍힌 약자 집단에 트럼프 대통령은 악몽 중 악몽이지만, 보통 사람들에게 미국은 여전히 자유가 보장되는 활기찬 나라, 혹은 좀 과도한 면이 있긴 해도 여전히 민주주의를 유지하고 있는 괜찮은 나라다. 그러나 어쩌면 이런 현실이 더 위험할 수도 있다. 극단적 전체주의도 고도의 파시즘도 아니지만, 구성원 일부를 심하게 배제한 채 나머지들끼리만 일상성과 정상성의 외양을 유지하는 반(反)포용적·반(半)자유주의적 유사 민주 국가로 귀결될 수 있기 때문이다.

세계인들의 인권은 트럼프의 미국에서 어떤 영향을 받을까. 그의 국수주의적·고립주의적 경제관은 국제 무역 의존도가 높은 나라에 분명 악영향을 끼칠 것이다. 그리고 미국의 사활적인 국제 안보 이해관계가 걸린 지역에 사는 사람들에겐 생사의 기로가 강요되는 상황이 올 수도 있다. 트럼프의 인권 경시 정책이 물결 효과를 발생시킬 개연성도 대단히 높다. 미국 같은 초강대국의 행태는 필연적으로 세계에 예시 효과를 전파하기 마련이다. 부시 정부 때 아프리카나 중동의 여러 나라가 반인권 정책을 부활시켰고 그것을 지적하는 유엔보고관에게 "미국도 하는데 왜 우리는 못 하는가?"라고 공공연하게 반발하기도 했다. 만일 미국이 공식적으로 고문을 재개한다면 지금도 고문을 사용하는 러시아나 필리핀 같은 나라들이 앞으로 어떻게 나올지 상상이 가고도 남는다.

트럼프가 기후 변화를 심각한 문제로 인식하지 않는다는 사실은 잘 알려져 있다. 트럼프 행정부가 기후협정 체제에서 이탈한 뒤 온실가스 감축의 국제 공조 시스템이 유명무실해진다면 트럼프 시대는 인류 종말이 본격적으로 시작된 기점으로 기록될 것이다. 그의 비즈니스형 세계관이 경제적·사회적 권리에 부정적인 영향을 끼칠 것도 거의 확실하다. 오바마케어 존폐 논쟁에서 볼 수 있듯 사회권을 부정하는 미국의 태도가 국제적으로도 사회권 보장의 대의를 해칠 게 뻔하다.

트럼프의 미국에 대해 세계 인권 운동은 무엇을, 어떻게 해야 할까. 국제적으로, 그리고 일국 내에서 함께 움직여야 한다. 크게 봐서 두 가지만 지적하고 싶다. 첫째, 트럼프 현상의 원인을 제공한 분배 불평등에 대해 인권이 새로운 시각을 제시할 필요가 있다. 기존의 사회권이 신자유주의의 공세 앞에서 상당히 무력했다는 사실을 인정해야 한다. 인간의 본질적 욕구를 공동체가 채워준다는 사회권의 기본 원칙을 크게 확장해야 한다. 사회 정의의 관점에서 용인될 수 없을 성도의 격차는 그 자체가 심대한 인권 유린임을 선언해야 한다. 가칭 '불의한 불평등 철폐에 관한 국제 인권협약'과 같은 담대한 조처가 필요하다.

둘째, 경제적 이슈에만 인권 운동의 초점을 고정해서도 안 된다. 중산층 백인들도 트럼프에게 표를 많이 주었다는 점을 기억하면 그 이유가 나온다. 모든 종류의 낙인찍기와 증오를 배격하고, '약자 공격과 증오 선동에 대한 무관용'을 인권의 중핵 과제로 끌어올려야 한다. 물론 인권 운동은 표현의 자유를 원칙적으로 옹호해야 한다. 하지만 표현의 자유 뒤에 숨어 악의적으로 자유의 기반을 허무는 자들까지 인권의 이름으로 옹호해선 안 된다. 스테판 에셀이 《분노하라》에서 한 말이 있지 않은가. "자유란 닭장 속의 여우가 제멋대로 누리는 무제한의 자유가 아니다."

사익을 위해서라면 무슨 짓이든 저지르는 반사회적 · 반민주적 존재들이 인권의 보편적 원칙을 악용하는 작태를 무기력하게 지켜보고만 있을 수는 없다. 이 점을 특히 염려했던 '세계인권선언'의 제정자들은 선언의 마지막 조항에 대못을 박아놓았다. "어떤 국가, 집단, 개인이 본 선언의 권리와 자유를 파괴할 활동에 가담할 수 있는 권리가 있다는 식의 암시나 해석을 해서는 절대로 안 된다." 이제 인권 트럼프가 인간 트럼프로 상징되는 반인권의 공세를 막아내어야 할 과제가 인류 생존의 문제로까지 떠올랐다.

2017년 1월

신재생 에너지를 요구할 권리

국제적으로 인정되는 인권이 몇 종류나 될까. 십여 년 전《인권의 문법》을 집필할 때 세어보니 예순 개 정도였다. 2016년에《인권의 지평》을 내면서 다시 찾아보니 그새 일흔 개 가까이 되었다. '권' 자를 붙인다고 모두 공식 인권이 되는 건 아니지만 어쨌든 새로운 권리 주장은 인권을 확장하는 견인차 역할을 한다. 알 권리나 잊힐 권리처럼 꼭 필요하다 싶은 권리도 있고, 불쾌해질 권리(표현의 자유를 극단적으로 인정하자는 입장)처럼 쓴웃음이 나오는 주장도 있다. 요즘 뜨겁게 떠오르고 있는 새 권리는 '신재생 에너지를 요구할 권리'다.

오랫동안 개발론을 지배해 온 논리는 경제 개발이었다. 국민총생산이 늘어나면 발전한다고 보는 단선적 견해였다. 유엔 초기부터 국민 계정 체계*에 따라 경제 발전을 기준으로 삼아 각국을 줄 세우기 한 것이 발단이었다. 이때만 해도 세계은행이 제시하는 거시 경제의 정석을 충실히 따르기만 하면 개발도상국도 언젠가는 선진국이 될 것으로 가정했다. 하지만 현실은 그리 녹록지 않았다. 선발국의 이해

국민 계정 체계 한 나라의 경제 수준, 경제 주체 간에 이뤄진 거래 활동을 기록하는 국제 기준이다. 한 국가의 경제를 종합적으로 나타낸 종합 재무제표라 할 수 있다.

관계에 맞춰 짜놓은 불평등한 국제 경제 체제 내에서 개도국이 운신할 수 있는 여지는 적었다. 개도국 민중의 실제 욕구를 반영하지 못한 개발 정책도 문제였다. 인프라 확충을 그렇게 강조했지만 보통 사람들이 에너지 서비스를 누릴 수 있는 기본 욕구조차 채워주지 못했다. 지금도 전 세계 인구 3분의 1이 전기 없이 살아가고 있다. 이런 상황에서 빈곤 탈피는 불가능에 가깝다. 에너지 접근성이 발전권의 핵심으로 떠오른 데엔 이런 배경이 있다.

그러나 에너지 생산 방식과 상관없이 그것을 쓸 수만 있으면 에너지 접근권이 보장된다고 하던 시대는 지났다. 어떻게 만들어진 에너지인가 하는 점을 따져야 하기 때문이다. 지구 온난화와 기후 변화 때문이다. 나는 기후 변화가 절체절명의 인권 문제라는 점을 강조한 적이 있다. 공교롭게도 2015년 말 파리기후협정 회의 직전 국제 환경 운동과 인권 운동이 보조를 맞추기 시작했다. 인권과 환경 분야의 대표적인 국제 단체인 국제앰네스티와 그린피스가 '기후 변화 시대의 인권 보호를 위해 백 퍼센트 신재생 에너지로 시급히 전환해야 한다'라는 공동 성명을 발표한 것이다.

두 단체는 기후 변화가 계속된다면 반세기 내에 지금의 전 세계 빈곤층에 더해 6억 명 이상이 추가로 기근에 시달리게 될 것으로 예측한다. 그렇게 안 될 가능성이 높지만 설령 기온 상승이 2도 내에 머물더라도 인류 일곱 명 중 한 사람이 물 부족을 겪을 것이라 한다. 특히 빈곤층, 여성과 소녀, 원주민, 만성적 차별을 당해 온 사람들이 가장 큰 피해 집단이 된다. 폭염과 신종 질병으로 연간 25만 명 이상이 사망할 것으로 예상된다. 한국도 예외가 아니다. 말라리아, 콜레라, 지카바이러스, 뎅기열이 낯설지 않게 되었다. 열대 의학으로 치부되던 곤충 매개 감염병을 보건학에서 심각하게 다루기 시작했다.

두 단체의 공동 보고서는 기후 변화와 인권을 잇는 연결고리로 신재생 에너지를 강조한다. 인류를 구할 수 있는, 단순하지만 통찰력 있는 삼단 논법이다. ①기후 변화는 인권 침해의 주범 중 주범이다. ②기후 변화를 일으키는 주원인은 화석 연료 사용이므로 화석 연료를 신재생 에너지로 대체해야 문제를 근본적으로 해결할 수 있다. ③그러므로 신재생 에너지를 사용할수록 인권이 좋아질 것이다.

신재생 에너지의 사용 자체가 인권임을 논증한 그린피스와 국제앰네스티는 한 걸음 더 나아가 과감한 주장을 편다. 2050년까지 화석 연료를 전면 퇴출하고 완전한 신재생 에너지 시대를 열자는 것이다. 이런 결단을 세기말로 늦추면 이미 때가 늦다고 한다. 혁명적 변화를 요구하는 주장이 흔히 그렇듯 지극히 상식적이고 원칙적인 입장이다. 난마처럼 얽힌 문제일수록 핵심을 직시하는 자세가 정답이다.

물론 신재생 에너지로 전환하면 유의해야 할 점이 적지 않다. 단기적으론 만병통치약이 절대 아니기 때문이다. 현재 화석 연료 산업 분야에 종사하는 사람들을 위한 대책에서부터 출발해야 한다. 또한 빈곤층의 생계에 대한 대비가 있어야 한다. 에너지 전환에 따라 젠더 불평등이 일시 악화될 가능성도 생각해야 한다. 신재생 에너지의 불안정성과 변동성 때문에 상당 기간 보통 사람들의 에너지 접근성이 오히려 낮아질 수도 있는 부작용을 고려해야 한다. 또한 신재생 에너지 설비 때문에 지역 사회에 각종 문제가 발생하는 현실도 고려해야 한다. 이런 온갖 우려에도 불구하고 기후 변화의 실천적 해법으로서 신재생 에너지를 강조한 점, 그리고 환경 운동과 인권 운동 간 건설적 협력 관계의 고리를 만든 점은 우리가 곱씹을 만한 대목이다.

근래 들어 신재생 에너지의 생산 단가가 대폭 떨어진 건 희망적인 소식이다. 세계경제포럼에 따르면 2016년은 "태양광과 풍력을 통한 에너지 생산비가 화석 연료 및 천연가스의 생산비와 경쟁할 수 있을 정도로 낮아진 최초의 해"였다. 신재생 에너지의 가성비가 높아진 주된 이유는 투자가 늘었기 때문이다. 대규모 보조금 때문이 아니라는 점을 기억해야 한다. 실제로 2014년 전 세계에서 화석 연료 생산에 제공된 보조금 총액이 신재생 에너지 보조금보다 무려 네 배나 많았다. 십 년 전만 해도 태양광 발전 비용이 천연가스보다 여섯 배 이상 비쌌지만 현재는 비슷한 수준이 되었고 풍력은 태양광의 절반 정도 비용으로 발전이 가능하게 되었다.

기후 변화를 환경 문제만이 아니라 인권의 문제로 접근하면 어떤 점이 달라지는가. 우선 인권의 긴박함과 절대성을 강조할 수 있다. 일반인들은 환경과 생태 이슈를 원론적으로 찬성하면서도 다소 추상적이고 막연하게 받아들이기 쉽다. 반면 자신의 생명과 건강이 걸린 인권 이슈에는 더 강력하고 즉각적인 반응을 보인다. 인권이라는 프리즘을 통해 지구 행성의 생태계를 보존할 수 있는 동기를 부여할 수 있는 것이다.

그 다음으로, 권리의 주체인 시민이 의무의 주체인 국가에 더 명확하고 구체적인 요구를 할 수 있다. 시민 사회는 국가가 시민의 요구에 상응하는 대책을 분명히 실천하는지를 따져 정치적 책임을 물을 수 있게 된다. 파리기후협정에서도 기후 변화가 인권과 직결된 문제라는 점을 분명히 지적하면서 각국이 그에 따라 행동할 것을 촉구한다. 협정의 전문을 보라. "당사국들은 인권, 건강권, 원주민, 지역 사회, 이주민, 어린이, 장애인, 모든 약자 집단의 권리, 발전권, 젠더 평등, 여성의 자력화와 세대 간 형평성에 관한 의무를 준수하고 증진하고 고려한다."

오랫동안 인권을 가르쳐 왔지만 참으로 쉽지 않다고 느끼는 점이 한 가지 있다. 인권 침해가 발생하는 구조적이고 장기적인 원인에 학생들이 눈을 뜨게 하는 일이다. 직접적인 가해자, 구체적으로 드러나는 부조리, 누가 봐도 잘못된 악행은 인권의 문제로 이해하기가 어렵지 않다. 그러나 눈에 잘 띄지 않고, 장기적이고 구조적인 요인으로 발생하며, 모두가 속해 있는 시스템 자체의 모순에서 발생하는 문제를 인권 침해의 주범으로 인식하려면 많은 공부와 시각의 전환이 필요하다. 기후 변화는 구조적 차원의 문제가 인권 침해의 주범이라는 점을 가시적으로 보여주는 드문 사례다.

〈불편한 진실 2〉(2017년)라는 다큐 영화 제작에 참여한 앨 고어 전미국 부통령은 기후 변화에 대한 투쟁을 노예제 폐지, 아파르트헤이트(인종 격리 정책) 종식, 여성 참정권, 성소수자 차별 철폐와 맥을 같이하는 역사적 해방 운동에 견준다. 기후 변화에 맞서는 녹색 지속가능혁명은 농업혁명, 산업혁명, 디지털혁명으로 이어지는 사회 변혁의 최종 단계에 속한다. 어찌 됐든 인류와 지구가 살아남아야 인권을 논할 수 있지 않겠는가. 국가와 기업에 신재생 에너지를 인권의 이름으로 요구해야 한다.

2017년 6월

신자유주의의 교훈

　사례 하나. 외국 투기 자본이 나라 경제를 엉망으로 만든다. 외채가 눈덩이처럼 불어난다. 복지 예산이 대폭 깎이면서 약자들의 삶이 절망으로 흐른다. 시민들이 거리로 쏟아져 나온다. 경찰은 집회 신고를 하지 않은 시위에 강경하게 대응한다. 부상자가 속출하고 사망자까지 나온다. 정부는 불법 시위에 무관용 원칙을 밝힌다. 누가 이런 상황에 누가 궁극적으로 책임이 있는가. 정부인가 초국적 자본인가.

　사례 둘. 대학과 교수들은 연구 지원 기관의 프로젝트에 지원할지 말지를 결정할 수 있다. 그러나 절대다수가 지원하려고 무진 애를 쓴다. 프로젝트를 따야 학교를 발전시킬 수 있기 때문이다. 수주율 자체가 평가 지표에서 유능함의 증거로 활용된다. 연구 목적도 심각하게 왜곡된다. 연구의 내적 가치보다 채택률을 높일 수 있느냐가 중요해진다. 지원 기관이 선호하는 연구 주제와 방향성을 알아내기 위해 신경을 곤두세운다. 인센티브에 자발적으로 반응하면서 무의식적으로 자기 검열을 한다면 학문의 자유가 있는 것인가 없는 것인가. 이런 국내외 사례들은 신자유주의가 인권에 던진 복잡한 도전을 보여준다.

2016년 6월 국제통화기금의 공식 학술지 〈금융과 발전〉에 "신자유주의는 과대평가되었는가?"라는 글이 실렸다. 국제통화기금의 연구처 부국장인 조너선 오스트리 외 두 명이 집필한 논문은 신자유주의 의제가 탈규제와 국내 시장 개방을 통한 경쟁력 강화, 그리고 민영화와 재정 적자 감소를 통한 국가 역할의 축소가 그 핵심이라고 밝힌다. 이런 정책에 힘입어 국제 무역에 따른 빈곤 완화, 개도국에 기술 이전, 효율적인 공공 서비스 제공 같은 긍정적 효과가 발생했다고 논문은 지적한다. 그러나 금융 개방과 긴축 정책이 성장을 촉진하지 못했고, 불평등을 급격히 확대했으며, 경제의 지속 가능성을 떨어뜨렸다고 비판한다.

논문의 결론이 흥미롭다. "모든 나라, 모든 시대를 통틀어 양호한 경제적 결과를 낳을 수 있는 단일한 방법은 존재하지 않는다. 세계 각국에 경제 정책을 조언하는 국제통화기금은 신념이 아니라 실효성이 있다고 판명된 증거에 따라 인도되어야 한다." 국제통화기금 연구 부서의 최고 핵심 전문가가 자기 기관이 증거가 아닌 신념에 기대어 활동해 왔음을 고백한 것이다. 그렇다면 지금까지 국제통화기금은 정책 기관이 아니라 이념 집단이었다는 말인가.

논문을 읽으니 만시지탄의 허탈감과 분노가 함께 밀려온다. 솔직히 말해 이 정도의 주장은 오래전부터 많은 논자가 해 오지 않았던가. 아마 이와 비슷한 우려와 비판을 다룬 논문이 수백 편도 더 나왔을 것이다. 그렇게 경고해도 듣지 않고 수많은 사람의 삶을 망가뜨려 놓은 다음에야 뒷북을 치고 나오는 것을 도대체 어떻게 해석할 수 있을까.

신자유주의의 원조로 꼽히는 영국 경제학자 프리드리히 하이에크

(Friedrich Hayek)는 신자유주의를 단순히 물질적 선익을 늘리기 위한 하나의 경제 이론으로 여기지 않았다. 그에게 신자유주의는 총체적 세계관이었다. 애덤 스미스(Adam Smith)가 시장을 '보이지 않는 손'에 비유했다면, 하이에크는 자유 시장을 독립적인 '자율 의식'으로까지 끌어올렸다. 이쯤 되면 경제학이 아니라 존재론적 형이상학에 가깝다고 봐야 한다.

신자유주의는 깊은 차원에서 인권에 여러 변화를 몰고 왔다. 우선 이념의 스펙트럼에서 인권의 좌표를 크게 이동시켰다. 현대 인권의 기원으로 꼽을 수 있는 1948년 '세계인권선언'은 단순한 선언이 아니었다. 18세기 이후 서구의 대표적 보편 이념인 자유주의와 사회주의를 통합하려 한 사상사적 시도였다. 자유권과 사회권을 한 지붕 아래에 나란히 둔 것을 보면 알 수 있다. 선언의 제정 과정에서 1차 초안을 작성하여 전체 틀을 잡았던 유엔인권국장 존 험프리는 '세계인권선언'이 "인도적 자유주의와 사회민주주의의 결합"을 지향했다고 증언한다.

냉전 때 미·소 진영은 인권의 양날개를 찢어서 각기 편리한 쪽으로 해석하려 했지만 당시 인권 운동은 인권의 원형을 보존하기 위해 피눈물 나는 노력을 기울였다. 예컨대 국제앰네스티는 자본주의, 사회주의, 비동맹권을 가리지 않고 인권의 원칙에 어긋나면 누구든 통렬히 규탄했다. 모든 진영을 비판하던 인권은 어느 쪽에서든 욕을 먹었다. 하지만 그것 자체가 인권의 불편부당성을 보여주는 증거였다.

냉전이 끝난 뒤 마침내 인권의 원래 취지에 부합하는 시대가 오는가 싶었지만 그것도 잠시였다. 신자유주의적 지구화가 세상을 급격하게 오른쪽으로 몰고 갔다. 오늘날 인권은 신자유주의와 맞서 싸우고 있다. 예나 지금이나 인권은 제자리에 있지만 세상이 과도하게 우경화되었기 때문이다. 시대의 맥락으로 보아 신자유주의를 거부하는 것이 곧 인권 본연의 길이 되었음을 인정할 수밖에 없다.

신자유주의 이후 인권을 지킬 의무가 있는 국가의 정치적 책무성을 따지기가 어려워졌다. 원래 인권은 시민권적 사회계약을 전제하고 시민과 국가의 관계를 규율하는 논리로 출발했다. 요즘은 사적 개인들 사이에서 일어나는 일도 인권 문제로 보는 경향이 생기긴 했으나 인권의 기본 구조는 여전히 공적 영역을 중심으로 구성되어 있다.

그러나 신자유주의는 공적 시민의 정치 참여가 아닌, 사적 소비자가 시장에서 선택권을 행사하는 것을 진정한 주권 행사라고 본다. 이렇게 되면 빈곤층이든 중산층이든 실질적으로 공민권을 박탈당한 상태가 되고 주권 재민 원칙은 속 빈 강정에 불과한 수사로 전락한다. 정상적인 정치 과정 속에서 합리적 판단에 따라 투표를 해봤자 소용이 없음을 깨닫게 된 사람들은 점점 더 구호나 감성적 호소에 즉각적으로 반응하게 되었다. 트럼프 지지자들에겐 사실 확인이나 이성적 논증 같은 것은 귀에 들어오지도 않고 중요하지도 않다. 자신의 정서적 갈구를 채워줄 강렬하고 자극적인 메시지, 가짜 뉴스, 막말, 증오 선동과 같은 언술적 헤로인만 계속 제공받으면 된다.

그 다음으로 신자유주의의 심리적 파괴성을 거론하지 않을 수 없다. 경쟁이라는 말만 붙이면 그 내용이 무엇이든 무조건 공정하고, 경쟁에 따른 결과는 그것이 불평등하든 차별적이든 무조건 최선이라는 경쟁 만능주의를 정상으로 받아들이게 되었다. 이런 분위기에서 보편적 평등 의식 따위는 사치스러운 농담으로 비친다. 경쟁 심리를 내면화한 대중은 자기가 '못나서' 낙오한 루저라면 차별당해도 마땅한 존재라고 무시하기에 이르렀다. 경쟁이 심한 사회일수록 자해, 거식증, 고립감, 성공에 강박적으로 집착하는 수행 불안증, 그리고 사회 불안 장애가 많이 나타난다.

사람들이 하루하루를 팍팍하게 살다 보니 사회 부조리 따위를 생각할 여유도 겨를도 없어졌다. 그러다 보니 심성이 전반적으로 까칠해졌다. 이런 상태에선 타인의 불쾌한 언동이나 혐오 표현과 같은 대인 관계의 갈등에 특히 민감하게 반응하게 된다. 이른바 '미시적 공격성'이 인권에서 중요한 화두로 떠오른 것도 이 때문이다.

또한 신자유주의는 사람의 소망과 염원을 늘 어떤 미래 시점에 투영하곤 한다. 지금은 힘들어도 조금만 더 열심히 경쟁하다 보면 언젠가 행복한 날이 올 것이라 가르친다. 죽기 전에 도달할 수 있는 일종의 '세속적 내세'를 끊임없이 우리 귀에 불어넣는다. 그러나 신자유주의가 약속하는 '그날'은 영원히 오지 않는다.

신자유주의적 패러다임은 인권 운동의 인식에도 영향을 끼쳤다. 불평등과 같은 구조적 인권 침해를 함께 다루지 않고 젠더, 섹슈얼리티, 인종, 소수자와 같은 정체성 정치에만 치중해도 인권이 달성될 수 있다고 믿는 일부 경향이 그것이다. 페미니스트 정치철학자 낸시 프레이저는 이런 부류의 부분적 인권론자를 '진보적 신자유주의자'라 부르면서 노동-계급 운동과 정체성 정치가 함께 가야만 인권을 제대로 지킬 수 있다고 조언한다. 월스트리트와 정체성 정치를 접목하려다 실패한 힐러리 클린턴을 인권 운동이 타산지석으로 삼아야 한다는 말이다.

지금까지 본 것처럼 신자유주의는 현대 인권이 근본 조건으로 가정했던 정치와 경제의 구조판을 완전히 바꿔놓았다. 이 문제를 어떻게 풀 것인가. 인권을 가해자-피해자의 일차원적 구도로만 이해하는 좁은 틀에서 벗어나 역사와 사회 구조가 빚어내는 인권 조건에 대한 안목을 기르는 것에서 출발해야 한다.

2017년 9월

호모 로컬리스의 인권

독일의 대학에서 강의를 하던 중 이 나라에서 교사가 되려면 어떤 과정을 거쳐야 하는지 물어본 적이 있다. 학생들이 금방 답을 못하고 서로 물어보는 게 아닌가. 주마다 교육자 양성 과정이 다르기 때문이라고 했다. 연방제나 지방 분권 국가에선 당연한 일이 한국인에겐 이렇게 낯설다. 국내에서는 개헌 논의가 한창이었다. 흔히 개헌의 3대 쟁점으로 기본권, 지방 분권, 정부 형태(권력 구조)를 들곤 한다. 하지만 지방 분권은 인권과 동일한 선상에서 취급해야 하는 주제다.

인류가 수렵 채취에서 농경으로 정착 생활을 시작한 이후 인간은 자기가 속한 생활권의 범위 안에서 사회적 정체성을 발전시키는 쪽으로 진화해 왔다. 그런 의미에서 인간은 특정 지역에 생활 본거지를 둔 존재, 즉 호모 로컬리스다. 국민국가 체제가 확고히 자리를 잡으면서 국가에 소속된 지위로서 시티즌십 사상이 나오긴 했다. 하지만 시티즌십이 정치적이고 인위적인 기획의 산물이라면, 호모 로컬리스는 실생활과 밀착된 자연 발생적 개념이다.

우리가 사용하는 '지역'이라는 용어에는 두 가지 뜻이 뒤섞여 있어 혼동을 일으킨다. 국가(중앙) 차원이 아닌 로컬이라는 의미와, 서울이 아닌 지방이라는 의미가 함께 들어 있기 때문이다. 중앙이냐 로컬이냐 하는 구분에 따르면 서울에 살아도 로컬 주민이고 우도에 살아도 로컬 주민이다. 지방 분권은 주로 이 점을 겨냥한다. 로컬 차원에서 결정할 수 있는 법적 권한을 로컬로 이양하고, 중앙정부는 나머지 부분을 보완하는 역할을 한다. 이것을 '탈중앙화'라고 부른다. 따라서 지방 분권 개헌은 탈중앙화 개헌이라고 표현하는 편이 더 정확할지도 모른다.

반면 서울 한 곳에 몰려 있는 자원, 인프라, 영향력을 지방으로 분산하자는 주장은 '탈집중화'로 설명할 수 있다. 탈집중화는 경제적·사회적·문화적 자원의 분산을 뜻한다. 한국은 중앙화와 집중화가 모두 극심한 예외적인 나라다. 지방민이 서울에 박탈감을 심하게 느끼는 것도 이 때문이다.

지방 분권이 왜 필요한가. 지방 분권의 궁극적 목적은 호모 로컬리스가 필요로 하는 구체적 삶의 문제를 잘 해결하기 위해서다. 호모 로컬리스가 사회적 삶을 제대로 영위하려면 최소한의 의식주, 생계, 건강, 의료, 환경, 교육, 노동, 사회 보장, 불차별, 준법이 필요하다. 이런 것들이 곧 인권이다. 따라서 지방정부는 인간의 본질적 욕구에 해당하는 인권을 실현하기 위해 존재한다고 규정할 수 있다. 초대 유엔인권위원장을 지내고 '세계인권선언'의 제정을 주도했던 엘리너 루스벨트의 유명한 말이 있다. "인권은 우리가 사는 주변, 작은 곳에서부터 지켜져야 한다."

지방자치를 하지 않던 시절엔 중앙정부가 도지사를 직접 임명했다. 주로 지역 연고가 있는 내무부 소속 고위 공무원들이 낙하산을 타고 내려오곤 했다. 도지사는 임명 제청권자인 내무부 장관, 그리고 임명권자인 대통령에게만 책임을 졌다. 전형적인 상향 책무성 제도였다. 언론엔 누가 '도백'이 됐다더라 운운하는 전근대적인 표현이 자주 등장했다. 주민들에게 책임질 의무가 없는 사람이 지방정부의 우두머리였으니 그것이 얼마나 비민주적인 상황이었는지 상상할 수 있을 것이다. 이와 반대로 지방자치는 지방정부의 수장이 주민들에게 직접 책임을 지는 제도이니, 지방자치가 내재적으로 얼마나 민주주의에 가까운지 알 수 있다.

지방 분권을 실현하는 방식에는 세 가지 접근이 있다. 첫 번째는 위에서 말한 탈중앙화 방안이다. 일반적으로 이것을 지방 분권이라 한다. 주민에 대한 하향 책무성이 강화되고 수요 중심의 행정 서비스를 제공할 수 있다. 그러나 탈중앙화는 지방 분권의 출발점에 불과하며, 잘못 시행될 때 부작용이 크다. 우선 지방정부들 사이에 칸막이가 쳐지면서 중앙정부가 지역 간 형평을 달성하기 위해 전국 단위의 정책을 펼 수 없게 될 위험이 다분하다. 잘사는 지역이 못사는 지역을 돕는 연대성의 원리가 헌법에 포함되어야 한다는 주장이 나오는 근거다.

탈중앙화를 한다고 해서 자동적으로 주민 참여와 인권이 실현되지도 않는다. 이 문제의 전문가인 김중섭 교수는 《인권의 지역화》에서 지역 공동체의 고유한 질서와 집단주의적 속성이 반인권적일 수 있고, 그것이 새로운 인권 규범을 수용하지 못하게 가로막는다고 지적한다. 토박이들의 동질성 의식 때문에 외지 출신은 아무리 오래 살아도 '굴러온 돌' 취급을 받기 일쑤다. 또 무슨 가문이네, 어떤 학교를 나왔네 하면서 지역 유지들끼리 배타적 카르텔을 유지하면 평등을 강조하는 인권 가치와 충돌할 수밖에 없다.

두 번째로 주민 참여를 거쳐 지방 분권을 실천하는 방안이 있다. 이때 지역 시민 사회가 참여형 거버넌스를 거쳐 부문별로 특수한 욕구를 행정에 반영할 수 있고, 각종 위원회를 거쳐 제도적 형태로 행정에 영향을 끼칠 수 있다. 하지만 우리가 흔히 경험하는 것처럼 시민 사회의 제도적 참여가 요식 행위로 변질되는 경우가 적지 않고, 지방 분권형 주민 참여 역시 전국 차원의 수평적 형평을 보장하는 데에는 역부족이다.

바로 이 때문에 세 번째 방안인 인권에 기반을 둔 지방 분권 모델이 주목받는다. 국가 차원에서 인정되는 보편 인권 기준을 모든 지방정부에서 실천하도록 요구할 수 있으므로 전국 차원의 형평성을 보장할 수 있는 개념적 안전 장치가 마련되는 큰 장점이 있다. 그런데 연구에 따르면 인권에 기반을 둔 접근을 할 때 고정된 법적 권리들을 항목별로 실천하라고 요구하는 것이 손쉬운 방법이긴 하나 길게 보면 효과가 적을 수도 있다고 한다. 이 점은 지역 시민 단체나 인권 운동이 주의해야 할 부분이다. 오히려 지방정부의 의사 결정과 행정 속에 인권의 팬더(PANTHER) 원칙—참여, 책무성, 불차별, 투명성, 인간 존엄, 권한 강화, 법의 지배—이 녹아들도록 하는 편이 장기적으로 바람직한 지방 분권의 방향이라는 것이다.

몇 년 전 유엔인권이사회가 지방 분권과 인권에 관해 보고서를 낸 적이 있다. 지방 분권의 헌법적 보장이 얼마나 중요한지를 누누이 강조한다. "국가의 헌법에서 지방정부를 인정하는 것이 바람직하며, 헌법상의 보장이 지방 분권의 안정성을 확보하는 데 최선의 방안이다." 요즘 회자되는 지방 분권형 개헌 논의가 명백하게 옳은 방향임을 보여주는 구절이다.

이것에 더해 보고서는 국가가 비준한 국제 인권법의 내용을 지방 정부가 풀뿌리 차원에서 이행할 의무가 있다고 일깨운다. 따라서 "지방자치단체의 출마자는 주민 인권 보호에 특별한 의지가 있는 사람이어야 한다." 솔직히 말해 중앙 차원이든 지방 차원이든 인권에 신념이 없는 사람이라면 공직에 출마하지 않는 게 옳다.

끝으로 21세기 미래 지향적 민주주의를 실천하는 지방 분권이 되려면 금과옥조로 여겨져 온 개발 모델을 지역 차원에서 답습하는 것이 되어선 안 된다. 묻지마식 개발 패러다임으로 지방 분권을 시행한 것이 어떤 암울한 결과를 낳았는지 알고 싶으면 중소 도시 외곽에 세워진 텅 빈 아파트 단지들을 보면 된다. 개발을 명분으로 삼아 승인 권자와 건설업자 들이 결탁하여 지역 사회를 망쳐놓는 작태를 지방 분권의 이름으로 허용해서는 안 된다. 외형적인 성장과 토건식 개발에 목말라하는 풍토, 개발이라는 명분 앞에서는 그 어떤 가치도 맥을 못 추는 현실을 바꾸기 위해선 특단의 노력이 필요하다. 가장 현실적인 대안은 지속 가능 발전 목표의 거시적 틀 안에서 지방 분권을 작동할 방안을 강구하는 것이다.

'국민'이 정치적이고 법적인 정체성이라면, '지역 주민'은 현실적 조건으로서 인간 정체성이다. 보통 사람은 호모 로컬리스의 자의식을 지니고 자신의 생활 세계를 중심으로 하여 삶의 질을 높이기 위해 노력하는 게 가장 자연스럽다. 지방 분권을 해야 인권이 보장되고, 인권적인 지방 분권을 해야 진정한 지방 분권이 가능하다. 새 헌법에는 이런 방향성을 담아야 한다.

2018년 2월

경제 정책이냐, 인권 정책이냐

문재인 대통령이 경제계 원로들을 청와대에 초청하여 의견을 들었다는 보도가 있었다. 여러 쓴소리와 제안이 나왔는데 그중 정운찬 전국무총리의 발언이 흥미로웠다. "소득 주도 성장* 정책은 경제 정책이라기보다 인권 정책이다." 경제계에서 인권을 어떻게 생각하는지 이보다 더 솔직하게 말하기도 어렵지 않을까 싶다.

명망 있는 경제학자가 인권을 바라보는 시각이 이렇다면 대다수 경제인이나 경제 전문가의 시각도 크게 다르지 않을 것이다. 소득 주도 성장 정책에 대해 얼마든지 다양한 평가가 있을 수 있다. 다만 경제와 인권의 관계를 다룰 때 우리 사회에서 통용되는 일반적인 경향은 다시 한번 생각해볼 필요가 있다.

"소득 주도 성장 정책은 경제 정책이라기보다 인권 정책이다."라는 발언에 깔려 있는 기본 전제는 다음과 같은 구조로 이루어져 있다. 인권 정책은 대체로 이상주의적이고 대중 영합적이며 비현실적

소득 주도 성장 근로자와 가계의 임금과 소득을 늘리면 소비가 증대되면서 기업 투자와 생산이 확대돼 경제 성장이 이루어진다는 내용을 담고 있다. 대기업의 성장에 따른 임금 인상 같은 낙수 효과보다 근로자의 소득을 인위적으로 높여 경제 성장을 유도한다는 것이 핵심이다.

이기 쉽다. 반면 경제 정책은 현실적 타당성과 경제 패러다임의 내적 논리에 따라 추진해야 한다. 그러므로 경제 정책을 인권 정책과 같은 식으로 다루어선 안 되며, 두 정책은 명확히 구분되어야 한다. 요컨 대 꿈꾸는 아마추어식으로 경제를 운용하지 말라는 주문인 셈이다.

그런데 이런 주장은 많은 의문을 불러일으킨다. 소득 주도 성장 정책을 딱히 인권 정책이라 부를 수 있을지 모르겠으나, 일단 그렇다 고 가정해보자. 인권 정책과 비슷한 경제 정책을 취할 수밖에 없었던 사회경제적 배경은 어디에서 유래했나.

어째서 불평등과 중산층 몰락과 청년 실업과 주거난과 출산율이 이렇게까지 심각한 지경에 처하게 되었는가. 국가인권위원회가 2016 년 실시한 대규모 국민 인권 의식 조사에서 왜 응답자 중 절대다수 가 사회 보장 확대에 찬성하고, 비정규직 차별에 반대했으며, 최저 시급 인상에 찬성한 비율이 무려 91.4퍼센트나 나왔던가. 국민이 원 하는 대로 경제 정책을 인권 정책처럼 추진한 것이 잘못이었다면, 그 이전의 수많은 (인권 정책과 달랐던) 경제 정책들은 사람들을 얼마나 살 만하게 만들어주었던가.

더 나아가 경제 정책과 인권 정책을 완전히 가르는 것이 '현실적 으로' 가능할까. 개인과 기업의 경제적 자유를 위해서 공정한 질서가 필요하고, 지속 가능한 시장 경제를 위해서 인간의 존엄성이 보장되 는 근로 조건이 마련되어야 하고, 경제 성장은 그 자체로 목표가 아 니라 국민 생활의 균등한 향상을 위한 수단이라고 대한민국 헌법에 도 나와 있지 않은가.

경제가 대다수 인간 삶의 기본 조건을 보장하는 방향으로 돌아가 야 한다는 이 평범한 진리가 최근 다시 주목받은 데에는 지난 한 세대 동안 전 세계와 한국을 지배해 온 터보 자본주의(신자유주의)의 심각한 폐해가 있었다. 심지어 다보스포럼조차 전 지구적 불평등의 악화에 경종을 울리고 있다.

다국적 기업들의 약탈적 사업 관행과 천문학적인 투기성 경제 방식을 통제하기 위해 유엔글로벌콤팩트*가 2000년에 등장했다. 아무리 돈벌이가 중요하더라도 환경과 노동과 인권을 먼저 고려해야 한다는 윤리 경영 원칙이었다.

글로벌콤팩트의 취지를 확장하여 유엔인권이사회는 2008년 유엔사무총장 특별대표인 존 러기 교수가 마련한 '기업과 인권을 위한 프레임'을 채택했고, 2011년에는 '기업과 인권 이행 지침'을 발표하기에 이른다. 경제 정책과 인권 정책을 연결하려는 중요한 국제적 노력의 결실이었다. 위 지침은 세 개의 개념적 기둥으로 이루어져 있다.

첫째, 국가는 제3자가 일으킨 인권 침해에서 사람들의 인권을 '보호'할 의무가 있다. 제3자는 초국적 기업을 포함한 모든 사업체를 말하며, 국가의 의무는 법적·정치적 책무를 뜻한다. 둘째, 기업은 인권을 '존중'할 책임이 있다. 기업은 사업을 벌일 때 소비자를 포함한 모든 관계당사자들의 권리를 직접 침해하지 않도록 조심해야 하고, 사업 활동으로 부정적 영향을 끼치지 않도록 적절한 주의를 다하여 계획을 수립하고 시행할 책임이 있다. 셋째, 권리가 침해된 사람은 구제를 받을 수 있어야 한다.

국가는 기업 활동의 피해자가 사법·행정·입법 조처를 통해 구제

유엔글로벌콤팩트(UN Global Compact) 전 세계 기업이 인권, 노동, 환경, 반부패와 관련해 유엔이 추진하고 있는 지속 가능한 발전 정책을 채택할 수 있도록 권장하고, 이를 위한 실질적 방안을 제시하는 유엔 산하 기구이다. 전 세계 162개국 14,000여 회원이 참여하고 있다.

를 받을 수 있도록 보호할 의무가 있고, 기업은 사업 활동으로 권리 침해가 발생하지 않도록 예방과 보상 책임을 져야 한다. 삼성반도체 노동자 산재 사건의 전말을 '기업과 인권 이행 지침'의 틀에 적용해 보면 지침의 구도를 명확히 이해할 수 있다.

유엔은 2015년에 국가인권정책기본계획(NAP)과 구분되는 별도의 〈기업과 인권 NAP를 위한 안내서〉를 펴냈다. 유엔사회권규약위원회 는 2017년의 〈일반논평〉 24호에서 기업과 인권의 문제를 중요하게 다뤘고, 같은 해 함부르크에서 열린 G20 정상회의 공동 선언문에서 도 '지속 가능한 글로벌 공급망'에 관한 내용이 포함됐다.

이처럼 지난 몇 년 사이 기업과 인권, 인권 경영 같은 키워드가 국 제 사회에서 뜨거운 이슈로 등장했고 각국 정부도 비상한 관심을 보 이고 있다. 그런데도 인권 정책과 경제 정책을 분리해서 파악한다면 세계적 동향에서 한참 뒤떨어진 인식이 아닐 수 없다.

한국에서도 기업과 인권에 관한 논의가 점점 더 주목을 받고 있다. 〈제2차 국가인권정책 기본 계획: 2012~2016〉에 기업과 인권 항목이 처음으로 포함되었고, 〈제3차 국가인권정책 기본 계획: 2018~2022〉 에서는 기업과 인권을 독립된 장으로 다루기 시작했다.

이에 따르면 기업에 인권 존중 책임이 있다는 점을 교육·홍보하 고, 사회적 책임을 고려한 공공 조달, 생활 제품 안전 확보, 기업의 양성평등 경영 지원, 해외 진출 기업의 현지 노동자 인권 침해 방지, 가습기 살균제 피해 구제, 소비자 친화적 리콜 제도가 기업 활동의 바탕을 이루어야 한다.

서울교통공사, 한국가스공사, 국민연금공단, 부산항만공사, 전남 개발공사, 천안시설공단 같은 여러 공기업에서 '기업과 인권 이행 지침'을 연구하고 현장에 적용하기 시작했다. 민간 기업체에서도 이행 지침의 실행을 위해 전문가 자문을 구하는 경우가 늘었다고 한다. 첫 술에 배부를 수는 없겠지만 바람직한 변화라고 생각한다.

기업 활동을 넘어 정부의 경제 정책 자체를 인권 원칙에 부합하는 방향으로 입안하고 실행해야 한다는 과감한 제안도 나오기 시작했다. 2019년 3월 유엔인권이사회에서 논의된 '경제 개혁 정책의 인권 영향 평가에 관한 이행 지침'이 대표적인 시도다. 이번 제안은 그 어떤 경제 정책도 사람들의 기본권, 특히 여성, 빈곤층, 사회 취약 계층의 인권을 침해해선 안 된다고 하는 원칙을 지켜야 하며, 그 원칙을 고수하는 것이 국가의 존립 목적이자 국제 사회에 대한 약속이라는 점을 강조한다. 자유 경제에서 '자유'는 인권을 보호하고 신장한다는 조건 내에서만 자유로울 수 있다는 것이다.

빈곤과 생계 문제로 시름시름 고통받는 현실을 인권학자들은 '슬로모션의 폭력' 또는 '백만 개 상처에 따른 죽음'이라 부른다. 인권 영향 평가가 제도화되어 기획재정부와 국가인권위원회 직원들이 이런 사회적 고통을 경감할 방안을 놓고 일상적으로 머리를 맞댈 때가 머잖아 올 것이다. 경제 정책과 인권 정책은 전혀 다르다는 생각이 오래된 에피소드로 회자될 날을 기다린다.

2019년 4월

불평등한 미세 먼지

미세 먼지와 관련해서 중요한 보도가 나왔다. 국제호흡기학회에서 대기 오염과 건강에 관한 기존의 연구들을 집대성하여 검토한 결과를 발표했다. 요지는 미세 먼지의 영향이 여태까지 생각해 온 것보다 훨씬 더 치명적이어서 머리끝부터 발끝까지 신체의 모든 기관을 망가뜨린다는 것이다.

얼마 전 미세 먼지가 심한 날 하루 종일 걸어 다닌 적이 있다. 조금 걱정을 했는데, 아니나 다를까 다음 날부터 천식에 몸살 기운으로 열흘 가까이 앓았고 지금도 잔기침을 하며 글을 쓰고 있다. 농담 반 진담 반으로 이제 대선에서 미세 먼지를 해결하는 이가 대통령이 될 거라고 말하는 사람이 늘었다.

미세 먼지는 대기 오염, 공기 오염이라는 큰 틀에서 파악해야 한다. 공기 오염을 모든 사람의 인권 문제로 바라보는 발상의 전환이 필요하다. 인류의 90퍼센트 이상이 세계보건기구가 권장하는 기준치보다 나쁜 공기를 마시며 살고 있다고 한다. 유엔인권이사회는 최근 '청정 공기 호흡권'에 관해 환경권 특별보고관이 집필한 보고서를 심의하면서 공기 오염을 중요한 인권 이슈로 다루기 시작했다. '깨끗한 공기를 누릴 권리', 이 얼마나 직관적으로 와닿는 말인가.

인간의 삶은 숨으로 시작해 숨으로 끝난다. 세상에 나오자마자 첫숨을 들이쉬고 한평생을 살다가 마지막 숨을 내쉬고 세상을 떠나는 게 인생이다. 이렇게 보면 깨끗한 공기는 근본적 차원에서 인간 존재의 핵심인 '숨'의 원천이 되는 질료다.

공기 오염이 유발하는 인권 침해는 세 가지로 설명할 수 있다. 우선 생명권의 문제가 있다. 공기 오염 탓에 전 세계적으로 매년 7백만 명에서 9백만 명의 조기 사망자가 발생한다. 모든 사망자 9명 중 1명이 나쁜 공기 때문에 자기 명대로 살지 못하는 셈이다. 흡연에 따른 사망자보다 많고, 에이즈와 결핵과 말라리아를 합친 사망자보다도 많다. 이 수치에는 동남아의 2백만 명, 중국과 한국을 포함한 서태평양 지역의 2백만 명, 아프리카의 1백만 명이 포함된다.

두 번째로 건강권 문제가 있다. 오염된 공기, 특히 초미세 먼지는 혈류를 타고 온몸의 장기로 퍼지고, 심지어 뇌 속으로까지 파고든다. 호흡기, 심장, 폐암, 뇌졸중, 백내장, 발육 부전, 당뇨, 비만, 피부병, 방광암, 장암, 골형성부전, 임신 장애와 유산, 신생아 폐질환, 저체중, 정신 질환 같은 수많은 병이 미세 먼지와 관련 있다. 베이징 올림픽을 준비하면서 대기 오염을 줄였더니 그 시기에 태어난 아이들 체중이 그 이전 시기보다 양호했다는 연구도 있다.

마지막으로, 오염된 공기는 사람들에게 차별적으로 영향을 끼친다. 모든 사람이 똑같이 미세 먼지를 경험하지만 모든 사람이 똑같이 고생하는 건 아니다. 공기 오염 때문에 특히 고통받는 취약 집단이 있다. 장시간 실외 공기에 노출되는 노동자, 정보가 부족하거나 오염된 실내 공기를 마실 수밖에 없는 빈곤층, 이미 만성 질환을 앓는 사람들이 더 큰 고통을 받는다.

여성, 특히 개발도상국에서 실내 취사와 난방을 전담하는 여성의 건강이 나빠지기 쉽다. 2019년 코이카(한국국제협력단)와 비정부기구인 한국제이티에스(JTS)가 방글라데시에 있는 로힝야 난민촌에 가스버너 10만 개를 전달했다는 보도가 나왔다. 실내 공기 오염으로 고통받는 저개발국의 일반적 사정도 생각해볼 수 있을 것이다.

환기가 잘 안 되는 비닐하우스에서 생활하는 이주 노동자들도 오염된 공기의 피해자가 된다. 아동은 생리적으로 공해에 특히 민감하고 유아기에 심신이 쇠약해지면 평생 그 후유증으로 고생하는 경우가 많다. 저개발국 노인의 건강 수명이 선진국 노인에 비해 훨씬 짧다는 연구 보고도 있다.

초국경적 불평등도 발생한다. 부자 나라에 공산품을 수출하기 위해 방글라데시, 인도, 파키스탄 같은 나라는 대규모의 공기 오염을 감수할 수밖에 없다. 중국의 수출 산업 종사자 중 공기 오염에 따른 조기 사망자가 10만 명 정도라고 한다. 무역이라는 이름으로 행해지는 생명권의 불평등한 교환이다.

공기 오염과 기후 변화가 동전의 양면을 이룬다는 사실도 기억해야 한다. 우선 공기 오염과 기후 변화의 원인이 서로 겹치는 경우가 많다. 화력 발전, 철강, 제조 산업, 내연 기관이 대표적이다. 온실가스 자체가 공기 오염의 한 형태라 할 수 있다. 공기 오염이 단기적이고 지역적이라면, 기후 변화는 장기적이고 전 지구적이라는 차이가 있을 뿐이다.

기후 변화와 공기 오염의 관련성을 대중에게 인지시키지 못해 기후 변화 초기에 제대로 대응하지 못했다는 반성이 나오고 있는 상황이다. 그렇다면 지금의 미세 먼지 사태에 대해 시민들이 느끼는 우려와 경각심은 차라리 잘된 일일 수도 있다. 기후 변화에 대한 대중의 인식을 획기적으로 바꿀 수 있는 계기가 되었기 때문이다.

미세 먼지 대책과 기후 변화 대책은 함께 추진할 수 있으므로 '일석이조의 정책 효과'가 있다. 최근 설립된 '미세 먼지 해결을 위한 국가기후환경회의'도 기후 변화 대처까지 염두에 둔 방향으로 정책을 설계해야 할 것이다.

흔히 미세 먼지를 논할 때 중국 탓을 하곤 한다. 물론 중국 책임이 어느 정도 있을 것이다. 하지만 청정 공기 호흡권은 개인, 개별 가구, 지역 사회, 국가, 대륙, 국제적 차원의 행동이 다 함께 보조를 맞춰야 풀 수 있는 다차원적 문제임을 잊어선 안 된다. 인권이사회가 미세 먼지 대책을 다룰 때 이성적이고 체계적이고 숙의적인 접근을 강조하는 이유도 이런 점을 잊지 않기 위해서다.

공기 오염을 해결하기 위해 국가는 절차적 의무와 실질적 의무를 모두 따라야 한다. 절차적 의무에는 시민 교육과 홍보, 정보 제공, 환경 정책과 관련한 시민 참여 독려와 촉진이 있다. 국가의 실질적 의무에는 국가가 수행해야 할 일반적인 인권 의무의 구도가 그대로 적용된다. 우선 국가나 공기업이 공기를 직접 오염시키는 행동을 해선 안 된다(존중 의무). 그리고 기업을 포함해 제3자가 일으킨 공기 오염을 국가가 적극적으로 나서 해결해야 한다(보호 의무). 예를 들어 대기 오염 물질의 측정치를 조작했다는 혐의를 받는 삼성전자, 지에스칼텍스, 금호석유화학, 롯데케미칼, 엘지화학, 한화케미칼은 철저히 책임 추궁을 해야 한다.

유엔인권이사회는 청정 공기 호흡권을 보장하기 위해 국가에게 7

단계 조치를 취하라고 권고한다. ①공기 질과 공기 질이 건강에 미치는 효과를 모니터링한다. ②오염 배출원을 찾아 그것의 경중을 평가한다. ③공기 질에 관한 정보를 발표하고 홍보할 때 시민의 정보 접근권을 존중한다. ④대기질을 개선하기 위한 입법, 규제, 기준 설정을 추진해야 한다. ⑤공기 질 개선을 위한 행동 계획을 마련하고, 특히 취약 계층을 위해 효과적인 보호 조치를 도입해야 한다. ⑥공기 질 개선을 위한 조치들을 이행·강제해야 한다. ⑦지속적 평가와 수정을 통해 정책 사이클을 선순환시켜야 한다.

깨끗한 공기는 인간 기본권을 위한 공공재이자 삶의 은유적 상징과도 같은 신비로운 것이다. 불가리아 출신 미국 시인 카테리나 스토이코바클레머는 이렇게 말한다. "시를 쓰려면/ 나비가 팔랑거리는/ 공기를 잡아야 한다." 탁한 공기 속에선 생명도 시도 나오기 어렵지 않겠는가.

2019년 5월

기후 위기와 인권 위기

지붕이 무너져 내린다고 치자. 이 문제를 서까래, 대들보, 기둥에만 해결하라고 할 순 없다. 모두가 나서야 한다. 기후 위기도 마찬가지다. 이 문제를 환경부, 환경 운동가, 기후 전문가에게만 맡길 순 없다. 그러기에는 상황이 너무 절박하다. 인권, 언론, 도시, 방재, 여성, 장애, 노동, 청소년, 보건, 종교, 교육 등등 모든 분야에서 팔을 걷어붙여야 한다.

한편에선 아직도 기후 위기를 부정하고, 축소하고, 낙관하는 목소리가 있다. 기온을 3.5도 수준에서 '최적화'하여 관리할 수 있다고 주장하는 윌리엄 노드하우스 같은 경제학자도 있다. 다른 한편으론 기후 위기가 인류 문명의 종말로 이어질 것이라고 단언하는 소리도 나온다. 어느 쪽이 옳은가. 전자는 경제 지상주의 논리와 통하는 것 같고, 후자는 추가 설명이 필요하다.

기후 위기의 본질은 불확실성에 있다. 나빠질 것은 분명한데 인류가 한 번도 경험해보지 않은 전대미문의 사태여서 얼마나 악화될지, 어떤 식으로 악화될지 정확히 예측할 수 없다.

확실한 점도 있다. 삶이 팍팍하고 버거운 사람들은 기후 위기로 몇 배나 더 힘든 삶을 살아가게 될 것이다. 기후 위기는 현존하는 불평등과 사회 모순을 더 첨예하게 악화하는 식으로 전개되고 있다.

도시 쪽방 주민, 홀몸 노인, 환기 불량 주택 거주자, 저소득층, 기초생활수급자, 에너지 빈곤층, 야외 건설·산업 노동자, 비닐하우스 이주 노동자, 노약자, 만성 질환자, 심신 쇠약자, 정신 질환자, 개도국 여성과 소녀, 상습 침수 지역과 녹지 협소 지역 주민, 재정 자립도가 낮은 지역 주민은 마치 남아공 흑인이 인종 분리 정책의 희생양이 되었던 것처럼 '기후 위기 인간 차별'의 직격탄을 맞을 것이다.

하루 종일 냉방 시설에서 냉방 시설로 이어지는 동선을 따라 살 수 있는 극소수와 다양하게 폭염에 노출될 수밖에 없는 나머지로 이루어진 새로운 기후 계급이 탄생할지도 모른다. 기후 위기를 경험하는 불평등의 정도를 따지는 '기후 지니계수' 같은 지표가 나올 날이 멀지 않았다.

'문명의 종말'이라는 표현에 주목해야 한다. 인류가 적어도 이번 세기 내에 물리적으로 종말을 맞지는 않을 것이다. 그러나 우리가 알고 있는 세상이 뒤집히는 상태, 일상적 사회 질서가 무너지고 법치의 근본이 흔들리는 '기후 아노미'가 곧 문명의 붕괴다. 현재 대학생이 쉰 살이 되기 전에 토머스 홉스(Thomas Hobbes)가 말했던 "아수라장 같은 세상"이 올 수도 있다.

기후 위기는 누구 책임인가. 여러 겹이 쌓인 구조를 살펴야 한다. 첫째 겹은 현대적 삶의 양식 자체다. 자동차를 타고 에어컨을 돌리고 육식을 하는 모든 사람에게 조금씩 책임이 있다. 그러나 이런 점만 얘기하면 서로 다른 책임의 비중이 사라진다.

둘째 겹은 산업혁명과 그것에 따라온 식민 지배다. 서구 제국들은 천연 자원과 면화와 설탕과 차와 고무를 위해 인도, 멕시코, 브라질, 앙골라, 모잠비크, 카나리아, 카보베르데, 마데이라, 서인도, 가이아나, 말라야, 인도네시아 등지의 산림과 자연을 철저히 유린했다. 비서구권의 지속 가능성을 황폐화하면서 서구로 부를 이전한 것이다.

셋째 겹은 화석 연료의 위험이 과학적으로 입증된 후에도 수십 년 동안 사실을 부정하고 왜곡하면서 수익에만 몰두해 온 엑손모빌 같은 악덕 에너지 기업이다. 석탄 산업, 발전 산업도 여기에 해당한다.

넷째 겹은 지정학적 갈등이다. 최근 발생한 브라질의 열대 우림 화재가 전형적인 사례다. 미-중 무역 갈등으로 돼지고기 최대 생산국이자 소비국인 중국의 돈육 가격이 크게 올랐다. 그런데 중국은 돼지 사료용 대두를 주로 수입한다. 브라질은 미-중 갈등을 틈타 대중국 대두 수출을 늘려 미국을 추월했다. 그 와중에 우파 정부가 아마존 우림의 방화를 방치하고 조장한 것이다. 이런 식의 국가 경쟁으로 인해 온실가스는 늘어만 간다.

이 네 겹의 밑바탕에는 국가들의 의무 불이행과 개인 차원의 심리가 깔려 있다. 2019년 9월 발표된 '기후 위기 선포를 촉구하는 지식인·연구자 선언문'에 이런 말이 나온다. "한국은 이산화탄소 배출량 세계 7위, 기후 악당 국가의 불명예를 안고 있으나 석탄 화력 발전에 대한 투자는 여전히 많고 폐쇄 계획은 더디다." 전 세계가 기후 비상사태를 선포하는데도 우리 정부의 위기감은 별로 느껴지지 않는다.

개인 차원의 심리도 인식 전환을 가로막는 장애다. 인지적으로는 심각성을 이해하지만 정서적으로는 실감하지 못해 행동 변화로 이어지지 않는다. 아직도 기후나 환경을 이상주의적 성향을 지닌 일부 녹색 '마니아'들의 전유물로 여기는 경향이 있다. 이러한 의식의 장벽을 당장 허물어야 한다.

보통 사람들은 기후 위기에 대한 경고를 아무리 들어도 그 심각성을 잘 느끼지 못한다. 하루하루 살기에 바빠 그런 문제까지 신경 쓸 겨를이 없다. 그러나 상황이 너무 심각해져서 사람들이 큰일났다고 느낄 정도가 되면 이미 때는 늦었다. 이런 상황을 기든스의 역설*이라고 한다. 지금 이 순간에도 우리는 역설적 상황을 지켜보고만 있지 않은가.

커뮤니케이션 전문가들은 기후 위기가 큰 딜레마라고 지적한다. 기후 위기의 실상을 곧이곧대로 전달하면 사람들은 포기하거나 체념하고, 동기화된 망각(motivated forgetting) 기제를 발동시켜 끔찍한 메시지를 의식에서 밀어낸다. 하지만 전기 아끼기, 승용차 덜 타기처럼 개인적인 실천 메시지만 전달하면 부담은 덜 되지만 기후 위기를 근본적으로 해결할 순 없다. 국가 정책의 변화로 이어지지 않으면 별 소용이 없기 때문이다.

자기 중심적 위험 인식도 문제다. '설마 내가 사는 동안은 괜찮겠지' 하는 식의 현재 편향과, 미래에 대한 과도한 가치 폄하도 나타난다. 인간의 인지 능력은 장기적이고 구조적인 추세를 감지하기 어렵게 진화해 왔다. 하루이틀 날씨가 좋으면 '기후 위기라 해도 별문제 없구나' 하고 걱정을 내려놓는다. 인류세를 논할 정도로 인간은 스스로 지질적 힘을 지닌 존재로 등극했지만 지질적 차원의 시간대로 사

기든스의 역설(Giddens's paradox) 영국 사회학자 앤서니 기든스가 저서 《기후 변화의 정치학》에서 지구 온난화에 따른 기후 위기를 빗대어 표현한 말이다. 기후 위기 같은 심각한 상황이 다가와도 직접 손으로 만지거나 몸으로 느낄 수 있을 만큼 와닿지 않으면 아무런 조치를 취하지 않다가, 결국 위기가 눈앞에 닥쳤을 때는 이미 손쓸 수 없는 상태라는 것이다.

고하지 못하는 한계가 인간 종 자체를 위협하고 있다.

인간의 이런 특성이 인권에도 결정적인 장애가 되었다. 눈앞의 직접적 차별에는 그렇게 감수성을 강조하면서도, 인류의 장기적 실존에 대한 감수성은 별로 이야기하지 않는다. 인권 침해의 가해자를 찾는 데엔 열심이지만 가해 원인을 찾는 데에는 별 관심이 없다.

이런 점을 고려한다면 세대 간 기후 정의를 이야기해야 한다. 피해가 가장 클 것으로 예상되는 세대, 다시 말해 가장 오래 살아갈 세대에게 정치적 발언권을 더 많이 부여해야 한다. 엉망이 된 지구를 후대에게 물려주는 기성 세대에게 일말의 양심이라도 있다면 청소년들에게 투표권을 보장하는 것이 백번 옳다. 이들이 요구하는 대로 어른들이 따라야 한다.

그 첫걸음은 '기후 위기 비상 행동'에 참여하는 것이다. 또한 지자체 행정과 모든 인권 교육에도 기후 위기를 포함해야 한다. 잘만 하면 기후 위기가 전화위복이 될지도 모른다. 인간의 종적 한계를 초월하여 역사적 축적물로, 사회적 산물로 자기 존재를 자각할 수 있는 계기가 될 수도 있다. 기존의 인권을 넘어 새로운 인권 담론이 출현할 수 있는 절호의 기회라 생각한다.

2019년 9월

인권 친화적 발전

부마민주항쟁과 10 · 26사건이 일어난 지 40여 년이 지났다. 그동안 우리 사회는 천지개벽의 변화를 겪었다. 그런데 세월이 지나도 거의 변하지 않은 점이 있다. 한국인에게 유전자처럼 박혀 있는 개발에 대한 관점이 그것이다. 어쩌면 이것이 박정희가 남긴 가장 심각한 역사적 유산인지도 모르겠다.

경제 개발과 경제 성장을 향한 극단적인 집착은 한국인 집단 무의식의 출발점이자 원형이며 자동 선택 옵션이 됐다. 분배 정의에 대한 견해가 다를지라도, 정치적 지향이 다를지라도, 사회 현안에 대한 판단이 다를지라도 개발과 성장만큼은 절대다수가 당연시하는 공통의 합의 사항이다. 거의 신앙에 가깝다. 대규모 집회에 쏟아져 나온 인파를 보고 있으면 경제 개발주의의 명암이 군중의 얼굴에 깊이 새겨져 있다는 느낌을 받는다.

우리는 너무나 오랫동안 개발 지상주의라는 주술에 씌어 살았다. 가난과 굶주림에서 벗어나기 위한 몸부림 때문이었다 해도 그 방식이 대단히 강압적이고 예외적이었으며, 예상치 못한 수많은 결과로 이어졌다. 오늘날 우리에게 닥친 정치 위기, 경제 위기, 교육 위기, 성평등 위기의 본질은 거의 대부분 경제 개발과 성장주의에서 찾을 수 있다. 이 사실을 직시하지 않는 한 그 어떤 기술적인 해결책도 소용 없는 지경에 이르렀다.

바로 이 때문에 오늘날 우리는 전문가의 처방이 아닌 평균인의 상식을 되묻고, 묻지마식 개발이 아닌 숙고한 발전권을 찾아야 하게끔 되었다. 경제 개발은 워낙 강고한 경로를 형성하면서 우리를 끌고 왔다. 그러므로 개발의 부작용을 조금이라도 줄이고 회복력을 높이기 위한 필사적인 노력 없이는 한국 사회가 내파될 수도 있음을 심각하게 고민해야 한다. 출산율 저하, 정치·경제 양극화, 사회 통합의 해체는 그런 비극의 전조라 할 것이다.

과거 제3세계에서 큰 영향을 끼쳤던 개발주의는 제1세계의 케인스주의형 복지 국가와 제2세계의 국가사회주의형 산업 국가의 장점을 취하려 했던 국민 경제 기획이었다. 한국과 일부 신흥 공업국이 채택했던 발전 국가는 제3세계 개발주의의 변형된 버전이었다. 그때의 개발주의는 성장과 근대화를 절대선으로 간주하고, 상황이 아무리 힘들어도 산업화 전략을 통해 미국과 서구의 생활 수준을 '따라잡아야' 한다는 명제에 매달렸다.

하지만 개발이 문화 파괴와 환경 훼손과 지역 공동체의 와해라는 부작용을 낳기 시작하면서 1970년대 초에 '지속 가능한 발전' 개념이 등장했다. 이때 소개된 지속 가능한 발전은 기존의 개발 관념에 대한 반대 급부의 성격이 강했다. 그 이전 세대에서 진리처럼 여겨지던 전통 개발 모델, 즉 문화와 환경의 파괴를 무릅쓰고라도 경제 개발을 포기할 순 없다는 식의 고정관념을 거부하는 사상이었다.

지속 가능한 발전 개념을 제시했던 사람들이 경제 개발과 경제 성장 자체를 거부한 것은 아니었다. 이들이 거부한 것은 경제가 인간의 삶에서 최고의 가치라고 보는 경제 환원주의, 경제 개발과 경제 성장이 가치 중립을 유지할 수 있다고 보는 실증주의적 관점, 전 세계 모든 나라가 영미식 산업화 모델을 따라야 한다고 생각하는 서구 중심주의였다. 이런 파괴적 삼각 구도가 기존 개발 패러다임의 문화적 둔감성과 환경 파괴의 주요 원천이었으므로, 이와 같은 구도를 바로잡아 '좋은 발전'을 추구하면 된다고 믿었던 것이다.

새롭게 등장한 지속 가능한 발전 개념은 인권에서 단비와 같은 지적·실천적 돌파구가 됐다. 이와 관련해서 김태균 교수는 개발학이라는 말 자체를 이제 '발전학'이라 불러야 한다고 지적한다. 이때부터 전 세계 인권 운동은 그 이전과 크게 달라진 모습을 보이기 시작했고 대안적 발전권 개념을 꾸준히 확장해 왔다. 대안적 발전권이란 무엇이며 어떤 특성을 지니는지 살펴보자.

첫째, 진정한 발전을 위해 의사 결정 과정에서 대중이 폭넓고 깊이 있게 참여할 수 있는 공간을 권리로서 부여한다. 예컨대 빈곤 문제를 해결하기 위해 경제 논리로만 접근해서는 절대로 문제가 해결되지 않는다. 그러므로 발전권은 대중의 참여 권리와 민주주의 권리와 함께 가야 한다. 이런 식의 발전권을 주도적으로 확산해 온 옥스팜*은 빈곤 퇴치를 경제적인 관점으로만 봐서는 안 된다는 점을 강조한 단체다. 여기서 이른바 '권리에 기반을 둔 접근'이라는 유명한 개념이 나왔다. 옥스팜은 빈곤을 해결하기 위해 다음과 같은 접근이 필요하

옥스팜(Oxfam) 1942년 영국에서 설립된 국제 빈민 구호 단체. 제2차 세계대전 당시 영국 옥스퍼드 시민들이 독일 나치의 해상 봉쇄 정책으로 고통받던 그리스인을 구호할 목적으로 결성되었다. 전쟁이 끝난 뒤 활동 범위를 넓혀 국제 빈곤 문제 해결과 전쟁 난민 구호에 앞장서면서 국제적인 단체로 자리 잡았다.

다고 보았다.

안전한 작업 조건, 자연 자원을 활용할 능력, 적정한 생태적 실천을 전제로 한 '생계를 누릴 권리', 깨끗한 물, 공중 위생 시설, 교육과 같은 '기본적 공공 서비스를 누릴 권리', '재해에서 안전할 권리', 공적인 논의에서 자기 목소리를 내고 의사 결정 과정에서 어떤 역할을 할 수 있도록 '경청의 대상이 될 권리', 그리고 인종, 문화, 종교, 여성, 장애 여부와 상관없이 직업과 자원과 정보에 접근할 수 있는 '평등한 존재로 대우받을 권리'가 있어야 빈곤이 근절될 수 있다고 본 것이다. 여기서 마지막 두 항목인 경청받을 권리와 평등한 대우 권리는 경제적 권리가 아니라 시민적·정치적 권리에 속한다.

둘째, 여성과 문화와 환경을 하나로 통합한 패러다임이 발전권의 기본 전제가 됐다. 빈곤, 그리고 빈곤층의 사기 저하와 생활 침체를 바로잡으면서도 진보적 젠더 관계를 옹호하고, 문화유산을 보호하며 환경을 보전해야 참된 발전으로 인정할 수 있다는 것이다. 이것을 '여성·문화·발전' 패러다임이라 한다. 이 패러다임은 빈곤 퇴치라는 목표에서 젠더 평등, 문화적 감수성, 환경 보전의 목표를 분리해서 취급할 필요가 없다고 주장한다. 또한 '좋은 개발과 성장'의 한계도 지적한다. 이런 논리를 연장하면 페미니즘이 기후 위기 대응의 선두에 서지 못할 이유가 없다.

셋째, 자유권·사회권·연대권의 구분을 넘어선 통합적 인권을 상상하기 시작했다. 다양한 개별 권리도 결국은 다음과 같은 '인권 꾸러미'에 속하는 방식으로 재구성되어야 한다고 보기 시작한 것이다. 즉, 기본 욕구를 충족하고 공중 보건과 양호한 의료를 제공해 건강하게 오래 살 수 있도록 해주는 권리 꾸러미, 권력과 고정관념의 부당한 간섭 없이 자신의 재능과 생각과 정체성을 꽃피울 수 있게 해주는 권리 꾸러미, 전쟁, 내전, 범죄, 인종 차별, 계급 차별, 성차별, 동성애 혐오, 외국인 혐오와 관련한 구조적 폭력 없이 살 수 있게 해주는 권리 꾸러미가 있어야 한다고 본다.

새로운 발전권이 우리에게 주는 울림은 크다. 기존의 경제 개발과 성장 논리로는 절대로 풀리지 않는 고질적 문제를 해결할 단초를 제공한다. 생활고를 비관한 가족의 극단적 선택, 탈북민의 아사, 심각한 노인 빈곤 문제를 보라. 이런 사람들에게 굴욕감 없이 자신을 표현할 수 있는 발언권과, 여성주의 시각으로 문화와 환경을 지킬 권리와, 살면서 필요한 다면적 욕구를 꾸러미 형태로 제공받을 수 있는 권리를 보장해주었어야 했다. 신자유주의에서는 자본 이동과 자유 무역과 소비지상주의가 곧 발전을 뜻했다. 하지만 우리는 그것이 어떤 결과로 이어졌는지 잘 안다. 이제 21세기형 발전권을 다시 불러올 때다.

2019년 10월

지구화 시대의 바이러스

한국인들이 먼 나라 이스라엘에서 문전박대를 당했다. 다이아몬드 프린세스호는 요코하마에 묶이기 전인 2019년 12월부터 일본, 대만, 부산, 홍콩, 베트남, 싱가포르 등지를 순회했다. 중국의 생산 라인이 멈추는 바람에 애플사와 한국의 자동차, 관광, 유학 교육이 큰 낭패를 겪었다.

코로나19는 아시아, 러시아, 북미, 오스트레일리아, 중동, 북아프리카, 유럽까지 전 세계 각국으로 확산되었다. 지구화의 빛과 그늘 중에서 그늘 부분을 극적으로 보여준 사례가 이번 사태다. 이제 세상 사람들은 모든 것을 서로에게 의존하는 처지가 되었다. 이 땅에서 기르고 만들 수 있는 것조차 수만 킬로미터 바깥에서 굳이 생태 발자국*을 찍으며 들여온다. 무역과 사람의 이동이 전대미문의 수준이다.

생태 발자국 자원을 재생산하거나 이산화탄소처럼 인간의 활동 과정에서 나온 배출물을 흡수하기 위해 필요한 생태 용량. 1996년 지역 사회 연구자 마티스 웨커네이걸과 생태학자 윌리엄 리스가 제시한 개념이다. 인간이 지구에서 살아가는 데 필요한 의식주를 제공하기 위해 드는 비용을 농경지, 산림, 목초지, 어장의 면적으로 환산한다. 예를 들어 선진국일수록 면적이 넓어지는데, 지구에 사는 모든 사람이 한국인처럼 살려면 지구 2.08개가 필요하다.

오늘의 젊은 세대는 믿기 어렵겠지만 한때 반신자유주의, 반지구화 운동이 국내외 사회 운동의 선두주자였던 시절이 있었다. 지구화를 어쩔 수 없는 대세처럼 받아들이는 분위기가 널리 퍼진 것이 10여 년 된 것 같다. 하지만 이번 전염병은 모든 것이 연결되는 지구화가 내적으로는 종이로 쌓은 집처럼 취약하다는 점을 보여주었다. 돈과 사람만 세계로 통하는 것이 아니라 바이러스와 재난까지도 세계가 하나로 통하고 있다는 사실을 절실히 체감한다.

2020년 2월 '에너지와 청정 공기 연구 센터(CREA)'에서 최근 중국의 온실가스 배출치를 추산해서 발표했다. 코로나19 사태로 생산 부문의 에너지 수요, 교통 운송 이용률, 건설업 활동이 모두 감소했다. 2020년 초의 2주 동안 온실가스 배출이 전년 같은 기간 대비 약 25퍼센트나 줄어든 것으로 나타났다. 중국이 얼마나 많이 세계의 공장 역할을 맡고 있었는지, 그리고 미국과 유럽연합(EU)을 비롯하여 얼마나 많은 나라가 온실가스 배출을 중국으로 '외주'하고 있었는지가 만천하에 드러났다.

이런 현상은 남반구에서 아주 흔하게 벌어지고 있다. 그곳에서 쏟아져 들어오는 저가 의류의 홍수 뒤에는 개발도상국 민중의 피착취와 고통이 있으며, 환경 오염과 지속 불가능성이 도사리고 있다. 이 모든 것을 엮는 거대한 인과의 그물망을 읽으면서 이번 사태를 '맥락화'하는 시각이 필요하다. 우리는 이제 기온 상승과 사람과 물건과 바이러스의 교환으로 하나가 된 세상에 살고 있기 때문이다.

'전지구적바이러스네트워크(Global Virus Network)'라는 연구 단체가 있다. 전 세계 29개국 48개 연구소의 바이러스 전문 학자들이 활동하는 모임이다. 2019년 연례 총회에서 이들은 다음과 같은 결론을 내렸다. 해마다 새로운 바이러스 약 서너 개가 발견되는데 이들 바이러스 대다수가 동물에게서 인간에게 직접 전염되거나 모기나 진드기 같은 매개체를 통해 전염된다고 한다. 그런데 세계적으로 인구가 늘어나고 초대형 밀집 도시들이 많아지면서 바이러스 전파 양상이 대단히 빨리 변하고 있다는 것이다.

또한 이런 경향을 부추기는 배경에는 무역과 여행의 지구화, 그리고 기후 변화가 도사리고 있다고 했다. 전지구적바이러스네트워크는 "지구화와 기후 변화는 바이러스의 여권"이라는 표현을 쓴다. 기후 위기가 진행되는 한 앞으로 신종 바이러스는 계속 등장과 재등장을 반복할 것이라는 지적도 덧붙였다.

더 나아가 전지구적바이러스네트워크는 이제 인간의 건강과 동물의 건강과 생태계의 건강을 따로 떼어 생각할 수 없는 시대가 되었다고 경고한다. 이들은 공중 보건 전문가, 동물 보건 전문가, 식물 전문가, 생태 전문가들이 힘을 합쳐 지구 행성에 사는 생명 전체의 연계성 속에서 인간 건강을 바라보는 '하나의 건강(One Health)'을 지향하자고 호소한다.

사람–동물–생태계를 하나로 엮어 다층적이고 포괄적인 접근법으로 건강을 추구하자는 주장은 세계보건기구를 포함한 주요 기관에서 이미 논의하고 있는 것이다. 그러나 그 주장을 명백히 지구화– 기후 변화와 연결한 발상은 주목할 만하다. 우리에게 더 넓은 맥락에서 사태를 볼 수 있게 해준다. 잊을 만하면 터져 나오는 대형 감염 질환 사태가 앞으로 '뉴 노멀(New Normal)'이 될 가능성이 높기 때문이다.

세계적 규모로 역병이 자주 창궐하면 인간의 생명권과 건강권에 치명적인 타격을 주고, 경제사회적 토대를 뒤흔든다. 만일 앞으로도 계속 그렇게 된다면 우리는 발본적 차원의 성찰에 나서야 마땅하다. 알다시피 생명권과 건강권은 국가가 가용 자원을 최대한 동원하여 반드시 지켜야 할 핵심적 인권이자 국가의 존립 근거가 되는 의무이기도 하다.

그런데 그런 핵심 인권이 더 자주, 더 심각하게 위협받는다면 국가의 대응 방식도 혁명적으로 달라져야 한다. 의료 전달 체계와 역학 지원 시스템을 지구화와 기후 변화의 조건에 맞춰 완전히 새롭게 재구성해야 한다. 종합병원의 겉보기 시설이 마치 호텔같이 번쩍거린들 기본적 보건 인프라가 허술하면 무슨 소용이 있는가. 의료 민영화다, 의료 관광이다 운운하면서 돈벌이 타령만 했지 보건 의료의 참된 목적 따위를 깊이 고민해보았던가.

몇 년 전 전국 주요 대학들의 학교 소개 안내 책자를 비교해볼 기회가 있었다. 지구화, 세계화, 글로벌화, 국제화라는 모토가 등장하지 않는 학교가 거의 없었다. 대학의 국제 교류는 학문의 상호 자극을 위해 적극 권장할 일이다. 그런데 그런 용어를 사용하는 톤이 대단히 구호성을 띠고 시류에 편승하는 것 같았고, 한마디로 들떠 있다는 느낌을 받았다. 이번 바이러스 사태를 겪으며 그때 기억이 떠오른 이유는 한국의 지구화 담론이 그것의 빛과 그림자를 감당할 만한 토대와 준비 없이 허술하고 성급하게 추진되었던 게 아닌가 하는 반성 때문이다.

기후 변화도 마찬가지다. 바이러스 사태와 기후 변화를 연결할 줄 아는 생태적 상상력이 인권을 위해서도 필수적이다. 석탄, 석유를 펑펑 때며 사는 한, 감염병에서 안전할 조건의 창은 그만큼 닫히게 된다. 그렇게 된다면 사람들의 생명권과 건강권은 계속 나빠질 것이다.

여러 번 강조했지만 20세기적 시각과 안목, 전통적인 인권관으로는 앞으로 인권을 증진하기는커녕 최소한의 기본권조차 방어하지 못할 것임을 기억해야 한다. 나무만 보지 말고 숲을 봐야 한다.

이번 바이러스 사태가 심각하긴 해도 머지않아 정점을 찍고 안정화되면 얼마나 좋겠는가. 지금 당장은 경황이 없지만 사태가 진정된 뒤에는 장기적 안목으로 지구화의 결함, 특히 '의료 자원의 집중과 건강 불평등과 기후 위기'가 생명권과 건강권에 미치는 악영향에 대처할 방도를 찾아보면 좋겠다. 각 정당이 앞으로도 벌어질 바이러스 사태에 어떤 견해를 지니고 있는지 따져보는 것도 민주 시민의 자세일 것이다.

2020년 2월

젠더로 읽는 건강과 질병

코로나19 사태로 많은 나라에서 급한 불을 끄느라 정신이 없다. 미디어 보도 역시 눈앞의 사건 진행에 압도적으로 초점을 맞추고 있다. 그런 와중에도 젠더적 관점에 주의를 환기하는 목소리가 국제 인권 운동과 보건계에서 나오기 시작했다. 무척 중요한데도 그동안 너무 경시되어 온 시각이다.

젠더에 관한 지적이 전혀 없었던 것은 아니다. 간호사, 간호조무사, 요양사, 간병인, 콜센터 근무자 중 여성이 많은 사실은 누구나 알고 있다. 비정규직, 비공식 부문의 여성들은 경제가 멈추면 당장 막막해진다. 개학이 늦춰지면서 어린이 양육을 많이 책임지는 어머니들의 고충에 대해서도 논의가 있었다.

하지만 이번 사태를 젠더 시각에서 체계적이고 분석적으로 다룬 논의는 드물다. 건강과 질병의 문제가 성별에 따라 차등적으로 발현된다는 사실은 기본에 속한다. 아주 분명하고 큰 차이가 난다. 몇 해 전 서아프리카에서 에볼라 사태가 발생했을 때의 일이다. 유독 여성의 감염률이 높았다. 단순히 생물학적으로는 설명이 되지 않았다. 결국 사회문화적 젠더의 차이가 삶과 죽음을 가를 정도의 요인이었음이 밝혀졌다. 아픈 환자를 돌보는 사람들 중 여성이 월등히 많았기 때문이다.

보건 의료 현장 종사자 중에도 여성이 압도적으로 많았다. 자신에게 영향을 끼칠 중요한 정책 결정에 목소리를 낼 수도 없었다. 게다가 역병으로 세상이 흉흉해지고 경제 조건이 나빠지면서 가정 폭력이 늘었다. 재난 후 가족 내에서 성별에 근거한 폭력이 늘어나는 것은 세계 공통의 현상이다.

감염병이 도는 화급한 상황이라 해도 단순히 남녀 환자의 숫자만 확인해서는 안 된다. 질병에는 1차 효과가 있고, 2차 효과도 있다. 1차 효과는 바이러스가 직접적으로 악영향을 주는 것이다. 감염자나 사망자 숫자에서 남녀 차이를 따지는 방식이다. 이런 정보는 쉽게 조사가 가능하다. 그러나 젠더에 관한 한 간접적인 2차 효과도 중요하다. 보건 의료 노동력의 젠더화된 성격을 따져보면 이 점이 잘 드러난다.

세계적으로 보건 의료 분야에는 다른 산업 분야보다 여성이 훨씬 더 많다. 종사자의 70퍼센트 이상이 여성이다. 바이러스 사태의 한복판에 있었던 중국 후베이성의 경우 여성 종사자 비율이 무려 90퍼센트라고 한다. 우리는 전염병의 최일선에서 자기 목숨을 걸고 직무를 수행하는 여성 보건 의료 종사자들에게 큰 빚을 지고 있음을 인정해야 한다.

한국, 중국, 홍콩, 이탈리아처럼 학교가 문을 닫은 나라에서는 여성의 자녀 양육 부담 때문에 이미 경제적 여파가 커졌고, 고용과 사회적 기회의 불평등한 상실이 나타났다. 필리핀, 인도네시아, 홍콩, 싱가포르 등지의 동남아시아에 많이 있는 지역 내 여성 이주 노동자들이 코로나 사태로 해고, 송금 중단, 출입국 제한, 가족 부양 문제를 겪으며 아주 딱한 상태에 놓였다.

의료와 직접 관련이 있는 격리 조치 시에도 남녀 차이를 고려한 접근이 이루어졌는지 젠더 시각으로 봐야 한다. 여성의 특징을 고려한 환경과 서비스, 안전 조치가 제공되었는지 살펴야 하는 것이다. 평소에 공공 의료를 줄였던 나라에서는 이번처럼 비상사태가 발생하면 다른 쪽에서 병상, 의료진, 의료 자원을 끌어올 수밖에 없다. 그럴 때 여성들의 일상적인 의료 욕구가 침해받으면서 젠더적 인권 침해가 발생할 개연성이 높아진다. 2015년 시에라리온에서 모성 보호용 의료 자원을 에볼라 대책으로 전용하는 바람에 산모 사망, 사산, 영아 사망 등 3,600명의 추가 사망이 발생한 적도 있었다.

젠더적 시각이 부족한 데다 보건 의료계에서 여성 리더가 아직도 소수이기 때문에 문제가 잘 안 풀리기도 한다. 최근 '글로벌헬스 50/50'이라는 단체의 조사에 따르면 세계 보건 의료 관련 기관의 대표급에서 남성이 70퍼센트를 차지한다고 한다. 이런 추세를 적극적으로 시정하지 않으면 몇십 년이 지나도 현실은 변하지 않을 것이다.

여성은 사회적으로 돌봄 역할을 많이 수행하기 때문에 지역 사회의 전염병 상황을 누구보다 더 빨리 포착할 수 있는 위치에 있다. 환자 발생이나 미묘한 변화의 조짐을 가장 먼저 알아차리는 사람은 전문가들이 아니라 지역 사회의 일반 여성 시민들이다. 이렇게 본다면 젠더적 접근을 적극적으로 추진하는 것은 인구 집단 모두에게 득이 되는 현명한 방법이라 할 수 있다.

사실 코로나 사태가 아니었더라면 지금쯤 여성, 여성 건강에 관한 이슈가 국내외에서 큰 화두가 되어 있었을 것이다. 2020년은 지속 가능 발전 목표를 시작한 지 5년, '유엔여성기구(UN Women)'를 창설한 지 10년, 유엔 안전보장이사회에서 여성·평화·안보에 관한 획기적인 결의안이 나온 지 20년, 베이징 세계여성대회 선언이 나온 지 25년이 되는 해다. 특히 '베이징 선언' 이후 젠더 불평등이 여성 건강에 미치는 영향이 아주 많이 밝혀졌으므로 그간의 성과 위에서 새로운 모색을 할 때가 되었다.

여성 건강의 젠더적 분석 방법을 간단히 설명하면 다음과 같다. 건강, 여성 인권, 젠더 평등, 젠더 규범성, 젠더 편견, 여성 리더십의 차원을 따져보면서 젠더적 요소가 계급, 빈곤, 인종, 민족, 성적 지향 같은 구조화된 사회 불평등 현실과 어떻게 교차하고 변형되고 심화되는가를 분석하는 것이다.

말이 나온 김에 한국의 여성 건강에 대해 조금 알아보자. 2003년 보건복지부에서 한국 여성의 건강 통계를 처음으로 발표한 적이 있다. 2016년 질병관리본부에서 여성 건강 통계집 〈수치로 보는 여성 건강〉을 펴내면서 기본 실태가 알려졌다. 여성 노인 중 빈곤한 사람이 거의 절반이라는 놀라운 사실도 그때 밝혀졌다.

19살에서 64살 사이 성인 여성 중 교육 수준이 낮은 사람의 자가 평가 건강 수준이 아주 낮았고, 65살 이상 여성도 마찬가지였다. 65살 이상 여성으로서 교육 수준이 낮으면 활동 제한율이 매우 높게 나왔다. 여성의 교육 수준이 중요한 변수로 확인된 것이다. 65살 이상 여성의 고혈압과 당뇨 유병률도 남성보다 높게 나왔다.

여성을 대상으로 한 전체 범죄 중 성폭력과 폭행이 계속 증가하는 추세를 보인 것은 사회적으로 특히 경계해야 할 부분이다. 여성의 불안 장애와 우울증도 높게 나왔다. 우울의 이유로 35살 미만은 취업과 육아를 들었고, 35~64살은 직무 스트레스와 신체 기능 변화를 들었으며, 65살 이상은 신체 기능 약화와 사회경제적 불안을 꼽았다. 거의 모두 사회적 불평등과 연결되는 문제다.

여성 건강권 활동가들은 모든 보건 의료 이슈에 젠더적 분석을 기본값으로 적용하라고 요구한다. 지금이라도 코로나19 대처에서 젠더적 접근에 나서야 한다. 빠를수록 모든 사람이 혜택을 볼 것이다.

2020년 3월

국경 안보에서 인간 안보로

문재인 대통령은 취임 3주년을 맞아 중요한 발언을 했다. '인간 안보'로 한반도를 둘러싼 내외의 도전을 풀어보자는 제안이었다. "오늘날 안보는 전통적인 군사 안보에서 인간 안보로 확장돼 모든 국가가 연대와 협력으로 힘을 모아야 대처할 수 있다."고 전제하면서 "남과 북도 인간 안보에 협력해 하나의 생명 공동체가 되고 평화 공동체로 나아가길 희망한다."고 했다. 인간 안보를 바탕으로 한 남북 협력 사례로 코로나19, 말라리아, 아프리카돼지열병 공동 방역을 꼽았다고 한다.

인간 안보는 새로운 사상이 아니지만 한반도의 맥락에서, 그것도 바이러스 사태의 와중에 제안되었다는 점에서 주목할 만하다. 판문점 선언 두 돌을 맞았을 때도 문 대통령은 "남북은 생명 공동체"이며 코로나19 위기가 남북 협력의 새로운 기회가 될 수 있다고 지적했다.

그때도 코로나에 대한 공동 대처 협력에서 시작하여 "가축 전염병, 접경 지역 재해 재난, 기후 환경 변화에 공동 대응하여 생명의 한반도를 위한 남북 교류와 협력이 이루어지기를 바란다."고 강조했다. 환경, 보건, 재난 극복을 통해 살아 있는 모든 사람의 안전이 보장되는 공동체를 지향하자는 메시지의 일관된 흐름이 분명히 느껴진다. 환경 연구자 황준서는 비슷한 맥락에서 '환경-평화-안보 삼중 연계'로 한반도의 평화 정착을 꾀할 수 있다고 제안한 적도 있다.

'인간 안보'는 유엔개발계획(UNDP)의 〈인간개발보고서 1994〉에서 처음 선보인 개념이다. 보고서는 그때까지 통용되어 온 안보 개념을 뒤집어 전 세계에 큰 지적 충격을 주었다. 무력으로 국토를 지킨다는 전통적 안보 개념을 넘어서, 발전으로 인간을 지킨다는 새로운 안보 개념을 제시했기 때문이다.

인간 안보는 기아 · 질병 · 탄압 같은 만성적 위협에서 보호받아야 한다는 측면뿐 아니라, 가정 · 직장 · 사회에서 발생하는 급작스러운 위협에서 안전해야 한다는 측면을 두루 지닌다. 구체적으로 인간 안보는 일곱 가지 요소로 구성된다. 경제 안보, 식량 안보, 건강 안보, 환경 안보, 개인 안전(고문 · 전쟁 · 탄압 · 범죄 · 젠더 폭력 · 아동 학대 등), 공동체 차원의 안전, 정치 안보.

〈인간개발보고서 1994〉의 저자들은 인간 안보가 다음과 같은 특징을 지닌다고 설명한다. 첫째, 전 세계의 모든 사람이 공통으로 인간 안보에 관심을 둔다. 둘째, 인간 안보의 모든 요소는 서로 의존한다. 셋째, 인간 안보는 사후 대책보다 사전 예방으로 잘 보장될 수 있다. 넷째, 인간 안보는 "사회 속에서 숨 쉬고 살아가는" 보통 사람들을 중심에 놓고 생각한다.

보고서는 인간 안보를 실행하기 위해 새로운 제안을 많이 내놓았던 것으로도 유명하다. 유엔 경제안전보장이사회 신설, 세계사회발전 정상회의 개최, 요즘 토마 피케티가 주장하는 전 지구적 과세와 비슷한 아이디어도 제안되었다. 세계사회헌장의 초안도 나왔는데,

유명한 문구가 들어 있다. "사람들이 가정에서, 직장에서, 지역 사회에서, 환경 내에서 안전하지 않으면 유엔헌장의 어떤 조항도 안보를 보장할 수 없다."

사람 친화적, 일자리 친화적, 자연 친화적인 지속 가능한 인간 발전이라는 사상은 당시에는 일종의 글로벌 뉴딜이었다. 전 세계 모든 나라에서 1년에 3퍼센트씩 군사비를 줄여 인류가 '평화 배당금'의 혜택을 누리게 하자는 아이디어도 이때 나왔다.

〈한겨레〉 김정수 선임기자가 지적한 대로 대통령이 인간 안보의 사례에 환경을 포함한 점을 기후 변화와 연결하여 정책으로 구체화하는 일도 중요하다. 코로나 대응으로 국제적 신망이 높아진 한국이 기후 대응에서도 모범을 보이고 그것을 한반도에서 구체적인 실천으로 이어 가면, 국제 협력 선도국 역할은 떼어놓은 당상이라 할 수 있다. 한 세대 동안 쌓아도 이루기 힘든 외교적 성과를 단번에 올릴 수 있는 절호의 기회다. 담대한 상상력과 정치적 의지가 지금처럼 필요한 적도 없다.

기후 위기 상황은 인간 안보에 직접적인 영향을 끼친다. 기후 위기가 심해질수록 인간 안보는 악화할 수밖에 없다. '기후 변화에 관한 정부 간 협의체'(IPCC, Intergovernmental Panel on Climate Change)도 이 점을 '확실한 증거, 그리고 높은 합의 수준'에서 인정하고 있다. 기후 위기는 인간의 생계를 위협하고, 지역 공동체의 문화와 정체성을 잠식하며, 사람들을 원치 않은 이주에 나서도록 강제하고, 국가가 인간 안보를 보장할 수 있는 역량을 약화한다.

'기후 변화에 관한 정부 간 협의체'는 기존의 인간 안보론을 계승하면서도 기후 위기와 관련하여 인간 안보를 "인간 삶에 반드시 필요한 핵심 요소가 보호될 때, 그리고 사람들이 존엄을 갖추고 살 수 있는 자유와 역량이 있을 때 형성되는 조건"이라고 재정의한다. 인간 삶에 반드시 필요한 핵심 요소는 "사람들이 자신에게 도움이 되는 방향으로 행동하는 데 필요한, 보편적이면서도 문화적으로 특정한 물질적-비물질적 요소"를 말한다.

기후 위기 시대의 인간 안보는 특히 빈곤이나 여러 종류의 차별, 극단적 자연 재해와 장기적 환경 악화로 위협받는다. 기후 위기가 국제 분쟁과 갈등을 부추긴다는 사실은 이제 누구나 아는 상식이 되었다. 이런 입장을 뒤집어 기후 변화를 자연 재해로만 인식하지 말고 더욱 폭넓은 이슈로 틀을 만들 때 사람들 사이의 평화적 공존과 화해를 증진하는 계기가 될 수 있다.

그렇다면 인간 안보는 인권과 어떤 관계를 이루는가? 인권을 달성하는 방법론에 따라 인간 안보와 인권은 벌어지기도 하고 하나로 수렴될 수도 있다. 크게 보아 인권을 달성하는 방식은 '기준 이행 접근 방식'과 '조건 형성 접근 방식'으로 나눌 수 있다.

우선, 기준 이행 접근 방식은 전통적인 주류 인권 담론이다. 일정한 개별 권리를 확정해놓고 그것을 모든 사람에게 최저 기준으로서 보편적·법적으로 인정해주는 방식이다. 그러나 여러 이유에서 인권 책무를 완벽하게 준수하지 않거나 못하는 나라가 많다. 인간이 아닌 존재에 대한 침해 문제는 전통적 인권 담론에서 아직까지 잘 다루지 못하고 있다. 따라서 기준 이행 접근 방식에 의한 인권은 인간 안보 개념과 꼭 맞아떨어지지 않는다.

반면 조건 형성 접근 방식은 권리를 보장할 수 있는 여건과 환경을 중시한다. 사회과학적으로 인권을 파악하는 관점이다. 조건 형성 접근 방식은 개별 권리 침해의 법적 해결을 넘어, 인권이 실현될 확률적 개연성을 높이는 요소를 찾으려 한다. 이것은 인간의 기본 이익을 수호할 수 있는 정치적·사회문화적·경제적 요소를 강조하는 인간 안보 개념에 가깝다. 기후 위기 시대에 전통적 기준 이행 접근만으로는 부족하고 조건 형성 접근까지도 통합한, '인간 안보 친화적 인권 담론'이 요구되는 이유가 바로 여기에 있다.

2020년 5월

/

3장

더 깊은
인권 감수성이 필요하다

표현의 자유와 표현의 한계

프랑스에서 일어난 샤를리 에브도 사건*으로 표현의 자유가 큰 이슈로 떠올랐다. 그 후에도 한국에서 일베, 대북 전단, 대통령 비판 전단까지 논쟁이 끊이지 않았다. 표현의 자유가 무엇이기에 이토록 문제가 되는가. 표현의 자유는 사상의 자유, 말할 자유, 언론의 자유, 집회의 자유, 예술의 자유를 모두 연결하는 넓은 권리다. 누구라도 마음속에선 자유로울 수 있다. 독재자 앞에서도 생각은 마음대로 할 수 있으니 말이다. 생각의 자유가 사회 공동체에서 의미를 지니려면 자기 생각을 말이나 행동으로 표현할 수 있어야 한다. 그것들 전체를 아우르는 것이 표현의 자유이다. 이처럼 중요한 표현의 자유를 인권의 관점에서 정리해보자.

표현의 자유가 늘 논란이 되는 이유는 그것이 인권 중에서도 성격이 특이하기 때문이다. 표현의 자유는 이중 구조로 이루어져 있다.

샤를리 에브도 사건 2015년 1월 7일 이슬람 창시자를 조롱하는 풍자 만화를 게재한 주간지 〈샤를리 에브도〉 사무실에 이슬람 극단주의자들이 침입하여 총기를 난사한 테러를 가리킨다. 이후 "나는 샤를리다."라는 슬로건을 내세워 표현의 자유를 내세운 쪽과 종교를 모욕하는 자유까지는 허용할 수 없다고 주장한 "나는 샤를리가 아니다." 쪽 간 논쟁이 치열하게 전개되었다.

형식적·절차적 차원과 내용에 대한 평가의 차원이 서로 연결되어 있으면서도 구분된다. 고전적인 표현의 자유는 이 둘을 엄격하게 구분한다. 어떤 표현의 내용에 대한 가치 판단은 얼마든지 다르게 내릴 수 있지만, 그것과 무관하게 형식적 차원의 자유는 옹호하자는 것이다. "당신 말에 찬성하지 않지만, 당신이 그렇게 말할 권리를 위해 싸우겠다."라고 흔히 인용되는 볼테르의 말은 정확히 이 지점을 겨냥한다. 이런 특성이 표현의 자유와 여타 인권을 가르는 중요한 차이점이다.

또한 표현의 자유는 평상시에는 별로 거론되지 않다가 논란의 여지가 있는 말과 행동이 나왔을 때에 갑자기 주목받는 경향이 있다. 이것을 뒤집으면 표현의 자유는 애당초 현상 유지나 사회 통념에 도전하는 '튀는' 언어와 행동을 보호하기 위해 생겼다는 뜻이다. 일상적이고 순응적이고 무난한 행동거지는 표현의 자유가 있든 없든 별 문제 없이 넘어갈 터이니 말이다. 따라서 비판적이고 파격적이고 도발적이고 과격하다는 이유를 들어 표현의 자유를 제한하자는 주장은 모순 어법에 빠지기 쉽다. 그렇다고 표현의 자유를 무제한 보장할 수도 없다.

자유로운 표현을 할 수 있다는 것과 하면 할수록 좋다는 것은 다른 차원의 문제다. 예를 들어 고문받지 않을 권리는 고문을 하지 않으면 않을수록 좋다. 하지만 표현의 자유는 자기 생각을 표현할 수 있는 자유를 '보장'하자는 것이지, 모든 표현의 자유를 무조건 '권장' 한다는 말이 아니다. 후자의 입장을 취하는 자유지상주의자들도 있다. 이들은 타인을 불쾌하게 할 자유, 심지어 타인에게서 불쾌함을 당할 자유(freedom to be offended)까지 요구한다. 하지만 이런 입장이 바람직하거나 가능한지를 따져봐야 한다. 예컨대 테러 후 복간된 〈샤를리 에브도〉 표지에 피 흘리고 죽은 동료들을 풍자하는 그림을 실을 수 있었을까. 아무리 〈샤를리 에브도〉의 기자들이라도 그렇게까지는 못했을 것이다. 표현의 자유가 있다고 해서 갈 데까지 가는 것이 다 좋은 건 아니고, 그렇게 하기도 어렵다.

표현의 자유가 극히 소중한 권리이긴 하나 몇 가지 조심해야 할 점이 있다. 첫째, 표현의 자유는 외견상 '보편적' 권리처럼 보이지만 사실은 특정한 맥락과 배경에 많이 의존한다. 예를 들어 프랑스인은 수백 년 동안 표현의 자유를 당연시하는 독특한 전통을 발전시켰다. 짓궂고 당돌하고 신성 모독적인 조롱, 즉 '구아유(gouaille)'를 잘 받아넘겨야 세련된 사람으로 대접받는다. 하지만 자기들끼리 통하는 전통이 다른 문화권의 역사적 경험과 감성에까지 통한다는 보장은 없다. 빈부 격차가 심하거나 사회 통합에 문제가 있거나 차별받는 소수 집단이 존재하는 곳에선 표현의 자유가 심각한 역효과를 낼 수 있다. 동서독 통합 후 동독인을 촌뜨기처럼 우스개로 삼은 코미디 프로가 나오곤 했다. 이런 식의 표현의 자유가 당사자에게 어떤 영향을 끼쳤을지 충분히 짐작할 수 있다.

둘째, 표현의 자유 논리에는 자체 모순이 있다. 내용과 상관없이 사람들의 주장을 보호한다고 할 때, 표현의 자유 원칙을 반대하는 주장까지 보호해주어야 하는가. 네오나치처럼 표현의 자유를 내세워 증오를 퍼붓는 집단에는 어떻게 대처해야 옳은가. 이것은 자유주의의 전형적인 딜레마이다. 이 때문에 표현의 자유는 철저하게 일관성을 지키기 어렵고, 이중적이라거나 위선적이라는 비판 앞에 취약하다.

셋째, 내용상의 가치 판단과 형식상의 자유 보장을 완전히 분리하기가 어렵다. 볼테르를 온전히 따르려면 일베의 행동이 아무리 못마땅해도 내 목숨까지 걸고 보호해주어야 옳다. 그런데 성인군자가 아닌 이상 그렇게 실천하기는 솔직히 어렵지 않겠는가. 아마 이때 보통 시민이 할 수 있는 최대치는 함부로 법적 처벌의 칼을 휘두르지는 말자고 하는 정도일 것이다. 또한 표현 자유에 관한 한, 진보-보수의 진영 논리로 접근할 때 양쪽 모두 자가당착에 빠지기 쉽다. 표현의 자유는 이념적 가치 판단을 적용하기에 적합한 개념이 아니다. 어떤 언행의 내용적 가치는 그것이 인간의 일반적 자유, 공익, 민주주의 원칙, 헌법 가치, 예술의 내적 요구에 부합하느냐 아니면 무모하고 우둔하고 사려가 부족한 아집이냐라는 기준에 따라 판단할 수밖에 없다.

물론 조롱과 풍자를 포함한 표현의 자유를 최대한 누려야 하는 이유가 분명히 있다. 가장 큰 이유는 권력 없는 사람들이 권력에 대항할 수 있는 몇 안 되는 무기이기 때문이다. 또한 권리가 아무리 주어져도 사용하지 않으면 녹슬기 쉽다. 표현의 자유는 꾸준히 사용해야 하고 사람들이 그것에 익숙해져야 한다. 표현의 자유가 갈등만 일으키는 것은 아니다. 오히려 평화를 보장하는 수단이기도 하다. 갈등이 있을 때 상대의 신체에 직접 해를 입히지 않고, 말과 비폭력 행동으로만 비판하기 때문이다. 데카르트가 말한 심신 이원론의 전통을 따르는 것이다.

표현의 자유를 포함한 모든 인권은 '좋은 삶'을 누리기 위해 최소한의 안전장치를 두려는 목적으로 만들어졌다. 그런 취지에서 생긴 인권이 분란의 원천이 되는 상황은 역설적이다. 그렇다면 표현의 자유는 어느 선에서 제한되어야 하는가. 우선 표현의 자유가 민주주의를 위한 백신 주사의 항체—그 자체로는 좀 심하다 싶어도 결국 건강을 돕는—라는 기본을 반드시 기억해야 한다. 그 바탕 위에서 타인의 자유를 침해하거나 해를 끼치면서까지 표현의 자유를 행사하면 안 된다는 원칙을 지켜야 한다. '세계인권선언'의 마지막 조항은 어떤 국가, 집단, 개인도 타인의 권리와 자유를 파괴할 권리가 없다고 강조한다. 그런데 표현의 자유를 제한할 때에도 시민의 공적 이성으로 통제할 수 있으면 제일 좋다. 강제 조치는 말 그대로 최후의 수단이 되어야 한다.

지식인, 여론 주도층, 언론이라면, 아니 그 누구라도 표현의 자유 논쟁에 뛰어들 때엔 첫마디, 첫 줄에서부터 밝혀야 할 점이 있다. 자신의 주장이 어떤 사안의 내용에 대한 규범적 비판인지, 아니면 규범적 비판에 더해 제도적 금지, 검열, 법적 제재와 처벌까지 하자는 주장인지를 정직하게 선언해야 한다. 이 둘을 두루뭉술하게 얼버무리면서 온갖 교묘한 언설로 비난을 퍼부은 다음, 사법 당국의 결정을 기다려보자고 뒤에 숨는 것은 지적 비겁함이자 정치적 교활함의 극치라 할 만하다. 헌법상의 자유민주주의자를 판별할 때에도 위의 선언을 리트머스 테스트처럼 활용하면 좋겠다.

그런데 최근 들어 혐오와 증오를 일삼는 극단적인 사람들이 많아지면서 그로 인한 피해가 너무 커졌다. 용인할 수 있는 수준을 넘은 폭력과 광기의 언동은 표현의 자유로 받아줄 수 없을 지경에 이른 것 같다. 이것이 내가 차별금지법 제정을 지지하는 이유다. 이것과 관련하여 미국 심리학자 고든 올포트가 쓴 《편견》을 추천한다. 물론 차별금지법이 만병통치약이라고 생각하지는 않는다. 법이 생기더라도 신중하고 조심스럽게 잘 운용해야 한다. 역사적으로 형성된 표현의 자유 원칙을 기억하면서 차별금지법을 논의하면 좋겠다.

비유로써 결론을 내리자. 표현의 자유는 민주 체제에서 100퍼센트 보장하는 것을 원칙으로 하되 그것의 실천은 시민들의 건전한 양식으로 조절되는 것이 좋다. 그래도 논란이 되는 10퍼센트는 여론과 논쟁의 용광로에서 치열하게 부딪쳐야 한다. 이 논쟁의 수준이 높을수록 민주주의의 자양분이 된다. 그래도 안 되면 그중 1퍼센트 정도가 법정으로까지 갈 수도 있다. 하지만 그중에서도 0.1퍼센트 미만이 사법 심사의 대상이 되어야 한다. 이 순서가 바뀌면 표현의 자유와 민주주의가 모두 위협받는다. 결국 문제는 사람이다. 표현의 자유를 전적으로 옹호하면서도 자기 절제가 가능한 수준 높은 시민이 있어야 표현의 자유가 바벨탑의 비극으로 전락하지 않을 수 있다.

2015년 3월

'세계인권선언'의 빛과 그늘

"국제연합 따위는 없다. 유엔 본부 열 개 층이 없어진들 눈곱만큼도 문제가 없을 것이다." 백악관 전 국가안보보좌관 존 볼턴의 말이다. "운명 공동체인 인류가 오늘의 난국을 헤쳐 가려면 유엔을 통해 단결하는 길밖에 없다." 유엔 전 사무총장 코피 아난의 말이다. 어느 쪽이 옳은가. 유엔이 창설된 지 70여 년이 흘렀다. 현대 인권이 어떻게 진화했는지, 어떤 성과와 한계가 있는지 알고 싶으면 유엔의 역사를 돌아보는 게 제일 빠르다. 인권에 관해 제2차 세계대전 뒤 형성된 거대한 전 지구적 지식-실행 체계의 큰 부분이 유엔의 지붕 아래에서 만들어졌다. 유엔의 모든 문헌 중 가장 유명한 '세계인권선언'부터 국제 인권법 체계, 인권 기준 설정과 프로그램까지 일일이 열거하기도 어려울 정도다.

1945년에 발표된 '유엔헌장'은 인권이라는 용어를 본격적으로 사용한 최초의 국제 조약이었다. 전문 첫 단락에서부터 "기본적 인권, 인간의 존엄과 가치, 남녀와 대소 각국의 평등권에 대한 신념"이라고 선언하면서, 헌장 전체를 통틀어 인권을 일곱 번이나 반복한다. 헌장을 만든 사람들이 특별히 인권 친화적이던 것은 아니다. 샌프란시스코회의에 참석한 미국 대표단의 버지니아 길더슬리브라는 여성 위원이 강하게 주장하여 관철한 것이다. 그 후에도 유엔 인권 기준이 발전하는 데 여성들의 역할이 컸다는 사실은 오늘날 우리에게 주는 의미가 크다. 그런데 인권이 이렇게 중요하게 취급되자 각국 정부가 심하게 반발하면서 '인권 대 주권' 논쟁이 벌어졌다. 헌장 2조 7항에 내정 불간섭 원칙을 넣기로 하여 겨우 마무리되었다. "이 헌장의 어떤 규정도 본질상 어떤 국가의 국내 관할권 내의 사항에 간섭할 권한을 국제연합에 부여하지 않는다." 처음부터 모순된 상황이 발생한 것이다.

하지만 지난 70여 년간 이 조항만큼 '상징적'으로 무효화돼 온 조항도 드물다. 현재 '국제인권규약' 중 이주노동자협약을 제외하고 여타 주요 조약에 가입해 비준한 나라가 거의 90퍼센트에 이른다. 각조약의 이행감시위원회는 가맹국 정부가 의무적으로 제출한 보고서를 심의한다. 개인 청원 제도를 둔 조약일 경우 시민이 자국 정부를 유엔에 제소할 수 있다. 유엔인권이사회는 모든 나라를 대상으로 삼아 정례 인권 검토를 실시한다. 유엔특별보고관이 현지 조사를 벌일수 있고, 유엔총회가 직접 인권 문제를 감독하거나 결의안과 보고서를 채택한다. 심각한 상황에서는 안전보장이사회의 개입과 제재도 가능하다. 겉으로만 보면 이제 193개 유엔 회원국이 소인국 릴리퍼트에서 온몸이 묶인 걸리버 같은 신세가 된 듯하다. 여성 권리와 젠더 평등이 이 정도나마 진전한 것은 유엔의 공이 크다. 종전 뒤 신생국의 자결권 확보 과정에서도 유엔은 큰 기여를 했다. 처음 51개국으로 시작하여 거의 네 배 가까이 회원국이 늘어난 사실이 이를 방증한다.

그러나 성공담은 전체 그림의 절반에 불과하다. 유엔 덕분에 인권 유린의 주범인 전쟁과 내전이 줄었다고 자신 있게 말하기 어렵다. 유엔 창설 이후 전 세계에서 크고 작은 전쟁이 250번쯤 발생해 5천만 명 이상이 죽었다. 냉전 당시 유엔의 중요 행위자이던 미국과 소련이 후원한 지역적 무력 갈등이 얼마나 많았는가. 헌장의 주요 목표인 집단 안보 체제는 아직도 희망사항에 불과하다. 콩고, 캄보디아, 옛 유고, 르완다, 리비아, 시리아에서 벌어진 제노사이드와 대량학살에서 유엔은 대체로 무기력했다. 국제형사재판소에 큰 기대를 건 사람들에게 아직까지 무릎을 치게 만드는 성과도 나오지 않았다.

오늘날 인권 보호의 백미로 꼽히는 국제 인권법 시스템은 어떤가. 과거 국제 인권 운동은 각국이 '국제인권규약'에 가입할수록, 그리고 국가들을 국제법 메커니즘에 묶어 둘수록 인권이 더 잘 개선될 것이라고 가정했다. 인권 운동에서 '국제인권규약' 비준 캠페인은 핵심적인 활동이었다. 그러나 국제 인권법이 구체적으로 얼마나 인권을 개선했는지를 놓고 격론이 벌어지고 있다. 인권 조약 가입과 실질적 준수 사이에 상관 관계나 인과 관계가 성립하는지에 관해 방대한 실증적 연구가 쌓였다. '없는 것보다는 낫지만, 기대한 수준에는 못 미친다'는 잠정적 결론이 내려졌다. 역설적이긴 하나 국제 인권법이 발전할수록 인권 개선의 구체적인 효과보다 인권의 규범적인 영향이 더 커지는 것 같다. 인권 문제를 법과 제도로 해결하려는 노력도 계속해야겠지만, 그에 앞서 인권의 바탕을 이루는 정치, 경제, 이념, 사회 구조, 대중 심리, 국제 관계, 민주주의 수준 같은 '펀더멘털 (fundamental)'이 훨씬 중요하다는 교훈을 얻을 수 있다.

전통적으로 인권 사안은 유엔총회와 경제사회이사회*의 소관으로 여겨졌다. 과거 유엔인권위원회는 경제사회이사회에 속해 있었고, 현재 유엔인권이사회는 유엔총회 직속이다. 인권최고대표는 사무총장에게 보고하는 자리다. 그러나 냉전 종식 후 인권, 안전 보장, 평화 구축의 문제가 서로 톱니바퀴처럼 물려 있음이 드러나면서 안전보장이사회가 인권에 큰 영향을 끼치게 되었다. 특히 제노사이드, 내전, 학살 같은 사건은 안전보장이사회가 결정하여 기본 뼈대가 정해지기 마련이다. 유감스럽게도 안전보장이사회 상임이사국들이 대규모 인권 침해 사태 때 강대국으로서 리더십을 제대로 발휘한 경우가 드물다. 전 세계 인구의 23퍼센트도 안 되는 5개국이 정략적 이유로 거부권을 휘두르며 인류 평화를 좌우하는 희비극이 벌어지고 있는 것이다. 현재 진행형인 시리아 사태도 이런 연장선상에서 이해할 수 있다. 안전보장이사회 개혁은 인권에서도 아주 중요한 문제가 되었다.

한국이 1991년에야 유엔에 가입한 것이 우리 사회의 국제관과 인권 담론에 끼친 영향이 적지 않다. 지난 70여 년간 신생 개도국을 포함한 국제 사회가 유엔 내에서 보편 인권을 확장해 온 과정에 뒤늦게 참여한 까닭에 우리의 국제 인권 인식은 얕고 옅다. 예를 들어 1976년 '국제인권규약'이 발효되었을 때 유엔 가입 국가가 147개였다. 규약 1조를 보라. "모든 인민은 자결권을 지닌다. 이 권리에 기초하여 모든 인민은 그들의 정치적 지위를 자유로이 결정하고, 또한 그들의 경제적·사회적·문화적 발전을 자유로이 추구한다." 거의 모든 나

경제사회이사회(ECOSOC, Economic and Social Council) 국제적인 경제 협력과 인류 전반의 생활 수준을 향상시키고 인권에 관한 문제를 다루기 위해 1945년에 설립된 유엔총회 보조 기구. 경제, 사회, 문화, 교육, 건강과 관련한 연구를 보고하고 유엔 전문 기구에 경제적·사회적 활동을 권고하는 역할을 맡는다.

라가 탈식민적이고 수평적인 유엔식 인권 담론을 상식으로 수용하고 있을 때 우리는 그것을 생경한 해외 뉴스로만 전해 들었다. 분단 문제를 고민하면서도 그것을 한반도의 특수 상황이나 미-소 대결의 지정학적 차원에서 파악했지, 국제 사회의 전반적 인권 흐름의 차원에서 논의할 기회를 거의 얻지 못한 것이다. 한국인들이 미국 중심의 세계관과 국제 감각을 지니게 된 것, 그리고 한반도의 표준시와 세계사의 표준시가 크게 어긋나게 된 이유가 여럿 있겠지만, 유엔 인권 경험이 일천하다는 것도 하나의 원인이 아닐까 한다.

유엔과 인권을 논할 때 자주 등장하는 이슈가 있다. 유엔의 인권 담론이 일반 대중과 동떨어진 전문가들의 전유물이 되었다는 비판이다. 이것은 모든 전문 지식 체계에 일반적으로 적용할 수 있는 비판이긴 하나, 인권처럼 개개인의 실존에 즉각 영향을 끼칠 수 있는 경우엔 치명적인 결함이 될 수 있다. "유엔 창설 뒤 오랜 세월이 흘렀지만, 인권은 유엔 안에서 자기만의 갇힌 세계를 구축한 것처럼 보인다. 인권은 자체적인 기준, 제도, 메커니즘을 갖춘 시스템, 전 세계 모든 인간의 일상적 삶과 내재적으로 연결되지 못한 자기만의 시스템이 되어버렸다." 네덜란드의 국제법학자 하이 포르트만의 솔직한 고백이다. 인권의 전문적 체계와 언어, 그리고 풀뿌리 현장의 대중을 연결할 수 있는 문화적·운동적 매개가 절실하게 요구된다.

콩고 내전을 해결하려다 비행기 사고로 타계한 유엔 초대 사무총장 다그 함마르셸드가 한 말이 있다. "유엔은 인류를 천국에 데려가기 위해서가 아니라, 지옥에서 구하기 위해 만들어졌다." 유엔이 탄생할 무렵 지구 성층권에는 두 달 전 히로시마와 나가사키에 투하된 핵폭탄의 방사능 낙진이 여전히 떠돌고 있었다. 그 뒤 지금까지 제3

차 세계대전이 일어나지 않았고 핵전쟁도 없었다는 점으로만 본다면 인류가 지옥에 빠진 것 같진 같다. 그러나 유엔을 통한 인권 달성의 꿈은 여전히 미완의 과제로 남아 있다. 외견상 근사한 국제적 얼개의 내용을 채우는 일, 그것은 지금 여기에서 우리 힘으로 이룰 수밖에 없다.

2015년 10월

책임 떠넘기기와 인권 유린

《제국의 위안부》라는 책을 둘러싸고 논란이 가중되고 있다. 명예 훼손 혐의로 고소당한 저자에게 검찰이 불구속 기소를 내렸다. 한일 양국에서 다양한 대응이 나왔다. 한국 쪽의 반응은 크게 두 가지였다. 양쪽 다 학문과 표현의 자유를 법으로 다스리는 데 반대했다. 타당한 입장이다. 한쪽에서는 내용상 동의 못할 부분이 있다 하더라도 학문과 표현의 자유가 원론적으로 중요하다는 데 초점을 두는 것 같다. 다른 쪽에서는 이 논쟁이 형식적 자유의 옹호에만 그쳐서는 안된다고 본다. 사안이 너무 무겁고 그 함의가 너무 크기 때문이다. 이 책은 일본군 위안부 문제의 궁극적 책임이 일본 '국가'가 아니라 '업자'들에게 있다는 전제에서 출발한다. 한마디로 우려되는 시각이다. 기본에 속하는 문제가 왜 계속 논란이 되는지 인권을 공부하는 사람으로서 이해하기 어렵다. 인권 유린이 발생하는 메커니즘을 설명하는 이론 중 '위임과 책임 회피'설이 있다. 역사가 아주 오랜 학설이다.

1170년 잉글랜드에서 있었던 사건이다. 국왕 헨리 2세는 자신의 즉위를 도운 성직자들을 파문한 캔터베리 대주교 토머스 베켓(Thomas Becket)에게 엄청난 적개심을 품었다. 왕은 신하들 앞에서

펄펄 뛰며 소리쳤다. 여러 일화가 전해지지만 다음이 제일 유력하다. "일개 미천한 성직자에게서 주군이 능멸당하도록 내버려 둔 형편없는 태만자들과 반역자들을 왕실이 키운 꼴이로다!" 이 말을 거사 명령으로 알아들은 기사 네 명이 캔터베리 대성당으로 쳐들어가 제대 앞에서 대주교를 살해하기에 이르렀다. 두개골을 부술 정도로 유혈이 낭자한 백주의 테러였다. 이 소식을 접한 헨리 2세의 반응이 흥미롭다. 그는 "오호통재라……" 하며 탄식하고 자신의 발언이 '뜻하지 않게' 대주교의 피살로 이어졌다고 자책한다. 보속의 표시로 거적을 뒤집어쓰고 머리에 재를 얹고 사흘간 식음을 전폐했다. 교황이 사건 주범들을 처벌하는 데에도 동의했다고 전해진다. 하지만 역사가들은 헨리 2세의 진의에 의심의 시선을 보낸다. 자신은 화만 냈는데 아랫사람들이 '오버'해서 저지른 잘못이므로, 슬프긴 하나 전혀 의도하지 않은 결과였다고 하는 건 가소로운 책임 회피에 가깝다고 보기 때문이다.

역사적 사실을 논할 때 문제의 핵심을 부분적 '사실'로 비틀어버리는 시도는 자주 있었다. 아프리카인을 끌고 갔던 대서양 노예 무역에서 현지 부족장과 중개상의 역할이 결정적이었으므로 백인 무역상들만 전적으로 비판할 순 없고, 노예 무역의 책임은 백인과 아프리카인이 나누어 져야 한다는 식의 주장을 보라. 나무를 정밀 묘사함으로써 숲의 전체 모습을 바꿔치기하는 교묘한 상징이다. 20세기로 와보자. 홀로코스트를 부정하는 사람들은 흔히 히틀러가 직접 서명한 명령 문서가 발견되지 않았다는 이유를 든다. 그러면서 홀로코스트가 나치의 청사진을 바탕으로 한 행위가 아니었고, 상황에 따른 임기응변식 대응에 불과했으며, 히틀러에게 직접 책임을 물을 수도 없으므로 홀로코스트는 비극이긴 하나 의도적으로 자행된 반인도적 범죄로 볼 순 없다고 말한다. 이런 궤변을 두고 역사학이 마련해 둔 격언이 있다. "증거의 부재는 부재의 증거가 아니다."

국가의 인권 탄압을 연구할 때 흔히 국가를 최종 의사 결정자이자 실행자로 전제하곤 한다. 그러나 국가는 심대한 인권 유린을 저지를 때 스스로 궁극적인 행위 주체가 아닌 것처럼 변신하는 경우가 있다. 1982년부터 2007년 사이 전 세계적으로 관변 비공식 민병대가 자행한 인권 유린을 조사한 연구가 있다. 국가가 비공식 민병대에 인권 유린을 '위임'하는 정황을 파헤친 것이다. 정치·행정·경영 영역에서 과업을 위임하는 경우가 흔히 있다. 상관이 과업에 구체적 지식이 없거나 시간과 여력이 없을 때 그 시행을 부하에게 맡기는 행위다. 그런데 과업을 위임할 때 나타나는 문제가 있다. 하나는 정보의 비대칭성이다. 부하가 특정 과업과 관련해 상관이 알지 못하는 구체적이고 상세한 정보를 알고 있을 때 정보의 비대칭 현상이 일어나 상관이 업무 내용을 완전히 파악하기 어려워진다. 다른 하나는 상관과 부하의 목표 상이성이다. 과업을 위임받은 부하가 상관의 원래 뜻과는 다른 목표를 따를 때 나타나는 문제다. 따라서 전통적 위임 이론에서는 과업을 부하에게 위임할 때 상관이 부하를 신뢰할 수 없거나 통제하기 어려운 경우가 발생할 수 있다고 경고한다.

그러나 인권 유린에서는 과업 위임의 문제점이 180도 뒤집어진다. 비공식 민병대에 인권 유린이라는 과업을 위임할 경우 과업 위임의 결함이 오히려 장점이 되어버린다. "지시자는 악명 높은 폭력배를 의도적으로 끌어들인 후, 그들에 대한 통제권을 잃는 것이 아니라 고의적으로 통제권을 포기해버린다. …… 그리고 지시자는 이행자의 은

밀한 행동에서 전략적 이득을 취하면서도 그들과 거리를 둘 수 있다." 이것을 인권학에서는 지시자-이행자의 문제라고 한다.

인권 유린의 과업 위임에서 나타나는 특징을 짚어보자. ①모호하지만 함축성과 방향성이 있는 지시. 흔히 우국지정과 현 상황의 개탄으로 이루어진다. "저 자들이 참으로 문제야. 이대로 가면 우리 민족의 앞날이 어떻게 될지 참으로 걱정이로다." ②지시를 내리는 쪽의 구체적 과업 내용에 대한 의도적 불인지와 무지. 이때 정보의 비대칭성이 편리한 자산으로 둔갑한다. "알고 싶지 않고 알 필요도 없으니 마음대로 하라. 보고도 하지 마라." ③지시 내용에 관한 이행자의 편의적인 해석. "분명 제거하라는 말씀이군. 수단과 방법을 가리지 않고 우리 마음대로 하면 되겠네." ④확실한 결과의 도출. 공식 지휘체계를 따르지 않은 인권 유린 위임일수록 자의적이고 무제한적이고 최소한의 절차도 갖추지 않은 참혹한 결과를 낳기 쉽다.

위임된 인권 유린은 공식 채널에서도 나타나곤 한다. 어쨌든 위임된 인권 유린이 발생하면 지시자는 반대파를 탄압할 수 있으므로 권력을 유지할 수 있고, 권력에 따르는 모든 혜택을 누리면서도 그 과정에서 일어나는 폭력에 책임을 지지 않아도 된다. 국내적·국제적 비난과 제재를 피할 수도 있다. 인권 유린을 직접 자행하는 국가로 낙인찍히는 것보다 차라리 무능한 국가로 눈총 받는 편이 유리하기 때문이다. 이렇게 해야 나중에 책임을 추궁당할 때 '금시초문'이라고 발뺌할 수 있는 여지가 생긴다. 그럴듯한 부인 가능성(plausible deniability)은 부하나 비공식 주체가 일으킨 인권 유린에 대해 지시자가 책임을 부정할 수 있는 핵심 기제가 된다. 과거 공안당국이나 정보기관이 자행했던 '꼬리 자르기'가 좋은 보기다.

인권 유린의 과업 위임은 우리에게 여러 함의를 제공한다. 첫째, '의도성'의 신화다. 인권 유린에 의도성이 있었는지를 따지는 것 자체는 의미가 없다. 뚜렷한 규범적 기준이나 의지가 애초 없었을 경우, 사람마다 인권 탄압을 둘러싼 사실을 전혀 다르게 인식하곤 한다. 가치관에 따라 사실 자체가 다르게 구성되기 쉽다는 말이다.

둘째, '부인'하는 기제가 매우 중층적이다. 최근 중요하게 다루어지는 인권의 사회심리적 연구에 따르면 부인은 사건 후에 그것을 부정하는 거짓말만 가리키지 않는다. 인권 유린자는 사건을 저지르기 전부터 그 의미를 스스로 비틀고 부인해놓고 행동에 착수하기 쉽다. 이때 사후 부인은 사전 부인의 자연스럽고 논리적인 귀결이다. 이런 사실은 인권학자 스탠리 코언의 《잔인한 국가 외면하는 대중》에 잘 나와 있다.

셋째, 비가시적인 사실이 오히려 더 중요할 때가 많다. 상식, 직관, 양지(良知)로 파악할 수 있는 통찰의 가치를 평가 절하하는 사회일수록 문명의 외양을 띤 비문명 사회에 불과하다.

넷째, 과업이 위임되어 발생한 인권 유린을 철저히 법적·기술적으로만 접근할 때 역설적으로 인권 유린의 최종 책임자에게 면죄부를 줄 가능성이 커진다. 애초 법률적으로 책임 소재를 밝히지 못하게 할 목적으로 고안된 장치이기 때문이다.

결론을 내자. 인권은 사실 관계를 넘어선 어떤 전일적 조건의 충족을 요한다. 역사 의식 공유, 교육, 정치력, 시민 사회의 압력이 정답에 가깝다.

2015년 12월

《유토피아》를 인권으로 읽으면

서양 고전 목록에 빠지지 않고 등장하는 토머스 모어(Thomas More)의 《유토피아》(1516년)가 나온 지 500여 년이 흘렀다. 여러 매체에서 《유토피아》를 언급했고 세계 각지에서 학술 대회와 포럼이 열렸다. 책 제목인 고유명사 '유토피아'는 이상향을 가리키는 일반명사가 되었다. 이참에 인권과 유토피아의 관계를 짚어보면 좋을 것 같다. 중요한 주제인데 의외로 연구가 드물다. 우선 《유토피아》에 나오는 인권 현실을 정리해보자. 모어가 묘사한 이 신기한 나라는 오늘날 인권 기준으로 평가하더라도 괜찮아 보이는 구석이 적지 않다.

유토피아에 사는 사람들은 완전 고용 상태에서 하루 6시간만 일하면 된다. 그러고도 물자가 남아돈다. 학자에겐 일반 노동이 면제되지만 연구 노동에 전념해야 한다는 조건이 붙는다. 사람들 사이에 출생 신분이나 가문에 따른 차별적 지위 관념이 거의 없다. '헬조선'에서 '흙수저'를 한탄해야 하는 우리에게는 귀가 솔깃해지는 땅이다. 모든 이에게 고른 수준의 의식주가 보장되고 평등한 무상 의료가 제공된다. 한마디로 생계에 대한 근심 걱정을 잊고 살 수 있는 나라다. 어린이의 양육과 보육까지 사회가 책임지니 대한민국보다 선진적인 누리 과정을 제공한다. 노인을 공경하는 풍토가 지나치다 싶을 정도로 깍듯한 것도 이곳의 특징이다. 종교의 자유, 선교의 자유처럼 수준 높은 관용의 신앙관이 통용된다. 사람들은 합리적이어서 일종의 자연법적 사고가 사회 전체의 통념처럼 깔려 있다. 이웃나라와 달리 동물을 잡아 제사에 바치지 않으니 동물 복지도 실천하고 있다고 할 수 있다. 모어로 모든 분야의 학문 활동이 가능하니 이 또한 여러모로 부러운 지적 · 문화적 환경이라 할 만하다.

그러나 이토록 풍족하고 여유 있어 보이는 사회의 이면에는 인권 기준에 미치지 못하는, 아니 인권과 정반대되는 현실이 병존하고 있어 긍정적인 관찰자를 당황하게 만든다. 사람들 사이의 상하 관계가 확실하고 권위주의적 사회 분위기가 짙게 깔려 있다. 아내는 남편에게, 아이는 부모에게, 연소자는 연장자에게 무조건 복종해야 한다. 심지어 아내는 남편에게 매달 자기 죄를 고백해야 한다. 거주와 이동의 자유도 엄격히 제한된다. 허가증 없이 여행하다 적발되면 중벌을 받는다. 사유재산은 일절 허용되지 않으며 모든 물품과 주택을 공유한다. 개인의 프라이버시는 전혀 존재하지 않는다. 술집도 없고, 남들 눈에 띄지 않게 숨을 곳도 없으며, 남녀 간에 밀회할 장소는 더욱 없다.

성에 대해 이상할 정도로 결벽증적인 규율을 강요한다. 혼전 섹스를 하다 적발되면 평생 독신의 처벌을 받는다. 간통하다 잡히면 패가망신을 각오해야 하고, 두 번째로 걸리면 바로 사형이다! 노예제가 있는 것도 유토피아의 치명적인 반인권 현실이다. 전쟁 포로와 국내 범죄자는 노예나 백정이 되어 인간 이하의 지위로 강등된다. 노예들이 봉기를 일으키면 무조건 사형에 처한다. 만일 다른 나라에 농사

짓지 않고 내버려 둔 유휴지가 있으면 전쟁을 선포해서 그 땅을 차지할 권리가 있다고 믿는다. 전형적인 제국주의의 침략 논리다. 사법 체계가 극히 허술하며 범죄 형량이 정해져 있지 않다. 법률가도 따로 없다. 한마디로 법적 주장을 할 수 있는 권리 체계가 존재하지 않는다.

극단적으로 대조되는 이 두 현실은 우리에게 골치 아픈 해석의 문제를 제기한다. 앞에서 봤던 목가적이고 유족한 삶과, 뒤에서 본 억압적인 통제가 어떻게 같은 사회 내에 공존할 수 있단 말인가. 이 질문에 답하려면 《유토피아》를 필두로 하여 유토피아 사상이 잇따라 출현했던 시대 배경을 이해해야 한다. 중세 봉건 시대는 한마디로 총체적인 신분 사회였다. 종교, 정치, 경제, 문화, 법, 가문이 큰 덩어리처럼 얽힌 상태에서 피라미드식 서열 구조가 자리 잡고 있었다. 이런 전근대 체제를 허물기 위해 두 가지 조류가 발생했다. 하나는 자연권 사상에 근거하여 개인의 이성과 자율성을 강조하는 흐름이다. 모든 개인 한 사람 한 사람이 독자적인 소우주를 이루고, 이 개인들은 어떤 이유로도 침해받지 않는 주관적 기본권을 지닌 실체로 인정되었다. 이들은 각자 자기 삶의 자율성과 권리를 지키기 위해 서로 합의하여 국가 공동체를 구성한다. 즉, 개인의 이익을 지키기 위한 방편으로 국가를 수립하는 것이다. 이것이 근대적 계약론의 핵심이다.

근대적 계약론에서 개인은 수단이 아닌 목적 그 자체로 격상된다. 국가와 정치의 목적 달성도 일단 개인 권리가 존중되는 바탕 위에서만 논할 수 있다. 여기서 모든 개인은 서로 평등한 상태에서 자기만의 고유한 이성적 판단을 한다. 그러므로 정치에서 고정되고 선험적인 정답을 가정할 수 없다. 그 누구도 사회의 선익을 두고 최종적 해답을 주장할 수 없다. 따라서 다양한 이성적 판단이 서로 경쟁하면서 잠정적 진리를 찾아갈 수밖에 없다. 미리 정해진 답이 없는 상태에서 경쟁하면 누가 더 나은 논증과 설득력을 제시하는지만이 궁극적인 판단 기준이 된다. 이것이 인권에 근거한 주권 재민 민주주의의 기본 원칙이다. 이런 원칙을 따르다 보면 결과적으로 유토피아 사회와 비슷한 정책이 나올 수도 있다. 하지만 미리 설계되어 있는 청사진으로서 유토피아를 전제하지는 않는다. 그런 접근은 선후가 뒤바뀐 것이다.

전근대 체제를 해체하기 위한 두 번째 조류는 유토피아 사상이었다. 유토피아 사상이 인권과 같은 점은 세속적 이성의 보편타당성을 인정한다는 점이다. 그러나 유토피아 사상은 개인화된 계약론적 사고를 거부한다. 전근대를 벗어난 세속적 정신을 추구하되, 정치체 전체의 집합적 이성을 통해 집단 차원에서 공생하는 것이 최선의 사회적 이상이라고 믿는다. 따라서 유토피아에서는 개인 차원의 이성적 판단을 놓고 서로 경쟁하지 않는다. 전체 사회를 위한 최선의 복리가 이미 주어져 있기 때문이다.

개인의 욕구와 전 사회의 욕구가 같다고 가정하기 때문에 개인 권리, 개인 욕구, 개별 이익은 부차적인 것이며 언젠가 극복되고 소멸되어야 할 어떤 것이다. 유토피아에서 프라이버시가 무시되는 이유도 개별성에 큰 의미를 두지 않기 때문이다. 또한 개인 이익이 크게 문제되지 않기에 개인 사이의 갈등을 중재하기 위해 복잡한 법 체계를 굳이 고안할 필요가 없다.

집단적 이성에 반하는 개인 행위는 바람직하지 않은 것으로 거부된다. 따라서 개인의 개별성과 자율성은 그가 집단적 이성에 승복하는 한도 내에서만 존중된다. 시민적 자유가 사라진 곳에는 비판적 사유의 샘물이 말라버린다. 이런 풍토에서는 소수의 새로운 통찰이나 번득이는 혁신 아이디어가 나올 수 없다. 그리고 유토피아적 사회에서는 개별적 욕구를 감안하지 않고 집단 차원의 진리만 강조하므로 체제 붕괴 위험이 커진다. 국가와 일반 시민 사이의 진정한 결속력이 없기 때문이다. 그것이 극적으로 나타난 경우가 사회주의권의 몰락이었다고 할 수 있다.

그런데 최근 들어 또 다른 국면이 등장했다. 개별 인권 보호와 민주주의 실천만으로 풀 수 없는 구조적 차원의 문제가 발생했다고 지적하는 논자가 많아졌다. 전 지구적 불평등과 생태계 악화가 그것이다. 개인 이익에만 맡겼을 때 인류의 공공재인 환경이 더 나빠질 가능성이 높고, 선진국 시민의 민주적 결정에만 의존할 때 남반구 발전 문제가 유야무야될 소지가 크기 때문이다. 흥미롭게도《유토피아》에서는 2년간 비축분을 제외한 잉여 물자를 외국에 수출하는데 그중 7분의 1을 수입국의 빈민에게 무상으로 분배한다. 유토피아의 '외국 원조' 정책은 21세기에 전 지구적 차원의 집단 이성을 실천하는 데 필요한 영감을 준다. 잘 알다시피 환경이나 발전은 3세대 인권에 속하지 않는가. 지난 500여 년간 긴장 관계를 유지해 온 유토피아 사상과 인권이 21세기 들어 화해의 전기를 마련한 것 같다. 유토피아의 꿈이 돌고 돌아 드디어 인권과 가까워졌다고나 할까.

2016년 2월

국제 인권법의 탄생

지난 1월 방한했던 유엔 인권 특별보고관 마이나 키아이는 한국에서 평화적 집회와 결사의 자유가 지난 수년 동안 계속 후퇴했다고 지적했다. 경찰은 의견 차이가 있다고 하면서도 유엔 기준에 맞추겠다고 했다. 백남기 농민에게 공식사과도 하지 않은 경찰이 왜 유엔 기준에는 립서비스라도 했을까. 유엔 기준은 유엔에서 만들어진 국제인권법과 국제 관습 규범을 합한 인권준칙 전체를 가리킨다. 오늘날 국제 인권법은 전 세계에서 인권 담론의 교과서로 간주된다. 국제인권법의 원조인 '국제인권규약'이 제정된 지 50여 년이 지났다.

국제 인권법의 발전사를 분석하면 현대 인권 담론의 특징과 한계가 드러난다. 제2차 세계대전이 끝날 무렵 '유엔헌장'을 제정하는 과정에서 인권은 뜨거운 감자였다. 미국, 소련, 중국, 영국은 인권을 언급하는 데 소극적이었고 남미 국가들, 서구 몇 나라, 인도 대표, 엔지오들은 헌장에 권리장전을 넣자고 주장했다. 결국 헌장에 인권이라는 말을 넣었지만 일반적인 의미로만 사용되었다. 인권으로 국가 주권에 반하는 행동을 해서는 안 된다는 반대 조항을 넣었을 정도였다.

유엔총회는 1946년 6월 경제사회이사회 내에 유엔인권위원회를 설치하기로 결정한다. 인권위원회의 가장 중요한 임무는 '국제인권장전'을 만드는 일이었다. 여기서 또 의견이 갈렸다. 미국, 소련, 중국, 유고슬라비아는 구속력 없는 선언을 선호한 반면, 오스트레일리아, 인도, 영국은 구속력 있는 협정을 원했다. 결국 먼저 선언을 끝낸 후 이어서 협정을 제정하자는 칠레, 이집트, 프랑스, 우루과이의 중재가 성공했다. 1948년 12월 10일 '세계인권선언'이 채택된 바로 그날 유엔총회는 인권위원회에 즉시 구속력 있는 인권법을 만들라고 촉구했다. 유엔총회는 1950년에 시민적·정치적 권리와 경제적·사회적·문화적 권리가 서로 연결되고 의존한다는 결의안 421호를 발표하기도 했다.

그런데 국제 인권법에서 두 종류의 인권을 분리해야 한다는 소리가 나오기 시작했다. 냉전의 이념 대결에다 한국전쟁까지 겹쳐 그 주장이 힘을 얻었다. 두 권리의 성격이 다르므로 접근 방식도 달라야 한다는 현실적 고려도 작용했다. 당시만 해도 시민적·정치적 권리는 국가의 개입 자제와 사법부의 결정으로 보장될 수 있는 소극적 인권이고, 경제적·사회적 권리는 국가의 개입과 정책적 판단으로 보장될 수 있는 적극적 인권이라는 식의 단순 논리가 통용되었다. 유엔총회는 1952년 규약을 둘로 나눈다는 결의안 543호를 내놓았다. 이렇게 분리된 규약의 초안이 1954년 발표되었지만 그것을 심의하는 데 또 기나긴 시간이 걸려 유엔은 1966년에야 비로소 두 규약을 채택할 수 있었다. 그 후 각 규약당 35개국에 비준서가 기탁되는 데 또 십 년이 흘러 두 규약은 1976년에야 정식으로 발효되었다. 그해 유엔은 사상 최초로 다자간 조약에 따라 만들어진 인권법이라고 대대적인 홍보를 했다. 권리가 두 종류로 나뉜 배경은 마크 프레초의《인권사회학의 도전》에 잘 나와 있다.

'국제인권규약'의 중요 쟁점들을 살펴보자. 첫째, 두 규약의 1조는 공통적으로 "모든 인민의 자결권"을 다룬다. 세계 모든 인민은 정치적 지위를 자유로이 결정할 권리가 있고, 그 권리에 기반을 두고 "경제적·사회적·문화적 발전을 자유로이 추구한다."는 내용이다. 이 조항은 규약 제정 당시 탈식민주의 시대 정신의 표현이었다. 그러나 초국적 자본이 국가의 경제 발전과 사회·문화 정책을 좌우하는 21세기에 경제 지구화는 그 자체로 반인권적이라는 결론이 나온다.

둘째, 자유권규약의 '이탈 금지' 조항은 국민의 생명을 위협하는 공공의 비상사태가 오더라도 절대 침해될 수 없는 권리를 열거한다. 생명권, 고문이나 노예 제도 금지, 법인격 인정, 사상·양심·종교의 자유, 소급 처벌 금지가 그것이다. 또한 국가가 시민의 생명권을 보장해야 한다고 한 6조의 범위는 어디까지인가. 자유권위원회는 이 조항을 국가가 핵전쟁과 제노사이드 같은 대규모 폭력 사태로부터 시민의 생명을 지켜줄 의무가 있다고 이 조항을 해석한다. '세계인권선언' 17조의 재산 소유권은 자유권규약에서 제외되었다.

셋째, 사회권규약은 특정한 경제 체제를 전제하지 않는다. 시장 경제, 국가 통제 경제, 자본주의, 사회주의를 불문하고 인간의 본질적인 욕구를 채워주어야 한다는 뜻이다. 그리고 "이 규약에서 인정된 권리의 완전한 실현을 '점진적으로' 달성하기 위하여"라는 2조의 해석도 문제가 있다. 이 부분은 경제적·사회적 권리를 한번에 달성하긴 어려우므로 형편을 봐 가며 조금씩 늘리자는 식의 뉘앙스가 풍기는 번역이다. 이렇게 되면 반(反)복지 정책에 면죄부를 주는 셈이다.

외교부의 공식 번역본도 이런 잘못을 되풀이하고 있다. 그러나 사회권위원회의 유권 해석에 따르면 'progressively'라는 말에는 국가가 국민의 최소한의 기본 욕구를 채워주어야 하고, 그런 조처가 후퇴하지 않고 계속 앞으로 나아가야 한다는 뜻이 담겨 있다. 즉 '전향적·지속적으로'가 정확한 해석이다.

'세계인권선언'과 '국제인권규약' 2개(그리고 선택의정서)를 합친 3대 문헌을 '국제인권장전'이라 부른다. 유엔인권소위원회 데이비드 와이즈브로트는 '국제인권장전'이 "유엔 가입 국가가 반드시 준수해야 할, 인권 의무에 관한 가장 권위 있고 포괄적인 문헌"이라고 강조한다. 음악에 비유하자면 '유엔헌장'은 공연장, '세계인권선언'은 작곡가, '국제인권규약'은 연주자라 할 수 있을 것이다.

'국제인권규약'은 어떤 의의를 지니는가. 먼저 과거의 국제법이 국가의, 국가에 의한, 국가를 위한 국가 간의 약속이었다면 '국제인권규약'은 각국의 민초가 자신의 국가와 국제 사회에 자기 권리를 요구할 수 있도록 보장한 파격적인 국제법이다. 전통적인 시각에서 보면 말 그대로 '국가가 뒤집힐' 정도의 사건인 셈이다. 그 다음으로 인권을 국제 차원에서 제도화했다는 점이다. '국제인권규약' 이전에는 인권 운동이 천부인권이나 '세계인권선언'의 도덕적 호소력에 의존하는 데 그쳤다. 그러나 '국제인권규약'이 나오면서 국가를 상대로 하여 법적 책무를 공식적으로 요구하는 것이 가능해졌다.

마지막으로 '국제인권규약'은 국제 인권법 체제의 모태이자 이후 등장한 여러 국제 인권법의 모델이 되었다. 예를 들어 여성차별철폐협약(1979년), 고문방지협약(1984년), 아동권리협약(1989년), 이주노동자권리협약(1990년), 장애인권리협약(2006년), 강제실종협약

(2006년)은 거의 모두 '국제인권규약'의 형식과 이행 방식을 따르고 있다.

'국제인권규약'이 나온 뒤 국제 인권법 체제에 기대가 높아졌다. 1970년대와 1980년대의 국제 인권 운동에는 국제 인권법 비준 운동이 아주 중요한 활동이었다. 2016년 당시 세계에서 168개국이 자유권규약에 가입했고, 164개국이 사회권규약에 가입했다.* 한국은 1990년에 두 규약을 비준했다. 미국은 1992년에야 자유권규약을 비준했고, 사회권규약은 서명만 해놓은 상태다.

하지만 오늘날 국제 인권법이 실질적인 인권 보장에 얼마나 효과가 있는가 하는 실효성 논쟁이 벌어지고 있다. 이와 더불어 국제 인권'법'을 국내법처럼 이해하거나 그렇게 취급해서는 안 된다는 지적도 많다. 국제 인권법은 외견상 법의 형태를 취하지만, 중앙권력이 부재한 국제 관계의 맥락 속에서 작동할 수밖에 없는 한계가 있기 때문이다. 인권은 인간 존엄성 보장이라는 어마어마한 규범성을 내세우지만, 국제 인권법의 실제 구속력은 느슨하기 짝이 없다.

요컨대 절대적 규범성과 미약한 구속력이 함께 작동하는 모순이 국제 인권법의 특징인 것이다. 이 때문에 인권에 큰 기대를 거는 사람일수록 인권이 국제 차원에서 실제로 작동하는 모습에 실망하기 쉽다. 국제법학자 에릭 포즈너는 국제 인권법은 법이라기보다 특수한 형태의 정치라고 주장한다. 하지만 어쩌겠는가. 우리가 활용하기 나름으로 국제 인권법은 '법'이 될 수도 있고, 강대국의 화투장이 될 수도 있다. 오늘날 국제 인권법은 '법' 외의 다른 역할도 많이 수행한

---

* 2019년을 기준으로 하여 세계 173개국이 자유권규약에 가입했고, 170개국이 사회권규약에 가입했다.

다. 지방자치 현장에서, 교육 현장에서, 노동 현장에서 국제 인권법
을 창의적으로 번안하여 다양하게 활용하고 있다. 반세기 전에 뿌려
진 씨앗이 예상치 못한 곳에서 열매를 맺고 있는 것이다.

2016년 9월

H. G. 웰스의 특별한 인권선언

우리는 인간의 정신력을 시험하는 격랑의 시대를 건너고 있다. 대통령의 범죄적 헌정 유린으로 백척간두에 섰던 한국 민주주의, 세계적 재앙으로 전락한 미국의 선거 정치, 기후협정의 붕괴가 현실화된 지구 행성. 어디를 둘러봐도 불안정과 불확실이 짙은 안개처럼 앞을 가로막는다. 그러나 칠흑 속에서도 등불을 찾을 수 있고 찾아야 하는 법. 역사에서 흔히 있는 사례를 하나 들어보자. 파시즘이 파죽지세로 세계 지배의 불구덩이를 넓혀 가던 때의 이야기다. 그 풍전등화 같던 순간에도 새 시대를 위한 비전에 몰두한 사람이 있었다. 《타임머신》(1895년), 《투명인간》(1897년), 《우주전쟁》(1898년)을 쓴 소설가이자 탱크, 대중 감시, 세균전, 라디오, 텔레비전, 원폭, 지구 온난화를 예측한 미래 연구가 허버트 조지 웰스(Herbert George Wells)였다.

우리에겐 과학 소설가로 많이 알려진 까닭에 웰스를 주류 문학에서 약간 비켜나 있는 존재로 보기 쉽다. 그건 오해다. 당대에 영국 소설가 조지프 콘래드나 조지 버나드 쇼와 어깨를 나란히 한 문호였고, 아르헨티나 소설가 호르헤 보르헤스는 웰스의 작품을 두고 "인류 전체의 우화로 기억될 것"이라고까지 했다. 영국 펜 클럽이 매년 웰스 기념 강연을 개최할 정도로 영문학에서 비중이 큰 인물이다. 웰스는 문명 비평가로도 이름높았다. 특히 현대 인권에서 그가 남긴 족적은 세계사적 의미가 있다.

웰스는 전쟁의 목적이 파시즘과 나치즘을 물리치고 인권을 보장하는 세상을 만드는 것이어야 한다고 믿었다. 이런 신념에 따라 그는 1940년 《인간의 권리》(나중에 《새로운 세계 질서》로 재간행)라는 소책자를 냈다. 일흔이 넘은 노대가가 "인간 삶의 방식을 근본적으로 재건"하기 위해 심혈을 기울여 쓴 정치 평론서였다. 웰스는 주권 재민 원칙으로 통제되지 않은 정부는 "조직범죄 비슷하게" 될 가능성이 있으므로, 정부가 해야 할 일은 "인권을 지키든지 아니면 꺼지든지" 둘 중 하나여야 한다고 역설한다. 이 책 10장에 '인간의 권리선언'이 나온다. 미국의 프랭클린 루스벨트 대통령은 웰스가 보내준 저서를 읽고 영감을 얻어 1941년 의회에서 '네 가지 자유'라는 유명한 연설을 했다. 그리고 웰스가 타계하고 2년 뒤 유엔에서 '세계인권선언'이 제정된다.

역사를 통틀어 수많은 권리선언이 나왔지만 작가가 개인적으로 발표한 인권선언, 게다가 사회권·발전권·교육권으로 시작되는 인권선언은 거의 전례가 없다. 간결하지만 강렬하고 실험적이며 논쟁적인 문헌이다. 사료로서 가치를 고려해 번역하여 선보인다. 아마 국내에 처음 소개되는 글이 아닐까 한다. 매년 12월 10일 인권의 날을 맞아 직장이나 평생 학습 모임에서 각자가 인권선언을 작성해 발표하는 시간을 보내면 어떨까.

1. 모든 사람은 인종·피부색·신념·의견과 무관하게 자신의 온전

한 심신 발전의 가능성을 실현하고, 태어나서 죽을 때까지 건강 상태를 유지하는 데 필요한 섭생·의복·의료·보살핌을 받을 권리가 있다.

2. 모든 사람은 사회에 쓸모가 있고, 세상사에 관심이 있는 시민이 되기 위해 충분한 교육을 받을 권리가 있다. 사람이 자신의 재능을 계발하여 인류에 봉사할 수 있도록 기회균등한 특별한 교육이 이루어져야 한다. 사람은 일반적 지식의 전 분야에서 정보에 수월하게 접근할 수 있어야 하며, 토론과 결사와 신앙의 완전한 자유를 누릴 수 있어야 한다.

3. 모든 사람은 합법적인 어떤 직업에도 자유롭게 종사할 수 있으며, 자신의 노동과 그 노동이 공동체의 복리에 기여하는 데 필요하다고 인정되는 만큼 수입을 올릴 수 있다. 사람은 유급 고용에 대한 권리, 그리고 다양한 고용 형태가 존재하는 한 자유로운 직업 선택권을 누릴 수 있다. 사람은 자신의 고용을 제안할 수 있으며, 그런 제안은 공적으로 고려된 후 수용되거나 기각될 수 있다.

4. 모든 사람은 공동선에 부합하는 양과 한도 내에서 합법적으로 거래된 것이라면 무엇이든 차별적 제한 없이 매도하거나 매수할 권리가 있다.

5. 모든 사람은 자기 인신과 합법적으로 취득한 사유재에 대한 사적 폭력, 갈취, 강제, 위협에서 경찰과 법의 보호를 받을 권리가 있다.

6. 모든 사람은 자기 비용으로 전 세계를 자유롭게 여행할 수 있다. 어떤 사람의 주택이나 아파트나 일정한 규모의 정원은 자신의 성과 같아서 주인의 동의가 있어야만 출입이 가능하다. 그러나 자신의

방문이 특별한 해를 끼치지 않는 한, 또는 본인에게 위험하지 않는 한, 그리고 다른 시민에게 지나친 불편을 끼치지 않는 한 모든 나라, 광야, 산, 농장, 크고 작은 수목원, 바다, 호수, 강을 자유롭게 왕래할 통행의 권리가 있다.

7. 자신의 정신 상태 때문에 관할 기관에서 자신과 타인에게 위험하다는 판정—매년 갱신되는—을 받지 않은 한, 누구도 범법 행위로 기소되지 않은 상태에서 6일 이상 구속될 수 없으며, 기소되었다 해도 공개 재판 없이 3개월 이상 구속될 수 없다. 후자의 경우 구속 만료 시점까지 적법 절차에 따른 재판이나 선고를 받지 않은 사람은 무조건 석방되어야 한다. 또한 양심에 따른 병역 거부자를 군이나 경찰에서 강제로 징집해서는 안 된다.

8. 모든 사람은 타인에게서 자유롭게 비판받을 수 있지만, 고통과 해악을 일으키는 허위 사실이나 무고로부터 적절하게 보호받아야 한다. 자신에 관한 행정상의 기재 사항과 기록을 본인이 직접 비공개로 열람할 수 있어야 한다. 어떤 정부 조직도 개인에 관한 비밀 기록을 보유할 수 없다. 정부가 관리하는 개인 기록에 당사자가 접근할 수 있어야 하며, 본인의 요청에 따라 확증과 수정이 가능해야 한다. 개인 기록은 단순한 서류에 불과하므로 공개된 법정에서 적절한 확인 절차를 거치지 않는 한 법적 증거물로 사용될 수 없다.

9. 누구도 자신의 자유의사에 따른 분명한 동의 없이 어떤 식으로든 상해 또는 단종 시술을 받지 않으며, 자해를 막기 위한 경우를 제외하고 신체적 제약을 받지 않으며, 고문, 구타, 여타 체벌을 받지 않는다. 사람은 정신적 고통을 일으킬 목적의 과도한 방음, 소음, 점등, 암흑 상태에서 구금을 당하지 않으며, 전염의 우려가 있는 비위생적

상태에서 구금되지 않으며, 질병을 전파할 가능성이 있는 수인들과 함께 혼거 수용되지 않는다. 강제 급식을 당해서는 안 되며, 자신의 의사에 반하여 단식의 중단을 강요받지 않는다. 강제로 투약을 당하지 않으며, 자신의 인지와 동의 없이 약물 치료를 받아서도 안 된다. 극형은 15년 이하의 중벌 구금 또는 자발적 죽음의 선택에 국한된다. (웰스는 이런 죽음이 사형과 구분되며, 자살할 권리를 의미하지도 않는다고 부연 설명한다.)

10. 이 선언의 모든 조항과 원칙은 모든 사람이 쉽게 접근할 수 있는 기본적 인권헌장에 공식적으로 폭넓게 규정되어야 한다. 특정한 목적을 품고 이 선언의 내용을 어떤 식으로든 제한하거나 삭제해서는 안 된다. 이 선언은 역사상 출현했던 모든 인권선언의 핵심 사항을 정리한 것이므로 새로운 시대를 맞아 이러한 인권선언이 세계 인류의 기본법으로 제정되어야 한다.

기본권에 영향을 주는 그 어떤 조약이나 법률도, 그것이 성년의 모든 시민이 적극적으로나 암묵적으로 동의하여 공개적으로 성립되지 않는 한, 개인이나 지방 혹은 공동체의 행정 조직에 구속력을 지니지 못한다. 집단 전체의 행동에 관한 사안에서는 다수를 따른 결정만이 준수 의무를 지닌다. 어떤 공적 조직도 비상사태나 편의적 이유를 근거 삼아 이 선언에 나온 자유와 권리를 어떤 식으로든 침해할 수 있는 법률 규정을 제정할 권한을 지닐 수 없다. 입법은 공적으로, 명확히 이루어져야 한다. 비공개로 제정된 법규는 개인이나 조직이나 공동체에 구속력을 지닐 수 없다. 기존 법률의 적용 범위를 자의적으로 확대하는 어떤 조처도 허용되지 않는다. 입법에는 국민 외에 그 어떤 원천도 존재하지 않는다. 사회의 생명력은 새로운 세대의 시민에게 끊임없이 이어지므로, 어떤 세대도 인류의 내재적 권리인 입법 권한을 전체적으로 또는 부분적으로 포기하거나 위임할 수 없다.

2016년 11월

왜 다시 '세계인권선언'인가

요즘 인권 관련 교육이 늘어났다. 서울시를 비롯하여 공무원에게 인권 교육을 실시하는 지방정부가 많아졌다. 사회 복지 기관이나 교육계도 마찬가지다. 이런 현상은 바람직하다고 생각한다. 인권 교육을 한 번이라도 받아본 사람과 그렇지 않은 사람 사이에는 차이가 있다. 교육 내용을 완전히 내면화하지 않더라도 인권을 강조하고 교육을 실시하는 것만으로도 사람들에게 사회적 행동의 새로운 준거점을 일깨우는 효과가 발생하기 때문이다.

현재 실시하는 인권 교육은 지식과 정보 제공, 행동 변화를 위한 인식 제고라는 두 축으로 운영되고 있다. 이런 방식에서는 인권 침해 설명, 인권 보호 규정 소개, 매뉴얼식 대처 방법이 주를 이룬다. 이런 방식이 초기 인권 교육 모델이었다면 앞으로 인권 교육을 내용과 형식 면에서 더 풍부하게 만들 필요가 있다. 표준 교안에 따른 엇비슷한 내용을 매년 되풀이할 수는 없기 때문이다.

업그레이드된 인권 교육에는 어떤 내용이 포함되어야 할까. 그동안 인권 교육에서 부족했던 부분, 즉 인권의 역사적 차원, 인권 문제를 다루는 맥락, 인권에 관한 생생한 스토리텔링을 강화해야 한다고 본다. 그러려면 '세계인권선언'을 중심에 둔 인권 교육이 하나의 답이다. 유엔에서 '세계인권선언'을 선포한 지 70여 년이 흐른 만큼, 이를 인권 교육을 개혁하는 절호의 계기로 삼을 만하다.

몇 해 전 프랑스 사회 운동가 스테판 에셀의 《분노하라》라는 소책자가 우리 독서계에 큰 울림을 준 적이 있다. 에셀은 그 책에서 '세계인권선언'을 만드는 과정에 참여한 이야기를 하면서 오늘날에도 이 선언이 얼마나 적실한지를 강조한다. 그때 우리나라에 '세계인권선언'에 관한 책이 얼마나 출판되어 있는지 검색해보았다. 단 한 권도 없었다. 설마 해서 여러 번 확인했는데 정말 한 권도 나오지 않았다. 상당히 놀랐다. 우리 인권 교육의 척박함을 보여주는 증거 같았다. 그래서 일종의 의무감으로 '세계인권선언'을 해설한 《인권을 찾아서》를 출간하기도 했는데, 지금도 당시에 느꼈던 당혹감을 떠올리면 씁쓸해진다.

책이야 그렇다 치더라도 '세계인권선언'에 관심 자체가 적은 것은 적잖게 걱정이 된다. 물론 이유가 있다. 일단 70여 년 전에 나온 인권 선언이어서 딱딱한 데다 구식으로 들리는 구석이 많다. 게다가 짧은 텍스트에 역사, 사상, 철학, 법학과 관련된 논의가 빼곡하게 들어 있어서 그것을 제대로 이해하려면 압축파일을 풀듯 늘여서 자세히 설명을 해야 한다.

너무 모범생 같은 어투로 일관해서 우리의 팍팍한 인생살이에 살갑게 다가오는 감흥이 부족한 점도 있다. 그러나 우리가 차별과 증오에 문제 제기를 하면 '진지충'이라고 냉소하는 극혐 시대에 살고 있다 해도 인권의 규범적인 원칙을 포기할 순 없다. 토론토대학의 철학과 교수 조지프 히스가 말한 합리성에 근거한 '제정신 정치'를 위해서라도 '세계인권선언'의 진지한 호소에 귀를 기울여야 할 것이다.

'세계인권선언'은 인권 교육의 출발점이 되어 마땅하다. 누가 뭐라 해도 인권의 바이블이기 때문이다. '세계인권선언' 외에도 1993년의 '비엔나 국제인권선언'을 비롯해 여러 선언이 나왔지만 그 어떤 문헌도 '세계인권선언'만큼의 지지와 권위를 얻지 못했다.

'세계인권선언'은 어떻게 이런 무게를 지니게 되었는가. 우선 보편의 의미를 재정립했기 때문이다. 한자 문화권에서는 흔히 '세계인권선언'이라 하지만 실제 원어는 '인권의 보편 선언'이다. 보편 인권이 선험적으로 존재한다고 가정하지 않고, 인류의 생각을 모아 인권의 대의를 '더불어 함께 선포'한다는 의미다. 다시 말해 민주적 합의에 따라 인권 개념과 인권의 구체적 내용을 정립했다는 뜻이다.

또한 '세계인권선언'은 흔히 서양 인권 역사에서 상식처럼 여겨졌던 자연권적 천부 인권설에서 벗어나 인권의 철학적 토대를 인간의 이성과 양심, 존엄, 평등(반차별), 자유, 우애의 정신에 두었다. 인권의 사상적·문명적 기원을 서양에서 찾지 않고 새로운 인간관을 선포하는 형식으로 제시했다. 일종의 사회구성주의적 인권론으로 출발한 것이다.

경제·사회·문화적 권리가 정식 인권 목록에 포함된 것도 중요한 특징이다. '미국독립선언'(1776년)이나 프랑스혁명 '인권선언'(1789년)과 확연하게 대비되는 부분이다. '세계인권선언'을 처음 읽어본 사람들은 흔히 경제·사회·문화적 권리를 규정한 22조부터 27조까지의 내용에 놀라곤 한다. "이런 게 언제부터 인권이었나요?"라고 묻는 사람도 있다. 나는 바로 이 지점에서 우리 사회의 인권 의식이 세계 기준에 비해 70년이 지체되었다고 생각한다. 세계 10위권의 경제 대국, 세계 최고의 교육열을 자랑하는 나라 사람의 인권 의식이 이 정도에 불과한 것을 우리는 심각하게 받아들여야 한다.

사상사적 측면에서도 생각해볼 점이 있다. 나는 위에서 말한 책 《인권을 찾아서》를 쓰면서 '세계인권선언' 제정위원회 부위원장을 지낸 중국 출신 장펑춘(張彭春) 박사의 활약을 알게 되었다. 그는 공자의 인(仁) 사상에서 인권의 정신을 찾을 수 있다고 했다. 사람(人)이 둘(二) 있을 때 서로 간에 취해야 할 상호 존중의 정신이 인(仁)이라는 것이다. 장펑춘 박사는 볼테르 같은 유럽 계몽주의자들이 유교 철학에서 깊은 영감을 받았고, 그것이 근대 인권 사상에 영향을 끼쳤다고도 했다.

그때만 해도 나는 장 박사의 말에 큰 의미를 두지 않았다. 그러나 그 후 황태연·김종록이 저술한 《공자, 잠든 유럽을 깨우다》를 읽고 공맹의 국가 철학, 동아시아 과거 제도, 관료제, 양호 국가 개념, 민본주의, 예치, 덕치, 간언, 상소 제도가 서구 계몽주의에 깊은 통찰을 제공했음을 알게 되었다. 서로 다른 문명이 만나 새로운 사상 체계를 창조한다는 이론을 '공동 형성 학설'이라고 하는데, 인권 역시 예외가 아닌 것이다.

물론 '세계인권선언'이 완벽하다고 할 순 없다. 지금의 눈으로 보면 70여 년 전의 시대적 한계가 많이 보인다. 국민국가 체제의 바탕 위에서 전 인류의 인권을 말하는 모순이 대표적인 한계다. 법, 정치, 경제, 사회 보장, 노동, 교육까지 근대적 시스템을 전제한 것이 전 세계 원주민의 반발을 사기도 했다. 양성 평등만 이야기하고 이른바 '정상' 가족을 당연시하는 관점도 21세기의 시각으로 보면 구식이다.

구체적 권리 조항 하나하나가 모두 새로운 논쟁거리로 등장한 점도 고민해봐야 한다. 예를 들어 노예나 종속 상태를 금지한 규정이 현대 자본주의 체제에서 먹고살기 위해 '자발적으로' 예속 관계에 진입하는 상황에 어떻게 대처할 것인지는 풀기 어려운 문제다. 인권을 인간 중심적으로 규정한 점도 생태계 보존이라는 현재의 절박한 과제에 비추어 보면 너무나 아쉽다.

이런 한계가 분명 있지만 그것이 '세계인권선언'의 본질적 가치를 폐기해야 할 정도로 심각한 건 아니다. 여러 한계가 있지만 전 세계인이 공감할 수 있는 인권의 공통분모를 설정한 공로 하나만으로도 선언의 의미는 크다. 요즘같이 전 세계가 극도로 갈등하는 상황에서는 '세계인권선언'과 같은 낙관적인 문헌에 인류가 합의하기는 거의 불가능할 것이다.

인권 교육에서 '세계인권선언'을 활용할 수 있는 방법은 여러 가지가 있다. 우선 선언의 역사성과 그것의 진화 과정, 정치적·국제적 맥락을 잡아주는 길잡이 강의가 필요하다. 오늘의 문제의식으로 선언의 조항들을 비판적으로 따져보거나, 각 조항과 관련된 활동을 하는 개인이나 엔지오(NGO) 사례를 찾아볼 수도 있다. 21세기 한국 사회에 필요한 맞춤형 인권선언을 다시 쓰는 연습을 해볼 수도 있을 것이다.

요컨대 인권 교육 2.0 시대를 열려면 인권 규정 준수를 위한 방법론적 차원의 교육을 넘어 민주 시민을 길러내는 인권 교육 내용이 대폭 추가되어야 한다. 인권에 대한 문제 제기를 두려워하지 않는 열린 교육의 장이 되어야 하고, 그런 토론에 능동적으로 참여할 수 있는 민주 시민을 만드는 것이 인권 교육의 중요한 목표가 되어야 한다. '세계인권선언'은 민주 시민을 길러내는 인권 교육을 위한 플랫폼으로 소중하게 활용할 수 있는 인류의 자산이다.

2017년 12월

시민 인권 의식이 중요하다

　한국은 과거에 비해 인권을 더욱 지지하는 사회가 되었는가. 겉으로는 당연히 그런 것처럼 보인다. 인권에 대한 발화가 늘어났고 권리 주장도 흔해졌다. 그러나 시민들의 인권에 대한 인식을 들여다보면 복잡하고 모순적인 면이 나타난다. 꼭 집어 말하기는 어렵지만 어떤 변화 분위기를 감지할 수 있다.

　인권을 규정하는 방식이 많이 달라졌다. 권위주의 시대에는 독재에 반대하는 가치와 지향으로서 인권을 전제하곤 했다. 인권은 신성한 개념이며 불의한 권력을 거부하는 깃발 같은 것이었다. 그러나 요즘 인권은 개인이 삶 속에서 경험하는 구체적인 실체를 가리키는 것으로 흔히 이해된다. 내가 불이익을 당했을 때 불러내는 문제 해결사의 역할도 한다.

　또 다른 변화는 인권의 당파적 양극화 현상이다. 인권을 말하면 십중팔구 특정 진영에 속해 있을 거라고 지레짐작하는 경우가 많다. 정치적 저의를 포장하는 수단으로 인권을 내세운다는 의심도 있다. 인류의 보편적 포부라는 기본 원칙이 한국에 오면 이른바 '좌파'의 전유물로 치부되거나, 그런 식의 편 가름 속에 자리매김되곤 한다.

예전에 비해 이런 경향이 심해졌다. 심각한 문제다. 오해를 받아 개인적으로 억울해서가 아니다. 인권의 당파적 낙인 효과는 필연적으로 인권의 왜곡으로 이어지고 그 후유증은 모두에게 미친다. 앞으로 선거철만 되면 인권 중에서도 아주 첨예한 몇몇 이슈를 중심으로 하여 후보와 정당을 싸잡아 평가하고, 그에 따라 당락이 바뀌는 일이 나타나지 말라는 보장이 없다.

이런 위험은 민주주의 원리에 이미 내재해 있기도 하다. 아무리 다수결로 결정되었다 해도 개인의 기본권을 침해해선 안 된다는 원칙이 있지만, 그 원칙은 아주 쉽게 흔들린다. 극소수를 제외하면 대다수 정치인이 소수자의 인권 문제를 거론하는 것 자체가 불리하다는 정치공학적 인식을 지니고 있다. 반인권 세력은 똘똘 뭉쳐 그런 약한 구석을 파고들면서 혐오를 조장하고 인권을 흔들어댄다.

전통적으로 인권 운동은 인권을 보호할 법과 제도를 잘 마련하면 인권이 지켜질 수 있다는 제도주의적 인과 모델에 크게 의존해 왔다. 이 모델이 어느 정도 효과를 낸 것은 사실이다. 그러나 이런 식의 전제가 통하려면 경제적·사회적·문화적으로 어떤 평형 상태가 유지되어야 한다. 이런 토대 조건이 붕괴하면, 예컨대 극심한 불평등, 삶이 한순간에 무너질지 모른다는 불안, 폭발 일보 직전의 울분, 제도에 대한 불신과 냉소가 거세게 일어나는 상황에서는 법과 제도만으로 인권을 지키기가 어렵다.

바로 이 지점에 인권의 딜레마가 있다. 지금까지 인권 운동의 주된 방식은 이미 정해진 규범에 비추어 현실을 비판하고 그 규범을 따르라고 촉구하는 것이었다. 나 역시 인권은 사회의 평가와 무관하게, 올바른 원칙에 따라 밀고 나가면 되는 것이라 생각해 왔다. 그런데 어느새 대중의 '가슴과 마음'을 사로잡아야 인권을 의미 있게 확장할 수 있는 시대가 되어버렸다. 인권에 무관심하거나 소극적인 대중까지 포함해서 말이다.

이제 인권 운동은 정치인들만큼 여론에 일희일비할 정도는 아니라 해도, 대중과 소통할 수 있는 전략적 커뮤니케이션을 고민해야 한다. 전 세계 인권 운동에서도 우파 포퓰리즘의 시대에 일반 시민에게 어떻게 말을 걸고, 어떻게 인권을 설득할 수 있을까 하는 문제가 뜨거운 이슈가 되었다. 그중 대표적인 아이디어 몇 가지를 소개한다.

우선 인권 이야기의 틀을 잘 짜야 한다. 가치에 근거한 서사를 만들려면 말을 거는 방식을 잘 궁리할 필요가 있다. 문제를 지적하는 것을 넘어 건설적인 해결책을 함께 제시하는 게 바람직하다. "이 분야에 예산 1억 원만 쓰면 1천 명의 시민에게 다음과 같은 도움을 제공할 수 있습니다."

인권 이야기의 톤을 조절하는 것도 한 방법이다. 개탄과 비판과 계도로만 인권을 이야기하면 자칫 거부감이나 '가르치려 든다'는 반발심을 부를 수 있다. 인권을 주장하는 사람을 포함해서 모든 사람이 불완전한 존재임을 인정하면서 "우리 모두 부족한 사람들이지만 모두가 이런 점을 성찰하고 바꿔야 하지 않을까요?"라고 낮은 목소리로 말을 거는 편이 대중에게 호소력이 있다.

어떤 집단을 명확한 용어로 규정하면 가시성을 높일 수는 있지만, 사회적 거리를 더 벌릴 우려도 있다. '노숙인'이라고 부르는 것보다 '거처할 곳이 마땅찮은 분들'이라고 표현하거나, '빈곤층'을 '삶의 기본 욕구를 충족하는 데 어려움을 겪는 이웃들'이라고 묘사하는 편이 낫다.

과감하게 역할 분담을 하고 칸막이를 제거해 외연을 넓히는 것도 중요하다. 예를 들어 난민 이슈에 대해 난민 운동가가 아닌 유명 배우가 발언하는 것이 대중에게는 색다른 인상을 심어줄 수 있다. 그 대신 난민 인권 단체는 평소에 다른 시민 운동과 협력 관계를 맺어놓는다. 예를 들어 평상시에 어린이 관련 단체의 활동이나 캠페인에 힘을 보태면 난민 아동을 지원할 필요가 생겼을 때 그 단체의 도움을 받을 수 있다. 품앗이 활동으로 인권 단체가 마당발이 될 필요가 있다는 뜻이다. 이렇게 되면 시민 사회 전체에서도 인권 운동이 융복합적으로 커질 수 있다.

인권 운동은 당연히 사회적 약자와 소수자를 위한 활동을 벌인다. 그런데 대중은 인권 운동이 이런 활동에만 관심을 기울인다고 오해하곤 한다. 인권 운동이 특정 이슈에만 몰두하고, 보통 사람들의 '평범한' 고통과 애환에는 무관심하다고 생각한다. 이런 소통 장애가 쌓이면 인권 운동과 일반 대중이 자칫 멀어질 수 있다.

그렇다면 대중이 일상적으로 겪는 사회 모순에 인권 운동이 좀 더 적극적으로 개입하면 어떨까. 예를 들어 서민들의 등골을 휘게 만드는 주택 문제, 수많은 젊은이를 19살에 이미 '루저'처럼 기죽게 만드는 줄 세우기식 대학 입시 문제에 인권 운동이 파격적으로 대처하는 것을 고려해볼 수도 있겠다. 부동산 투기와 학력·학벌 차별을 반인도적 범죄나 마찬가지인 중대 인권 유린이라고 선언하고 개입한다면 대중이 인권 운동을 가깝게 느낄 수 있지 않을까.

신경과학의 통찰을 인권에서 활용할 수도 있다. 예를 들어 고문에 대한 태도 차이를 조사한 연구에 따르면, 진보적인 사람은 고문 피해자에게 감정 이입을 하는 경향이 있는 반면, 보수적인 사람은 고문의 신체적 측면에 더 집중하는 경향이 있다. 그렇다면 전자에게는 개인의 사연에 초점을 맞춘 메시지가, 후자에게는 고문이 초래하는 끔찍한 고통과 후유증을 부각하는 메시지가 효과적일 것이다.

인권 운동이 전략적 커뮤니케이션 방식을 수용할 것인지, 수용한다면 어떻게 소통을 할 것인지에 관해서는 많은 논의가 필요하다. 한 가지는 분명하다. 인권 운동이 인식하는 인권과 대중이 인식하는 인권 사이에 상당한 격차가 생겼다는 사실이다. 이는 민주주의의 역설이자 현실이다. 인권 운동 앞에 놓인 큰 도전이다.

2019년 3월

비엔나 선언, 보편 인권을 세우다

한국 인권 운동은 비엔나(빈) 93 인권 체제의 영향을 크게 받았다. 비엔나 인권 체제 이전과 이후로 나뉜다고 해도 과언이 아닐 정도다. 지난 주말에 열린 한국인권학회 학술 대회에 1993년 비엔나 세계인 권대회 25주년을 기념하는 세션이 마련되었다. 당시 비엔나 세계인 권대회에 참가했던 한 인권 운동가의 회상이다.

"비엔나 이전의 인권 운동은 한마디로 '대정부 투쟁'이었어요. 비엔나 대회에서 전 세계 다양한 인권 운동을 접하고 충격을 받았지요. 마치 우물 안에 있다 갑자기 큰 바다를 바라보게 됐다고나 할까……." 1970년대 초 인권 명칭을 쓰는 단체들이 생겨난 뒤 1990년 초까지가 인권 운동의 1세대였다면, 비엔나 대회 이후 지금까지는 본격적으로 분화하고 발전한 2세대 인권 운동이 벌어진 시대다.

이렇게 중요한 전기가 된 비엔나 세계인권대회는 무엇이었나. 유엔이 소집하여 1993년 6월 하순 오스트리아 빈에서 열린 대규모 공식 국제인권대회를 말한다. 171개국 정부 대표와 수백 개 엔지오, 수천 명의 활동가와 전문가가 참여한 포럼이었다. 대회는 '비엔나 인권 선언 및 행동 프로그램'이라는 최종 문헌을 채택했다. 유엔인권최고

대표실과 국가인권기구 강화 같은 인권 실행을 위한 제도, 그리고 여성 인권, 원주민 인권, 인종 차별과 외국인 혐오, 민족·종교적 배타주의를 주요 의제로 다뤘다. 이들은 대부분 그 후 인권 운동에서 구체화되었다.

비엔나 세계인권대회가 열린 가장 큰 계기는 냉전 종식이다. 냉전 시기에 인권은 동서 진영의 이데올로기 대결 속에 이리 치이고 저리 치이는 신세였다. 미국은 자유권만 진정한 인권이라고 주장했고, 자본주의 진영의 인권을 비판하는 단체에 소련 KGB(국가보안위원회)의 대변자라는 딱지를 붙였다. 소련은 소련대로 사회권만 강조하면서, 공산주의 진영의 인권을 비판하는 단체를 미국 CIA(중앙정보국)의 앞잡이로 몰아세웠다.

이러한 이념적 양극화가 막을 내리면서 인권이 본래적 총체성을 회복할 수 있는 국제 정치 환경이 마련된 것이 대회 소집의 결정적 계기였다. 이런 분위기에 힘입어 '비엔나 선언'은 사회권이든 자유권이든 모든 인권은 나눌 수 없는 한덩어리이고(불가분), 모든 권리는 서로 기대어 있으며(상호 의존), 모든 권리는 서로 연결된다(상호 관련)는 원칙을 재확인했다. 또한 민주주의, 발전, 인권을 함께 추구한다는 '자유로서의 발전(development as freedom)' 원칙도 이때 나왔다.

문민정부 시대를 맞은 한국 인권 운동은 비엔나 대회에 조직적으로 참여했다. '유엔세계인권대회를 위한 민간단체공동대책위원회'가 만들어져 홍성우 변호사가 상임대표를 맡고 천정배 변호사가 집행위원장을 맡고, 조용환 변호사의 사무실이 공대위 사무실 역할을 했다. 참가 단체로는 민주사회를 위한 변호사모임, 민주주의법학연구회,

민주화실천가족운동협의회, 불교인권위원회, 국제노동기구(ILO) 전국노동자공대위, 한국기독교교회협의회 인권위원회, 천주교 인권위원회가 있었다. 참관 단체로는 민족사진연구소, 한국성폭력상담소, 한국여성단체연합, 한국정신대문제대책협의회가 있었다. 단체 목록에서 한국 인권 운동의 어제와 오늘의 차이와 변화상이 느껴질 것이다.

비엔나 대회는 인권의 보편성 논쟁에 불을 붙이기도 했다. 대회 전 아프리카의 튀니스(튀니지), 라틴아메리카의 산호세(코스타리카), 아시아의 방콕(타이)에서 지역별 준비 모임이 소집되었다. 그런데 방콕 모임에서 각국 대표들이 '방콕 선언'을 발표해버렸다. '방콕 선언'은 '세계인권선언' 이후의 정통 인권관을 재확인하면서도 국가 주권과 내정 간섭 반대를 강조했고, 인권의 보편적 성격에 더해 각 국가와 지역의 특성과 역사·문화·종교 배경이 중요하다는 점도 강조했다. 이른바 '아시아적 가치 논쟁'의 신호탄을 쏜 것이다.

'방콕 선언'은 그 내용만큼이나 선언을 추진한 주체들의 정치적 동기가 입방아에 올랐다. 싱가포르, 말레이시아, 중국처럼 권위주의적 발전 모델을 추구하는 나라들이 자신의 정치 체제를 정당화하기 위해 아시아적 가치를 내세운 게 아니냐는 비판이 나왔다. '방콕 선언'의 주장을 비엔나 대회가 어떻게 처리할 것인지가 큰 관심사로 떠올랐다. 결국 '비엔나 선언'은 '방콕 선언'을 껴안으면서도 그것을 물구나무 세우는 식으로 문제를 해결했다. 즉, '비엔나 선언'은 각국과 지역의 특성과 역사·문화·종교의 배경이 중요하긴 하나, 각국의 정치·경제·문화 시스템의 차이에도 불구하고 국가가 인권과 기본적 자유를 증진하고 보호할 의무가 있다고 선포한 것이다.

'비엔나 선언'은 인권 상대주의에 맞선 인권 보편성의 주류 담론에 판정승을 내렸다는 평가를 받았다. 그런데 흥미롭게도 인권의 보편성 논쟁은 그 후 약간 다른 방향으로 진화했다. '비엔나 선언' 이전에 보수파가 아시아적 가치론으로 인권 보편성에 도전장을 내밀었다면, '비엔나 선언' 이후에 일부 진보파가 탈식민 이론을 가져와 인권 보편성에 의문을 제기한 것이다.

언론에 보도되었던 거울 이미지와 같은 사례를 살펴보자. 아랍계 후손이자 프랑스 소르본대학의 총학생회장인 마리암 푸제투라는 여학생이 히잡을 착용했다는 이유로 비판을 받은 사건이 벌어졌다. 68 학생 혁명의 진원지에서 어떻게 세속주의적 보편성 원칙에 반대하는 행동을 할 수 있느냐는 것이 비판의 요지였다. 그런데 이란 이슬람 혁명 가문 출신인 마시 알리네자드라는 여성이 히잡 착용을 강요하는 억압적인 조국을 떠나 영국에서 두발 자유를 만끽하고 있다는 뉴스도 비슷한 시기에 나왔다.

어느 쪽 주장이 인권의 보편성 원칙에 부합하는가. 요즘엔 자신의 개별적 선택을 자유롭게 추구할 수 있는, 다시 말해 특수한 예외성을 행사할 수 있는 자기 결정권이 인권의 보편성에 더 가깝다는 해석이 많이 나오는 추세다. 단일 기준을 예외 없이 적용하는 것만이 인권 보편성은 아니라는 식으로 보편성을 유연하게 받아들이고 있다고 보면 된다.

'비엔나 선언'은 세계 인권 발전에 큰 획을 그었지만 부족한 점도 많다. 선언치고 대단히 긴 문헌인데도 지난 25년간 인류에 심각한 영향을 끼친 거시적 요인을 다루지 않은 건 결정적인 오류다. 예를 들어 생태, 세계화(지구화), 신자유주의, 불평등 같은 단어가 단 한 번도 등장하지 않는다. 이는 '비엔나 선언'의 문제이기도 하지만 더 근본적으로는 전통적 인권 담론의 문제이기도 하다. 인권을 나무와 가지로만 파악하고, 전체 숲으로 보는 눈이 부족한 것이다. 누누이 지적해 왔듯 인권이 전문적 권리 체계로만 치달으면 거시적 사회 변동과 분리된 미시적 개입 테크닉으로 왜소화할 위험이 커진다.

2018년에 비엔나+25라는 이름으로 열린 국제 포럼의 주제는 불평등과 안보였다. 그러나 사반세기 동안 무얼 하다 이제야 뒷북을 치는가 하는 느낌이 들지 않을 수 없다. 오늘날 인권을 둘러싼 국제 환경이 몹시 열악해졌는데 법제화를 최고선으로 여겨 온 인권 담론의 책임도 없지 않다. 비엔나 세계인권대회를 기념하면서 자이드 라아드 알 후세인 유엔인권최고대표는 인권이 전 세계적으로 우선순위(priority)가 아니라 추방 천민(pariah) 신세가 됐다고 고백하기도 했다.

비엔나 인권 체제는 인권 운동에 어떤 의미를 줄까. 우선 냉전 잔재가 한반도에서 해체된다면 우리 인권 상황은 마치 전 세계가 냉전 후 '비엔나 선언'에서 다짐한 것과 같이 자유권과 사회권의 통합을 추구할 수 있는 절호의 기회를 얻을 수 있다. 지금보다 훨씬 수월하게 분배와 복지와 사회권을 논할 수도 있다. 또한 비엔나 세계인권대회 이후 떠오른 인권 이슈들—여성, 외국인 혐오, 증오, 선동 등등—이 우리 사회에서도 더욱 중요해질 것이다.

내가 참여했던 또 다른 학술 대회에서 충남인권조례 폐지에 대한 논의가 나왔다. 은우근 교수는 지금까지 극우 반공주의, 즉 이데올로기가 반인권의 주요 원천이었다면 앞으로는 종교와 결합된 극우 차별주의가 그것을 대체할 것이라 지적했다. '비엔나 선언'적 문제의식을 더욱 선명하게 할 필요가 여기에 있다.

　이와 함께 위에서 말한 '비엔나 선언'의 한계에 대해서도 치열하게 고민해야 한다. 비엔나 체제를 감당하면서 동시에 그것을 넘어서는 이중 과제가 한국 인권 운동의 목표가 되어야 할 것이다.

2018년 6월

밀레니얼 세대 인권 감수성 키우기

매년 가을이면 대학가는 입시철로 분주하다. 2019학년에 입학한 새내기 대다수가 언제 태어났는지 아시는가. 서기 2000년이다. 대학의 21세기가 본격적으로 시작된 것이다. 물론 우리 삶의 양상이 달력에 따라 달라지진 않는다. 그러나 연대기적 시대 구분이 인간의 의식에 깊게 새겨져 있음을 부정할 수는 없다. 새천년의 학생들을 어떻게 만날 것인가. 모든 교육자가 고민하는 질문이다.

대학생뿐만 아니라 한국의 대다수 21세기 청소년들은 능력이나 자질 면에서 그 전 시대와 비교할 수 없을 만큼 뛰어나다. 2018년 세계은행의 발표를 보니 그 점이 확연히 드러난다. 5살까지 생존율, 학업 예상 기간과 학업 성취도로 계산한 학교 교육, 60살까지 생존율과 5살 이하 아동의 발달 정도를 점수로 계산한 어린이·청소년의 인적자본지수에서 한국은 0.84점으로 전 세계 157개국 중 2위를 차지했다.

물론 이런 식의 지표에는 허점이 적지 않다. 삶의 질이나 개인의 주관적 경험, 사회적 환경과 문제를 고려하지 않은 외형적 평가이기 때문이다. 하지만 정량적 역량 지수가 높다는 말은 정성적 내용을 채울 수 있는 토대가 탄탄하고, 사회 자본을 추가로 투입할 필요가 적다는 뜻이니 일단 객관적으로 양호한 조건이라 할 수 있다. 이 점을 전제로 해서 밀레니엄 또래 집단의 인권 교육에서 유념해야 할 점을 짚어보자.

우선 밀레니엄 청소년들은 서로 충돌하는 두 흐름의 한복판에서 사회화를 거쳤다. 하나는 이명박-박근혜 시대의 특징이었던 경쟁과 실적주의에 근거한 가치관의 내면화다. 모든 측면에서 '실력'과 '성적'순으로 보상이 주어지느냐를 면도칼처럼 따지는 것이 정당성의 기준이 되었다. 사회 전체에서 공정함이 제대로 발현될 수 있는 맥락이 사라진 채, 미시적이고 형식적인 공정성이 거의 이데올로기 수준으로 맹위를 떨치고 있다.

또 하나는 이들이 세월호와 대통령 탄핵을 거치면서 사회와 정치의 토대가 붕괴되는 것을 목격하고 체험했다는 사실이다. 이 사건들은 형성기의 청소년에게 집단적·감정적 트라우마와 권위에 대한 냉소, 정치적 분노와 열광을 동시에 경험하게 했다.

두 흐름은 인권에서 모순적 형태로 나타나곤 한다. 불공정에 극도로 민감한 태도가 입시 부정으로 촉발된 사건을 촛불 혁명으로까지 상승시켰는가 하면, 또 다른 한편으로 우리 사회 시스템을 공짜로 악용하는 것처럼 보이는 난민 신청자를 거부하게끔 만들기도 한다. 우리는 형식적 공정에 대한 집착을 실질적 공정에 대한 관심으로 확장하고, 개별 원자적인 반차별 감수성을 인도적 성격의 반차별 의식으로 이끌어야 할 과제를 안고 있다.

밀레니엄 청소년들은 전 지구적이고 구조적인 문제에 무관심하거나 체념하는 듯한 태도를 보이기도 한다. 예를 들어 기후 변화를 숙명론적으로 인식하는 경우가 많다. 한국만의 문제가 아니다. 한 국제 비교 연구에선 각국 응답자 중 평균 14퍼센트 정도가 기후 변화에 체념적 태도를 보이는데, 연령대를 20대로 좁혀 보면 그 비율이 22퍼센트로 급증한다고 한다.

내 경험에 따르면 젊은 학생들에게 신자유주의에 따른 구조적 불평등 문제의 '불공정성'을 인식시키고 그 문제에 '불의'를 느끼도록 이끌기가 쉽지 않다. 너무 거대한 문제에 압도당하거나, 눈을 감아버리는 경향이 있지 않나 싶다.

추상적인 문제에 대해 정답을 강요하기보다 청소년의 감성에 부합하는 출구로 인도해주는 접근이 필요하다. 예를 들어 50년, 100년 뒤의 예상 수치와 과학적 모델링으로 기후 변화를 설명하기보다 올여름 폭염으로 한국을 포함한 여러 나라에서 얼마나 많은 사람이 죽고 병들고 고생했는지를 이야기로 제시하는 교육이 훨씬 낫다.

아무리 엄청난 난제도 모두 힘을 합치면 얼마든지 격퇴할 수 있다는 '신나는' 저항의 서사를 개발할 필요가 있다. 그런 점에서 나는 젊은이들에게 영향력이 큰 게임 산업에서 기후 변화에 대적하는 지구인의 '영웅적' 투쟁 같은 소재를 작품으로 개발하여 출시할 날을 고대하고 있다.

세대 간 민주주의의 화두 역시 인권의 관점에서 진지하게 고려해야 한다. 인구 구조가 급격히 변하고 앞선 세대가 채택한 정책이 후속 세대에 예기치 못한 영향을 끼치는 오늘날, 세대 간 이해관계가 제로섬의 권리 충돌 문제로 비화되기 쉽기 때문이다.

세대 간 대화의 핵심은 적극적인 경청에 있다. 이란 출신 친구가 난민 자격을 얻도록 힘을 모았던 중학생들이 발표한 입장문을 보면 그들의 이야기를 진지하게 들어주고 지원해주었던 조희연 교육감과 염수정 추기경에 대한 감사의 인사가 나온다. 세대 간 경청의 모범사례라 해도 과언이 아니다.

인권 감수성이 선순환의 촉매제가 되도록 하는 것도 중요하다. 2016년 〈한국일보〉가 한국, 브라질, 덴마크, 일본 국민을 대상으로 하여 다시 태어나도 자기 나라 사람으로 태어나고 싶은지 묻는 설문조사를 했다. 부정적 응답률 중 한국인이 40퍼센트로 제일 높았다. 특히 20대 54퍼센트가 한국에서 다시 태어나고 싶지 않다고 답했다. 한국 젊은이 중 절반 이상이 잠재적 이주자라는 뜻이다.

다시 태어나도 내 나라를 택하겠다는 사람이 자기 나라 인권에 문제를 제기한다면 그것은 사회를 더 살기 좋게 만들기 위한 건설적인 비판이라고 해석할 수 있다. "나는 다시 태어나도 우리나라를 택할 거야. 그런데 이렇게 좋은 나라에서 왜 이런 인권 이슈가 터져 나오는 거지. 이건 정말 우리 사회에 어울리지 않는 문제야. 빨리 시정해서 더 좋은 사회를 만들어야겠어." 이것은 미래 지향적이고 낙관적인 인권이다.

그러나 이 나라에 다시 태어나고 싶지 않은 사람이 인권 문제를 제기한다면 그것은 코너에 몰린 상황에서 지푸라기라도 잡는 심정의 절박한 인권이 된다. 어차피 싫은 나라지만 그래도 일단 살아야 하니 인권을 호명하는 것이다. "다시 태어난다면 절대 이 나라를 택하지 않을 거야. 뭐 제대로 된 구석이 하나라도 있어야지. 하지만 어쨌든 내 한목숨 지켜야 하니 악착같이 권리를 찾을 수밖에 없어." 이것은 수세적이고 비명에 가까운 인권이다.

후자의 인권 담론이 가득한 사회에서는 사람들의 자존감이 낮고,

자신의 가치를 하찮게 여기기 쉬우며, 대안을 상상하기도 어렵고 타인과 자신에게 폭력적인 성향을 띠게 된다. 어린이들이 자해 인증샷을 올리는 사회가 바로 그런 사회다. 이런 곳에서 호명되는 인권은 절망과 불만의 다른 이름에 불과하다. 똑같은 문제 제기라 해도 그것이 나타나는 맥락에 따라 이처럼 전혀 다른 양태로 인권 담론이 통용된다. 그러므로 우리는 우리가 불러내는 인권이 긍정적 선순환의 촉매제가 될 수 있는 사회적 환경을 조성하는 데 더 큰 노력을 기울여야 한다.

이런 이야기를 꺼내기가 조심스럽긴 하지만 희망의 인권을 말할 때가 되었다고 본다. 근대 도덕철학자 프랜시스 허치슨(Francis Hutcheson)에 따르면 희망에도 종류가 있다. 수동적 희망은 순진하고 낙천적이다. 화물 신앙*처럼 인과 관계를 혼동하면서 단순히 기술적 해법을 내놓거나, 미래의 변화에 대해 판에 박힌 환원론적인 인식에 의존하기도 한다. 매뉴얼 방식으로 인권 침해에 대응하면 언젠가는 인권이 잘 지켜지는 사회가 올 것이라 막연하게 기대하는 것이 수동적 희망에 근거한 인권 담론이다.

능동적 희망은 친사회적 인간관계 기술, 적절한 자신감, 개인적인 것과 정치적인 것과 전 지구적인 것을 통합할 줄 아는 최적 조건의 문해 능력에 토대를 둔다. 능동적 희망으로서 인권은 인권 근본주의에 빠지지 않고, 인권과 평화와 지속 가능한 발전의 황금비를 모색하는 담론인 것이다.

화물 신앙(Cargo Cult) 단순 선후 관계를 인과 관계로 착각하여 부차적인 것을 중요한 원인으로 믿는 행위를 가리킨다. 서양인이 섬에 들어오면서 가져온 화물이 조상신이 마법을 통해 내려준 선물이라고 믿었던 19세기 태평양 원주민의 풍습에서 유래한 말이다.

앞으로 십 년, 이십 년 뒤엔 한반도 상황이 지금보다 훨씬 진전되어 있을 가능성이 높다. 그때엔 이 땅의 모든 사람—남북한 선주민과 이주자—을 아우르는 포괄적 인권이 우리 공동체의 본질적인 화두로 떠오를 것이다. 그 일을 해낼 주인공들, 능동적 희망의 인권을 실천할 밀레니엄 신입생을 하루빨리 만나고 싶다.

2018년 10월

전쟁터에서 태어난 '인간 존엄'

　'세계인권선언'이 탄생한 후 70여 년이 흐른 지금, 인권의 바탕을 이루는 핵심 개념인 인간의 존엄에 대한 경멸과 부정을 우려하는 분위기가 전 세계를 휩쓸고 있다. 어쩌다 인권을 둘러싼 환경이 이렇게 나빠졌는가. 이런 상황을 반영하듯 인간 존엄에 관한 근본적인 질문도 늘었다.

　계간지 〈인권운동〉에서 류은숙 인권 활동가는 이렇게 지적한다. "'무미건조한' 보편의 언어로서의 인권은 '텅 빈 그릇' 같아서, 누가 갖다 써도 되고, 누가 무엇을 그 안에 담아도 되는 것처럼 섬세하지 못하다. 가령 인권의 초석이라는 '존엄성'이라는 말만 봐도 그렇다. 여성의 낙태권을 반대하는 종교계 등의 세력도, 여성의 임신 중단권을 주장하는 쪽도 모두가 '존엄성'을 내세운다. 존엄한 죽음을 요구하는 쪽도 존엄사를 반대하는 쪽도 '존엄성'을 내세운다."

　존엄성은 라틴어의 디그니타스(dignitas) 혹은 영어의 디그니티(dignity)를 번역한 말이다. 원래는 어떤 사람의 지위에 걸맞은 품위, 그리고 사람의 인격과 자존감이라는 뜻을 지닌 어휘다. 나중에 여기에 인권에서 말하는 '존엄'이라는 뜻이 추가되었다. 추가된 뜻은 이

마누엘 칸트(Immanuel Kant)의 저서 《도덕형이상학》에 나오는 개념인 뷔르데(Würde, 존엄성)에서 유래했다고 한다.

칸트에 따르면 인간의 존엄은 그 자체로 소중한 내재적 기본 가치를 뜻한다. 인간은 가격을 매기거나 다른 어떤 것으로 대체할 수 없는 절대적 존재다. 인간의 고유한 개별적 완결성을 지향하는 원칙이 존엄성이다. 따라서 한 사람 한 사람이 모두 존엄하다면 우리는 서로가 서로를 귀하게 인정함과 동시에, 자신의 존엄도 지켜야 한다. "자신을 벌레 취급 하는 사람은 나중에 짓밟히더라도 불평할 수 없다."

인권(인간 권리)은 인간이 존엄하다고 동의하는 바탕 위에서 법이나 제도의 '권한'을 결합한 개념이다. 인권에서 인간 존엄을 제외하면 순수하게 법적인 권리만 남게 된다. 이 때문에 인권과 관련 있는 모든 국제 문헌에서 잊지 않고 존엄성을 포함시키는 것이다.

'유엔헌장'과 '세계인권선언'을 시작으로 사회권규약, 자유권규약, 인종차별철폐협약, 아파르트헤이트범죄처벌협약, 교육차별철폐협약, 인신매매억제협약, 고문철폐협약, 여성차별철폐협약, 여성정치권리협약, 아동권리협약, 이주노동자권리협약, 장애인권리협약, 강제실종철폐협약, 유럽인권협정 사형폐지부속의정서, 헬싱키협정, 유럽연합기본권헌장까지 주요 국제 인권 규범에는 인간 존엄이 빠지지 않고 등장한다.

여러 나라의 헌법에도 존엄이 나온다. 제2차 세계대전의 추축국이었던 독일과 이탈리아의 헌법에 인간 존엄이 명시되어 있다. 일본 헌법 13조는 "모든 국민이 개인으로서 존중받는다."고 규정하는데 학자들은 이를 인간 존엄 원칙으로 해석한다. 유럽에서 뒤늦게 민주화를 이룬 에스파냐, 포르투갈, 그리스의 헌법에도 인간 존엄이 들어 있고 남아프리카 헌법에서도 존엄성이 중요하게 취급된다. 민주 자본주의 체제로 이행한 러시아, 헝가리, 폴란드, 체코, 우크라이나, 에스토니아, 라트비아, 리투아니아의 헌법에서도 존엄성 조항을 찾을 수 있다.

한국 헌법도 마찬가지다. 국민의 권리와 의무를 다루는 2장의 10조는 "모든 국민은 인간으로서의 존엄과 가치를 가지며, 행복을 추구할 권리를 가진다. 국가는 개인이 가지는 불가침의 기본적 인권을 확인하고 이를 보장할 의무를 진다."고 선언한다.

흥미롭게도, 존엄이 제일 먼저 포함된 헌법은 민정 이양으로 박정희가 5대 대통령으로 취임한 1963년 12월 17일에 시행된 헌법 제6호였다. 그 8조에 "모든 국민은 인간으로서의 존엄과 가치를 가지며, 이를 위하여 국가는 국민의 기본적 인권을 최대한으로 보장할 의무를 진다."고 나와 있다. 취임식 일주일 전에는 '세계인권선언' 15주년을 기념하는 우표 2종을 발행하기도 했다.

국가인권위원회법 1조에서도 "이 법은 국가인권위원회를 설립하여 모든 개인이 가지는 불가침의 기본적 인권을 보호하고 그 수준을 향상시킴으로써 인간으로서의 존엄과 가치를 실현하고 민주적 기본 질서의 확립에 이바지함을 목적으로 한다."고 규정한다. 이처럼 국내외를 막론하고 지난 70여 년은 인간 존엄이라는 키워드가 지배한 시대였다 해도 과언이 아니다.

하지만 제2차 세계대전이 끝나기 전까지는 인간 존엄이라는 말이 인권 관련 문헌에 잘 등장하지 않았다. '마그나카르타'(1215년)에는 나오지 않고, 영국 '권리장전'(1689년)에는 현재의 도덕적 의미가 아닌 뜻으로 나온다. 프랑스혁명의 '인권선언'이나 '미국독립선언' 혹은 미국 연방 헌법에도 등장하지 않는다. 노예 폐지 운동이나 여성 참정권 운동, 국제노동자협회(제1인터내셔널)의 발기문에도 존엄이라는 어휘가 쓰이지 않았다.

결국 제2차 세계대전이 끝난 후에야 인간 존엄을 인권의 기본 개념으로 사용하기 시작했다. 그런 면에서 '유엔헌장'과 '세계인권선언'이 인권 개념에 큰 변화를 주었다고 할 수 있다. 왜 20세기 후반에 인간 존엄의 원칙이 인권에서 이렇게까지 중요해졌을까?

전후 세계 질서 수립 과정에서 인권의 보편화를 추구하게 되었으므로, 그 전까지 지배적이었던 유대-기독교적 천부인권 사상을 토대로 한 자연권을 넘어설 '보편적' 논리가 필요했기 때문이다. 즉 서구적인 천부인권(天賦人權)이 아니라, 인간 존재 자체에서 인권이 도출된다는 인중인권(人中人權)을 내세운 것이다. 그런 면에서 칸트의 정언명령적 도덕관은 매력적인 대안이 되었다.

또한 인간 존엄 사상은 민주주의의 시대 정신과도 부합했다. 신분과 차별을 타파하고 독립적인 개별 존엄자들이 공동체의 의사 결정에 평등하게 참여한다는 원칙은 현대의 정치 문화와 잘 맞았다.

인간의 개별적 존엄을 인정할 때 몇 가지 생각해볼 점이 있다. 우선 인권의 내용이 당사자들의 주관적 요구와 견해를 반영하여 만들어지는 경향이 생겼다. 이 과정에서 인간 존엄에 관한 여러 해석과 요구가 각축을 벌이고 경합하고 절충되고 타협하면서 인권의 목록이 확장되었다.

인권이 탈종교적·세속적으로 방향을 전환했지만 사람들은 여전히 인간 존엄을 어떤 초월적 원칙으로 인식하곤 한다. 그 결과 인간 존엄이 우리 바깥에서 우리를 지켜주는 어떤 객관적 방패라고 오해하는 경향이 생겼다. 하지만 인간 존엄은 우리의 의지와 실천만큼, 딱 그만큼만 보장된다. 단적으로 말해 우리가 인간이 존엄하다고 믿고 실천하면 인간이 존엄해지고, 그렇게 하지 않으면 인간의 존엄은 사라지는 것이다. 인간 외부의 '어떤 절대적 존재'가 인간을 존엄하게 만들어주지는 않는다.

또 다른 차원의 오해도 있다. 인권에서 인간 존엄을 규정하기 전까지, 즉 제2차 세계대전이 끝나기 전까지는 야만의 시대였지만 그 후 국제적으로 인권이 확고하게 자리 잡고 나서부터는 세상이 질적으로 달라졌다고 보는 생각이 그것이다. 이런 식의 단절론적 인권 세대관은 오류이자 위험한 인식이다.

최근 전 세계적으로 포퓰리즘이 확산되면서 갑자기 인간 존엄의 기반이 악화되었다고 보는 견해 또한 신중하게 다뤄야 한다. 예를 들어 트럼프, 푸틴, 시진핑 같은 권위주의적 지도자들의 등장은 인권을 악화한 독립 변수인가, 아니면 더 깊은 원인이 따로 있고 이들은 매개 변수에 불과한가.

마지막으로 우리의 고유한 인간 존엄 사상을 찾아서 새로운 해석과 의미를 부여하는 작업도 이루어져야 한다. 예컨대 우리의 인내천(人乃天) 사상은 세계적 수준의 인권 이론으로 손색이 없다.

결론적으로 인간 존엄이란 인간의 고유한 개별적 완전성 그 자체를 목적으로 삼아 인간을 상향 평준화하려는 지적·실천적 지향이라 할 수 있다. 반대로 인간의 개별적 완전성을 해체하여 그 구성 요소의 경제적·사회적 효용성만 써먹으려는 모든 시도는 인간을 목적이 아닌 수단으로 삼는 반인권적 패악이다. 신자유주의가 그런 경향의 가장 좋은 사례다.

존엄이라는 단어를 주문처럼 되뇐다고 해서 인간이 자동적으로 존엄해지진 않는다. "우리가 김용균이다."라는 절규에 호응할 때, 광화문 여성들의 외침에 귀기울일 때, 한국 국적이 없는 이방인의 처지를 같은 인간으로서 헤아릴 때에만 모든 인간의 존엄이 조금씩 늘어날 수 있다. 칸트가 한 말도 있지 않은가. "인간의 도덕적 완전성은 인간의 의무를 계속 준수하는 전진 속에서만 성립할 수 있다."

2018년 12월

누가, 왜 인권을 공격하나

지난 주말 한국인권학회가 동계 학술 대회를 열었다. 한국 사회에서 들불처럼 번지고 있는 인권을 향한 공격이 어떤 양상을 띠는지, 그 현상을 어떻게 해석해야 할지, 또 인권 운동이 무엇을 해야 할지를 다루었다. 인권 운동가들과 연구자들이 한자리에 모여 중지를 짜낸 결과의 일부라도 독자들에게 소개하고 싶다.

대다수 참석자가 인권을 향한 공격의 수위와 범위에 우려를 나타냈다. 그런 공격은 처음엔 인권 조례에 반대하는 극소수의 목소리에 불과했지만 이제는 인권 조례뿐만 아니라 평등, 다양성 같은 가치를 담고 있는 각종 조례와 정책 일체에 반대하는 흐름으로 이어진다는 데에 문제의 심각성이 있다.

그런 공격을 받는 대표 집단이 성소수자와 난민이다. 누가, 어떤 식으로 이들을 공격하는가. 성소수자를 향해 개신교 쪽의 문제 제기가 제일 빈번하다는 사실은 잘 알려져 있다. 실증 조사에서도 확연히 드러난다. 주요 종교들 중 개신교가 성소수자에 가장 부정적이다. 신앙생활을 열심히 하는 교인일수록 그런 경향이 강하다. 이들은 자신의 행동이 선의에 따른 '선도' 행위이며 그것이 곧 '사랑'이라고 믿는다.

목회자를 잘 따르고 설교를 신뢰할수록 성소수자에 부정적인 점도 특이했다. 이런 사실은 한국의 개신교가 목회자의 권위에 의존하는 경향이 강하다는 점과도 연결된다. 가톨릭 교회 성직자의 권위에 저항하면서 출발했던 개신교에서 프로테스탄트 본연의 가치가 전도되어 나타나는 것이다.

개신교도 중 어느 정도가 동성애를 거부하고 공격하는지, 그리고 이들을 어떻게 부르는 것이 맞는지에 대해서도 논의했다. 확신을 품고 성소수자를 거부하는 이들은 극소수이므로 이들을 '극우 개신교 근본주의 세력'이라 부르는 것이 정확하다는 의견이 있었다. 하지만 동성애 혐오가 개신교 전반에 퍼져 있는 현상이라는 반론도 만만치 않았다. 극소수의 주장이 과잉 대표된 것이 아니라는 주장이었다.

난민의 경우는 또 다르다. 난민의 이미지는 대략 세 가지이다. 불쌍하고 가난한 사람, 열등한 존재, 가짜 불법 체류자. 편견이 강한 사람들에게 난민의 특수한 처지를 설명하기도 어렵고 설명해봤자 잘 통하지도 않는다. 아마 한국에서 가장 근본적 차원에서 타자화된 집단이 난민일 것이다.

사정이 이러하니 난민에게 "돌아가라."는 말이 서슴없이 나온다. 난민에게는 이 말이 "돌아가 죽어라."로 들릴 것이다. 그래서 난민들은 가장 쉽게 희생양이 될 수 있는 처지에 놓여 있다. 이들에게 분노하는 일부 급진 단체의 행태도 그렇게 설명할 수 있다. 진보적 일관성이 유독 난민에게만 해당되지 않을 때도 있다. 특히 난민이나 이주민이 한국인의 돈을 축낸다는 인식이 적지 않다. 우리도 어려운데 왜 이방인에게 혈세를 쓰느냐고 화를 낸다.

난민을 반대하는 사람들은 마스크를 쓰지 않고 '당당하게' 자신의 목소리를 내곤 한다. 온라인 메시지와 오프라인 행동이 가장 빠르고 폭넓게 확산되는 영역도 난민 반대 운동이다. 촛불 혁명으로 민주 시민 의식이 결정적으로 높아졌지만, 이런 현상이 국민국가에 국한된 배타적 시민권 의식으로 잘못 귀결될 위험도 있다는 지적이 나왔다.

한국인에게 '보편적' 인권 의식이 과연 얼마나 있는가 하는 날카로운 질문도 있었다. 국제 사회에서 인권 선진국이라는 찬사를 듣고 싶어 하지만, 사실 그 바람은 국위 선양형 사고방식이고 인권을 도구적으로 활용하려는 동기에서 생겨난 것임을 알아야 한다. 내재적 보편 의식이 부족한 상태에서 인권을 겉으로 보여주기 식의 담론으로 여기는 것은 인권에 도움이 되지 않는다.

근래에 인권의 지형이 근본적으로 변했다는 의견도 나왔다. 과거의 인권 투쟁이 '독재 국가 대 인권 요구 시민'의 구도로 벌어졌다면, 오늘의 인권 투쟁은 인권 자체를 두고 해석을 달리하는 '시민 대 시민'의 구도로 전개되고 있다. 국가는 차별금지법을 제정하려 하는데 일부 민간 부문이 이를 저지하고 있다. 실제로 이명박·박근혜 정부에서조차 명목상으로나마 차별금지법의 불씨를 완전히 꺼뜨리지 않았는데 지금은 일부 시민들이 차별금지법을 열렬히 반대하는 것이 이를 입증한다.

시민 개개인의 권리 의식은 대단히 높아졌지만 보편적 차원으로 확대되지 못하고, 이른바 '개인화된 방식'의 인권이 확산되었다는 의견도 나왔다. '인권을 챙긴다'는 표현이 그런 경향을 극적으로 보여준다. 완전히 사유화된 형태로, 마치 자기에게 유리한 이권 챙기듯 인권을 챙겨야 한다는 인식이 높아졌다. 이 현상은 인권의 두 기둥―정당한 개인 권리와 이에 근거한 정치공동체의 평화로운 존립―이 무너질 지경이 된 위험한 상황이라고 진단할 수 있다.

민주 제도를 악용하여 민주주의의 근간을 뒤흔드는 행태에 대한 생생한 증언도 나왔다. 지역에 기반을 둔 정치인들의 취약성을 이용해서 인권에 반대하는 세력이 큰 영향력을 발휘한 사례, 주민 발의 제도를 악용하여 인권 조례를 없앤 사례도 보고되었다. 이런 세력은 국가인권위원회법 자체가 한국 사회 모든 인권 담론의 출발점이므로 법을 개정해야 한다고 주장할 만큼 대담해졌다. 중요한 실정법조차 자기들 마음에 들지 않으면 바꿔버리면 그만이라고 생각하는 것이다.

어떻게 해야 할 것인가. 소수자를 공격하는 집단의 언설은 민주 사회에서 인정될 수 있는 여러 의견 중 하나로 볼 수 없으므로 원칙적으로 배격되어야 한다는 지적이 나왔다. 반면 그런 사람들을 확신형 소수 열성파와 다수의 소극적 동조자로 나눌 수 있기 때문에, 후자를 교육하고 설득하는 노력을 포기해선 안 된다는 의견도 나왔다. 개신교 지도층의 중재자 역할을 기대하는 견해도 있었다. 한국의 신도들이 종교 지도자를 신뢰하는 경향이 크므로 이런 견해도 어느 정도 일리가 있어 보였다.

지역 사회에서 인권 거버넌스를 구축하려면 정치인이나 행정가만 바라보고 있을 수 없다는 현장의 목소리도 나왔다. 주민 스스로 조직하고 자력으로 행동해야 한다는 것이다. 반대 세력의 눈치를 보기 쉬운 정치인들만 믿고 앉아 있을 순 없다는 말이었다.

지금까지 법과 규범을 동일시해 온 관행을 넘어, 전 시민적 민주 규범을 세우는 데 더 노력해야 한다는 목소리도 있었다. 구구절절 설명을 요하는 인권 운동의 전통적 문법을 넘어서, 쉽고 설득력 있고 직관적으로 와닿는 구호와 설명 자료를 개발할 필요가 있다는 지적도 나왔다. 정부는 '사회적 합의'가 필요하다는 이유를 들어 인권 정책을 미루곤 한다. 그러나 사회적 합의는 저절로 이루어지지 않는다. 정부가 적극적으로 나서서 사회적 합의를 추동할 수 있는 방안을 찾아야 한다.

토론을 듣고 있자니 "인권을 향한 공격의 근본 원인이 무엇일까?"라는 질문이 계속 머릿속을 맴돌았다. 그리고 현재의 국면이 인권의 실질적인 퇴보를 의미하는지, 아니면 전체적으로는 인권이 개선되었지만 특정한 측면에서 인권이 극단적으로 정치화되어 갈등이 일어나는 복합적 상황인지 궁금했다. 또한 이러한 백래시(backlash, 사회 변화에 대한 반발)가 오히려 인권 운동을 긴장시키고 재활성화하도록 자극하는 건 아닐까 희망적인 기대를 해보았다.

2019년 12월

4장

지구촌 인권의
미래를 묻는다

"셀마는 아직 끝나지 않았다"

오바마 대통령이 "셀마는 아직 끝나지 않았다."라고 선언했다. 흑인 참정권 운동의 이정표가 된 셀마-몽고메리 행진* 50주년을 기념하는 자리였다. 그의 메시지는 미국에서 인종 차별 현실이 아직 가야 할 길이 멀다는 의미로 받아들여졌다. 나는 이런 해석이 부분적으로만 맞다고 생각한다. 가야 할 길이 멀 뿐만 아니라, 반세기 전에 비해 그 길이 더 복잡해지고 험해지고 교묘해졌다. 인간의 도덕성은 한길로 진보하지 않고 각 시대마다 새롭게 규정되어야 한다는 영국 철학자 존 그레이의 통찰이 새삼 와닿는다.

오바마 연설 며칠 전에 미 연방 법무부가 보고서 두 편을 동시에 펴냈다. 2014년 미주리주 퍼거슨 시에서 백인 경찰 대런 윌슨이 18살 흑인 청소년 마이클 브라운을 사살한 사건에 관한 것이었다. 첫 보고서는 이 사건을 시민권 관련 연방 형법으로 기소할 수 있는지를 다루었는데, 결론은 기소할 수 없다였다. 미국에서 연방법으로 기소하

셀마-몽고메리 행진 1965년 인권 운동가 마틴 루터 킹 목사를 비롯해 미국 흑인의 참정권을 요구하는 시위대가 앨라배마주 셀마에서 몽고메리까지 세 차례에 걸쳐 87킬로미터를 행진한 사건. 이후 린든 존슨 대통령이 '투표권리법'을 발의하여 미국 전역에서 흑인 참정권이 보장되었다.

려면 뒷받침되어야 할 필요조건이 있다. 먼저 잠재적 피고가 연방 범죄를 저질렀는가이다. 연방 범죄 목록에는 부주의 과실과 과실 치사가 포함되지 않는다. 그 다음으로 혐의가 합리적 의심의 여지 없이 증명 가능한가이다. 즉 재판에서 승소할 가능성이 높은지 여부다. 이런 필요조건에 부합되지 않아 결국 사건을 기소하지 않기로 결정한 것이다. 어느 정도 예상되었던 결과이다.

그런데 퍼거슨 시 경찰을 조사한 둘째 보고서가 더 주목을 끈다. 사건의 배경과 원인을 알 수 있기 때문이다. 이 보고서는 1960년대에 인종 차별 상황을 다루었던 때보다 더 신랄하게 미국 사회의 치부를 드러낸 공식 문헌이다. 보고서는 퍼거슨 시 경찰이 불합리한 수색·체포·압수를 금지한 연방헌법 수정 조항 4조, 종교·언론·출판·집회 자유를 규정한 1조, 불합리한 강제력 사용을 금지한 4조를 위반했다고 지적한다. 윌슨의 총격이 일회성 사건이 아니라 흑인 차별에 일정한 '유형이나 관행'이 있었다는 사실을 보여준다고 지적한다. 명백한 인종적 편견이 법 집행 공직자들 사이에 팽배했던 사실도 확인되었다. 흑인의 인구 비율보다 처벌 비율이 확연히 높았고, 경찰들은 근무 시간에 공식 메일로 '비인간적이고 용납할 수 없는 인종적 편견'을 거리낌 없이 주고받았다. 오바마를 침팬지라 부른 경관도 있었다. 백인은 적당히 봐주면서 흑인에게는 가차 없이 법을 집행했다. 지방법원도 경찰과 오십보백보였다. 이 모든 것이 흑인에게 '의도적 차별'이 있었다는 점을 입증한다.

둘째 보고서의 백미는 3절 '세수 확보에 초점을 둔 법 집행'에서 찾을 수 있다. 시당국이 경찰과 법원에 압력을 가하여 공공의 안전보다 세금 수입을 중시하는 치안 정책에 전념했다는 것이다. 참고로 미국의 지방경찰과 지방법원(즉결재판소 포함)의 임명과 발령은 해당지역 소관이다. 시의 회계 책임자가 법원 판사에게 보낸 공문이 공개되었다. "올해 내 벌금 고지서 발부율이 급증하지 않으면 내년의 범칙금 징수율에 문제가 생길 것임. 판매세 징수 부진이 예상되는 상황에서 세수 부족은 심각한 문제임." 시에서 법원장에게 경찰로 하여금 벌금 부과를 10퍼센트 이상 높이도록 독려해 달라는 협조 공문을 보낸 것도 확인되었다.

시에서 협조 요청을 받은 경찰과 법원은 이에 적극 호응하여 만만한 흑인 시민들을 인정사정없이 쥐어짰다. 경찰 눈에 띄기만 하면 어떻게든 꼬투리를 잡아 벌금을 물렸다. 한번 걸리면 보통 3건 이상 고지서가 발부되었다. 보행 규칙 위반 302달러, 거리 소란 427달러, 체포 비협조 777달러, 가옥 주변 잡초 제거 불량 531달러, 명령 불응 792달러, 법규 준수 불이행 527달러까지 흑인을 시 예산 확보의 호구로 취급했다. 사정사정해서 벌금을 분할 납부하게 되어도 납기일을 하루라도 넘기거나 납부 금액이 조금이라도 부족하면 법정 출두 거부로 간주하여 체포 영장을 발부했다. 교통 신호 위반으로 한 번만 걸려도 빈곤층이나 차상위 계층은 거의 파산 상태에 빠질 정도로 혹독한 벌을 받았다. 대명천지의 이른바 문명 사회에서 어떻게 이런 가렴주구가 있을 수 있는가.

한 흑인 여성의 경우를 보자. 뒤에서 오는 경찰차가 지나가기 쉽도록 차를 길가로 붙였는데 그것을 빌미로 삼아 교통 방해, 신호 위반, 안전벨트 미착용으로 삼중 딱지를 뗀 사건이었다. 법원에 진정을 내자 이번에는 운전 면허 정지 처분이 떨어졌다. 미국에서 운전 면허가 없으면 직장을 잃을 가능성이 높아지고, 혼자서 키우는 아이들의 보육도 불가능해진다. 인종 차별에 젠더와 빈곤이 더해져 아주 복잡한 차별 상황이 조성된 것이다. 이런 예들을 나열한 후 보고서는 다음과 같은 권고를 제시한다. 시의 세금 수입에만 치중하지 말고 공공 안전을 우선시하는 법 집행, 경찰 인력의 훈련과 감독, 인종 편견을 줄일 정책, 벌금 부과를 위한 체포 영장 남발 관행 개선이다.

법무부는 보고서를 발표하면서 이례적으로 에릭 홀더 검찰총장의 논평을 덧붙인 보도자료를 내놓았다. 그는 퍼거슨 시의 법 집행에 결정적 하자가 있음이 밝혀진 만큼 "시의 지도자들이 온전하고 구조적인 시정 행동을 취할 때가 됐다."고 강조했다. '구조적 시정 행동'이라는 표현이 주는 울림이 적지 않다. 그러나 이 말에도 잘못이 있다. 구조적 해결을 하려면 구조적 문제가 무엇인지 먼저 규명해야 한다. 퍼거슨 시가 세수를 올리기 위해 흑인에게 범칙금을 남발한 것을 밝힌 것까지는 긍정적으로 평가할 수 있다. 그러나 왜 퍼거슨시가 그렇게까지 해야 했을까. 법무부의 보고서는 이 지점에서 결정적 한계를 보인다. 문제의 근본 원인을 놓친 것이다.

퍼거슨시의 2010년 예산은 1100만 달러였고 그중 12퍼센트가 범칙금으로 충당되었다. 2015년 예산은 1330만 달러인데 범칙금 목표액이 24퍼센트로 뛰었다. 그 이유는 미주리 주정부가 산하 지자체에 제공하는 지원금이 그동안 계속 줄었기 때문이다. 전국 지자체가 각 주정부에서 받는 지원금이 예산의 평균 19퍼센트인데 퍼거슨 시는 7퍼센트에 불과하다. 미주리주의 다른 지자체도 어려운 곳이 많다. 예를 들어 원저 시 공무원들은 시청사 화장실의 휴지를 자비로 구입해야 한다. 사정이 이러해도 주지사 제이 닉슨은 예산 삭감에 누구보다 열심이었다. 2014년에는 주 예산을 4억 달러나 삭감했다. 세인트루

이스 시와 캔자스 시의 공립학교 통학 버스 의무 제공 제도도 없애버렸다. 게다가 그런 조치를 자신의 실적이라고 내세웠다.

그렇다면 유독 미주리주만 문제인가. 그렇지도 않다. 전국 1만 9천여 지자체 협의체인 전국도시연맹(NLC)에 따르면 2008년에서 2013년 사이 지자체 공무원 50만 명 이상이 감원되었다. 2013년에는 주 정부에 지원되는 연방정부의 교부금이 550억 달러나 삭감되었다. 절반 가까운 지자체들이 예산 부족을 메꾸기 위해 행정 수수료를 인상해야 했다. 결국 문제의 근원을 따져 들어가보면 신자유주의적 공공 부문 축소와 경기 침체가 맞물리면서 가장 약한 고리에 있는 빈곤층, 유색 인종, 여성, 아동, 이민자가 고통을 몽땅 떠안게 된 것이다. 퍼거슨 시 사건을 단순히 인종 갈등이나 경찰 폭력으로만 해석할 수 없는 이유다.

최근 세계 인권학계에 조용하지만 중요한 변화가 일고 있다. 인권을 개인적이고 직접적인 침해의 문제로만 보지 말고 인권을 달성할 수 있는 근본 조건, 인권이 침해되는 근본 원인을 찾자는 움직임이다. 이것을 '인권의 근본 원인 접근법(Root Cause Approach)'이라 한다. 인권을 구조적으로 봐야 한다는 말이다. 마이클 브라운의 피살과 폭동 사태로만 사건을 보면 직접적 인권 침해만 다루는 것이다. 이때 법 적용이 중요한 도구가 된다. 하지만 예산 삭감, 공공성 악화, 그것에 편승하는 포퓰리스트 정치인들을 보는 눈이 생기면 인권 침해의 근본 원인이 드러나기 시작한다. 그렇게 되면 정치적·사회적 개입과 정책이 중요해진다. 역사학자 새뮤얼 모인은 '이목을 끄는(spectacular)' 불의에서 '구조적(structural)' 불의로 인권 운동의 관심이 전환되어야 한다고 강조한다. 나는 구조적 인권 침해를 읽을 수

있는 문해 능력 배양이 21세기 인권 교육과 인권 운동의 핵심이라고
생각한다.

2015년 3월

자유의 본질을 둘러싼
인신매매 논쟁

네팔에서 연거푸 발생한 대지진의 피해에 우리는 놀라움과 연민을 감출 수 없었다. 어렵고 가난한 나라에서 왜 이렇게 힘든 일이 계속 일어나는가. 그런데 그것도 모자라 악랄한 인권 문제까지 발생했다. 지진 이후 인신매매가 심해진 것이다. 재난을 당한 지역의 여성과 아동이 카트만두나 외국으로 대거 팔려 나갔다. 네팔 국내를 포함해 국제 인권 단체들은 상황이 아주 심각하다고 입을 모았다. 재해 한복판에서 왜 이런 인권 침해까지 일어난 것일까.

네팔의 인신매매는 지진 후 갑자기 생긴 문제가 아니다. 오래전부터 매년 1만 명 넘는 네팔 여성이 도시나 외국으로 팔려 나갔다. 그들은 동남아 각국으로 보내지거나, 심지어 한국에까지 온다고 한다. 특히 인도는 이 여성들을 집결시켜 성매매를 산업화하는 중심지 역할을 해 왔다. 그러던 중 재난이 덮쳤고 그 혼란을 틈타 여성과 어린이를 상대로 한 인간 사냥이 기승을 부리게 된 것이다. 집을 잃고 가족도 흩어진 막막한 상태에서 사람 좋아 보이는 아저씨가 숙식과 일자리를 제공해주겠다고 할 때 솔깃하지 않을 이가 몇이나 되겠는가. 게다가 그 아저씨를 잘 안다고 보증을 서는 동네 사람이 있다면 그

후 벌어질 일은 불문가지이다.

명목상 어려운 사람들을 돕는다는 이들이 나쁜 가해자가 되곤 한다. 예를 들어 1990년대 보스니아 전쟁 당시 유엔평화유지군이 현지 여성들을 상대로 하여 대규모 성매매를 했다가 큰 물의를 빚은 적이 있다. 아이티에서 지진이 난 후 외국으로 입양된 고아들 중 상당수가 업자들에게 팔려 나갔다는 사실이 드러나기도 했다. 2015년 중앙아프리카공화국에서 프랑스 평화유지군이 돈과 음식을 미끼로 삼아 남자 아이들을 성추행하고 유엔에서는 그 사건을 쉬쉬하다 오히려 국제 문제로 비화한 적도 있었다.

이런 사정 때문에 요즘 인도적 지원이 많이 변하고 있다. 자연재해나 내전이 발생해 긴급하게 도움을 제공할 때에 단순히 물자 지원이나 피해 복구만이 전부가 아니게 되었다. 위기 상황 초기부터 인권침해의 가능성을 차단하고, 느슨해진 사회 지지망을 틈타 인간 하이에나들이 몰려들지 않도록 경계하는 일이 인도적 지원 업무의 핵심이 된 것이다. 인도주의 활동과 인권 보호 활동이 수렴되는 경향을 볼 수 있다.

현재 노예 제도를 공식적으로 유지하는 나라는 지구상 한 군데도 없다. 그러나 '세계인권선언'에서 금지한 '노예 또는 타인에게 예속된 상태'를 낳는 인신매매는 줄어들 기미가 보이지 않는다. 유엔은 세계적으로 약 250만 명의 인신매매 피해자가 있다고 추산한다. 인신매매 관련 문헌을 찾아보면 '근본 원인'을 찾는 연구가 많다. 인신매매가 인권 침해인 건 분명한데 그 원인이 하도 복잡하고 다양하기 때문이다. 우리는 흔히 인신매매를 현대판 노예 제도라 부르곤 하지만 그것은 인신매매를 묘사하는 하나의 표현일 따름이다.

인신매매는 고용, 이주, 밀수, 마약 거래, 성매매, 섹슈얼리티와 자율성 같은 여러 차원의 문제와 밀접하게 연결된다. 인신매매를 활성화하는 요인도 다양하다. 계급, 계층, 차별, 빈곤, 도시화, 생활 수준 개선 욕구, 남성의 여성 지배까지 다양한 요인이 섞여 나타난다. 인신매매는 과거 아프리카 노예처럼 노골적인 지배, 굴종, 소유라는 극단적인 형태로 나타나기도 한다. 그러나 다른 쪽 극단에는 외견상으로 자유 계약 관계와 비슷하게 보이는 느슨한 형태도 있다. 인신매매를 당한 사람이 스스로 피해자라고 생각하지 않는 경우도 많다. 고생하는 '사장님'에게 감사하는 마음을 품기도 한다. 인신매매를 하는 측에서도 은혜를 베푼다는 자기 정당화나 자기 기만에 빠진 경우도 적지 않다. 이처럼 깊은 차원에서 지배와 종속의 진정한 의미를 파악하기는 쉽지 않다.

2015년 세계 인권학계에 〈인신매매저널〉이라는 국제 학술지가 창간되었다. 인신매매 예방, 처벌, 정책을 연구하고 인신매매 관련 국제 정치 경제를 연구하는 것이 목적이다. 인신매매에서 이른바 '4R'이라고 불리는 문제들—저항(Resistance), 구조(Rescue), 사회 복귀(Rehabilitation), 재통합(Reintegration)—을 다루었다.

인신매매는 특히 성매매와 밀접하게 관련되어 나타난다. 2009년 유엔마약범죄사무소의 연구에 따르면 인신매매 피해자 중 성인 여성이 66퍼센트, 아동 여성이 13퍼센트, 아동 남성이 12퍼센트, 성인 남성이 12퍼센트이다. 인신매매의 목적이 무엇인가. 노동 착취도 있지만 인신매매의 79퍼센트가 성적 착취를 목적으로 하며 이것은 전 세계적으로 보편적인 현상이다. 결국 오늘날 인신매매는 성매매용으로 인간을 거래하는 것이라 해도 과언이 아니다. 과거 노예제와 현대 인신매매의 결정적 차이점이 여기에 있다.

말이 나온 김에 성매매를 둘러싼 논점을 짚어보자. 성매매 논쟁엔 크게 보아 두 축이 있다. 첫째 축은 자유–강제로 나뉜다. 즉 자발적 성매매와 비자발적(강제적) 성매매의 문제이다. 인신매매에 따른 성매매는 비자발적 성매매에 해당된다. 인신매매와 비자발적 성매매는 국제법상으로나 세계 거의 모든 나라에서 중대한 인권 침해로 여겨진다. 특히 어린이·청소년 인신매매와 비자발적 성매매는 무조건 처벌 대상이라 보면 된다. 국제노동기구는 이것을 최악의 아동 노동으로 규정한다. 그렇다면 이른바 '자발적' 성매매는 어떻게 할 것인가. 자유 의지와 자유 선택을 강조하는 측에서는 자발적 성매매를 정당한 성노동으로 인정하자고 주장한다. 성매매를 정상적 산업으로 보고, 성매매 종사자를 정상적 노동자로 보자는 말이다. 이 주장은 성노동자를 피해자로 보는 시각 자체를 거부한다. 이렇게 되면 성노동자는 보통의 직업인이 되며 노동 정책의 규제와 보호를 받으며 존립한다. 뉴질랜드, 독일, 네덜란드가 이런 길을 택한 나라들이다.

이에 반대하는 측에서는 자발적 선택이라는 개념을 상대화해서 봐야 한다고 주장한다. 유엔의 '인신매매금지협정'에서는 합의를 했더라도 성매매 착취는 인권 침해라 규정했다. 특히 여성·아동의 인신매매를 금지한 유엔의 '팔레르모의정서'*는 위협이나 강제력을 써서 성을 착취해야만 인신매매가 성립되는 것이 아니라고 규정한다. 성

팔레르모의정서 인신매매의 폐해가 드러나면서 각국의 공동 대처 필요성이 높아지자 2000년 이탈리아 팔레르모에서 159개국이 채택한 의정서. 강제 노동, 노예제, 준노예적 관습이 있는 사회에서 발생하는 인신매매를 포함해 일체의 인신매매 행위를 처벌해야 한다는 국제적인 공감대가 최초로 형성되었다. 한국은 2000년에 서명했으나, 비준은 2015년에 이루어졌다.

차별이나 빈곤처럼 기존의 약점을 이용하는 것만으로도 인신매매가 성립한다고 본 것이다. 대다수 성매매 뒤에는 빈곤, 교육, 고용, 제도화된 젠더 불평등이라는 구조적 문제가 있다. 또한 '진정한' 자발적 성노동이라 하더라도 장기적으로 정신적·심리적·육체적인 트라우마를 일으키는 경우가 많으므로 성매매를 정상적 노동으로 보기 어렵다는 견해도 있다. 자발적 성매매 반대론자들은 흔히 성매매 제도 폐지론에 가깝다.

둘째 축은 성매매의 범죄성과 처벌을 둘러싼 논쟁이다. 위에서 살펴봤듯이 인신매매와 비자발적 성매매는 완벽한 인권 침해이자 범죄이므로 논의할 필요도 없다. 성매매가 합법인 나라에서도 인신매매와 비자발적 성매매는 불법이고 범죄이다. 여기서 쟁점은 자발적이든 비자발적이든 성매매 관련자들을 어느 선까지 처벌할 것인가이다. 성을 사고, 팔고, 중개하는 사람들 모두가 처벌 대상인 나라도 있다. 그러나 스웨덴, 노르웨이, 아이슬란드 같은 북유럽에서는 성매매를 불법화했으면서도 성을 사는 사람과 중개하는 제삼자(포주)는 처벌하되, 성을 직접 파는 사람은 처벌하지 않는다는 이른바 성매매 종사자의 탈범죄화 정책을 시행한다. '탈범죄화'란 간단히 말해 처벌하지 않는다는 뜻이다. 공식적으로는 성매매가 '불법'이지만 성매매에 종사하고자 하는 사람의 현실과 사정을 감안한 일종의 완충 지대를 둔 것이다. 성매매를 법적으로 금하되 개인의 자유의지를 존중하고 성매매가 지하로 음성화되는 것을 막기 위해 일종의 틈새를 둔 실용주의적이고 인도적인 정책이라 할 수 있다.

이처럼 인신매매와 성매매에 관한 논쟁은 복잡한 가치론적 성격을 띠고 있다. 자유의 본질을 둘러싼 철학적 논쟁이기도 하다. 한 가지 기억할 점이 있다. 자발적 성매매를 합법화한 나라에서 예상 밖으로 인신매매와 비자발적 성매매가 폭발적으로 증가했다는 실증 연구가 나와 있다. 현실이 논리적으로만 돌아가는 것이 아니고, 인권 논쟁에서 자유라는 말을 조심스럽게 써야 하는 이유를 말해주는 증거다.

2015년 5월

인권 모범 국가 독일의
인권 딜레마

　최근 한국에서 독일에 대한 관심이 높다. 많은 사람이 독일의 통일 경험, 정치적 안정과 타협 문화, 사회적 시장 경제, 노사 공동 결정 제도 같은 이른바 '독일 모델'이 우리에게 어떤 교훈을 줄 것인지 궁금해한다. 노동계, 정치인, 정책 전문가, 지식인들의 발길이 끊이지 않는다. 관찰 결과도 많이 나왔다. 하지만 독일 인권에 관한 견문 기록은 거의 없다. 한국 법 체계에 큰 영향을 끼쳤고, 유럽 지역 인권 제도에서 핵심 역할을 하며, 유엔인권이사회의 의장국을 맡았던 나라이니 인권에 관해서도 참고할 만한 점이 적지 않을 것이다.

　독일의 인권 현황, 특히 인권을 둘러싼 담론의 특징을 조사할 방법을 찾았는데 고맙게도 독일의 한 재단이 현지를 몇 달 방문하여 관계자들을 만날 수 있는 기회를 주선해주었다. 주한독일대사관에 인터뷰 관련한 도움을 청했더니 필요한 사람들을 신속하게 연결해주었다. 방대한 관료 조직을 보유한 나라의 효율적인 행정이 인상적이었다. 출국 전 재단의 한국 사무소 소장을 만났는데 뜻밖의 이야기를 들었다. 현재 한국에서 독일 배우기가 유행처럼 되었는데 제발 독일 사회를 과도하게 이상화하여 소개하지 않으면 좋겠다고 신신당부를 한다. 피상적이고, 맥락을 고려하지 않고, 보고 싶은 것만 보는 묘사는 서로 간에 도움이 되지 않고, 그런 식으로 소개된 정책은 한국에 거의 소용이 되지 않는다는 말이었다. 은연중 독일을 칭찬할 준비가 되어 있던(!) 나로선 뜨끔한 지적이 아닐 수 없었다. 하지만 백번 맞는 말이다. 공정한 관찰과 건설적인 비판이 가장 우호적인 평가이지 않겠는가. 아래 내용은 이런 점을 고려한 소략한 방문기이다.

우선 제도와 인권 보호의 측면에서 독일이 모범적인 나라임은 분명하다. 1949년 제정된 기본법(헌법) 1조는 인간의 존엄성이 불가침이며, 훼손하거나 양도할 수 없는 인권이 모든 공동체의 기초라고 규정한다. 이런 원칙은 영구불변이고 절대 바꿀 수 없다는 이른바 '영구 조항'까지 마련해놓았다.

연방헌법재판소가 기본법의 수호자로 신뢰를 받고, 주와 연방 차원의 모든 법규가 기본법의 정신과 일치하게끔 기대된다. 유럽인권협약에 따라 독일 국민 누구나 자기 권리가 침해되었을 때 유럽인권재판소에 제소할 수 있다. 대다수 독일 법조인은 국내법만이 아니라 유럽 인권법에도 훤하다. 유엔의 인권 레짐에도 적극적으로 참여한다. 주요 '국제인권조약'에 거의 모두 가입·비준했고(이주 노동자협약 제외), 국내 법 체계가 국제 법 체계와 '우호적 관계'를 이뤄야 한다는 헌법재판소의 결정이 나와 있다.

입법부도 인권에 열성적이다. 연방의회에 인권과 인도적 지원 상임위원회가 있고, 의회 소속 군무 담당관이 군 활동의 모든 측면에서 인권이 지켜지고 '제복 입은 시민들'의 진정권이 보장되도록 감시한다. 행정부도 인권 활동에 적극적이다. 외무부의 인권과 인도적 지원실에서 인권 외교 정책을 총괄하며, 개도국 지원을 포함한 모든 대외 활동에서 인권이 반영되도록 모니터한다. 경제발전노동부는 노동권과 기업의 사회 책임 경영을 적극 추진한다. 연방 차원의 반차별기구, 그리고 다민족·다문화 상황에 대응해 만들어진 '통합을 위한 국가 계획'도 가시적인 성과를 내고 있다. 본에 있는 연방정치교육원에서는 '강한 민주주의'를 위한 시민 교육에서 인권을 핵심 가치로 강조한다. 시민 사회에서 교회와 노동조합의 인권 활동이 두드러져 보였다. 50여 개 이상 되는 인권 단체들 사이에 정보를 교류하고 연대활동을 조율하는 '인권 포럼'이 인권 운동의 허브 구실을 한다.

하지만 독일에 인권 문제가 없는 건 아니다. 난민과 망명 신청자 관련 논란이 끊이지 않는다. 중동과 아프리카 등지의 분쟁을 피해 온 사람들을 2014년 한 해에만 20만 명 이상 받았고 2015년에 40만 명이 대기 중이었다. 유럽 최대 규모이다. 망명 인정 규모, 국내 지역별 배정, 고용과 국내 이동과 사회 보장 관련한 대우 수준, 본국 송환에 따른 박해 가능성 문제가 난제로 떠올랐다. 그런데 난민과 망명 신청자에 대한 차별과 증오 범죄가 상상했던 것보다 심각한 상황이었다. 난민 보호소나 망명자 수용소에 몰려가 시위를 벌이는 것은 보통이고 욕설, 희롱, 폭력, 오물 투척을 저지른다. 이런 분위기에 위축된 난민들은 사회적으로 격리된 상태에서 살고 있는 경우가 많다. 2014년에만 전국적으로 이런 사건이 150여 건이나 발생했다. 최근에는 방화 사건이 늘어나는 추세이다. 극우파가 주도하는 차별과 증오 범죄를 이것을 정치적 성격의 사건으로 보고 그에 맞춰 법 집행과 사법 조치를 해야 할 것인가가 주요 쟁점이 되었다. 극우파와 정보 기관의 뒷거래를 암시하는 사례도 있다.

법의 지배와 인권 원칙이 확립된 나라에서 발생하는 경찰과 법 집행 공무원이 저지른 인권 침해 사례에는 놀라지 않을 수 없었다. 구금자와 망명 신청자에 대한 경찰의 가혹 행위가 큰 사회 문제로 번져 국가 차원의 고문 방지 기구가 만들어졌지만 구체적인 행정 지원이 부족해 제대로 가동되지 않고 있었다. 시위대에 대한 경찰의 과잉 대응, 사설 보안 업체의 구금자 가혹 행위, 대규모 무차별 도·감청, 인권 침해 국가에 대한 감시 장비 수출, 트랜스젠더 시민의 프라이버시도 인권 현안으로 제기되었다. 미국이 주도했던 대테러 전쟁 와중에 테러 용의자를 외국에서 불법 구금하고 신문한 것에 독일 정보 기관이 공조했다는 혐의도 실체가 있어 보였다.

내가 인상 깊게 여긴 관찰 중 몇 가지만 소개한다. 첫째, 난민과 망명자 문제의 뿌리. 내국인들 사이에선 인권 원칙이 자리 잡았지만 외부인의 유입 앞에서 편견과 차별, 인종주의적 경향이 고개를 들고 있었다. 따지고 보면 인권은 모든 인간, 즉 국적을 뛰어넘어 적용될 때에 진정한 가치가 드러난다. 이런 점에서 독일은 국내 '시민권' 달성의 정치에서는 성공한 사례이지만 보편 '인권'의 정치에서는 여전히 미흡한 면을 드러낸다.

둘째, 특히 구동독 지역에서 이런 문제가 심각한 이유가 무엇인가. 독일 통일 직후인 1992년부터 이미 구동독 지역에서 반이주민 시위·폭동이 발생하기 시작했다. 경제 상황과 실업으로 인한 고통, 출구 없는 현실의 무력감, 희생양을 통해 불만을 표출하고픈 유혹, 외부인과 외부 문화에 대한 막연한 불안, 그리고 구체제 하에서 사회적 갈등을 민주적으로 표출하고 해결하는 훈련을 못 해봤던 일상 정치적 경험 부족이 중요한 요인으로 지적된다. 이 점은 내게 많은 생각거리를 주었다.

셋째, 독일에서 인권은 주로 법적 권리와 법적 자격으로 이해되고 있다. 인권에서 법적 권리는 물론 대단히 중요하다. 법으로 뒷받침되지 않는 권리는 미사여구에 불과할 수도 있다. 그러나 인권에는 도덕적·규범적 포부의 차원도 있다. 성문화되지 않았더라도 인간의 내재적 가치에 근거하여 인권을 요구할 수 있고, 그런 인권도 존중되어야 마땅하다. 그러나 내가 만난 대다수 독일인은 인권을 법적 권리 중심으로 파악했다. 독일어의 개념적 특징일 수도 있고, 국가를 정점으로 한 체계적 공식화를 중시하는 성향 때문일 수도 있겠다.

넷째, 정치적 입장에 따라 인권을 대하는 대중의 태도가 뚜렷이 구분되었다. 보수 성향 시민과 보수 정당 계열 정치인은 인권을 법의 지배, 공공질서, 치안과 연결시키며 국내 인권 문제보다 외국 독재국가의 인권 문제에 주로 관심을 기울인다. 진보 성향 시민과 진보 정당 계열(사민당, 녹색당, 좌파당) 정치인은 국내외 인권에 모두 적극적이고, 인권의 의제 확장에 찬성하는 경향이 있다. 바로 여기에 독일 인권 운동의 딜레마가 있다. 인권에 적극적인 진보 세력을 든든한 우군으로 간주하면서도, 인권을 진보만의 배타적 담론으로 규정해서는 곤란하다는 사실을 잘 알기 때문이다. 인권이 현실적·결과적으로 진보 의제가 분명하지만 그것의 존재론적 출발점은 특정 이념이 아닌 이른바 '보편적' 인간 존중 사상이기 때문이다. 독일의 인권 운동은 진보-보수를 가로지르는 인권의 합의 영역을 넓히기 위해 의식적인 노력을 기울이고 있었다. 그 와중에 발생하는 긴장은 인권 운동이 감당해야 할 숙명이라는 대답이 돌아왔다.

2015년 6월

미국 총기 문제와 반인권 운동

인권에 관심 있는 독자들은 '서울시민 인권헌장' 선포가 무산되었던 사건을 잘 기억할 것이다. 그 과정을 기록한 백서《서울시민 인권헌장》(문경란·홍성수 엮음)을 다시 읽어봐도 한국이 과연 법치 국가인지 묻지 않을 수 없다. 공청회 자리는 동성애 반대 단체의 '조직적 참여와 방해'로 아수라장이 되었다. 시민위원회는 차별 금지 인권 원칙을 지켜냈지만 헌장은 끝내 공식적으로 선포되지 못했다.

최근 한국에서 벌어지는 차별 금지 반대 운동, 다시 말해 차별 찬성 운동은 심각한 지경에 이르렀다. 국회의원들이 발의한 법안은 번번이 무산되고, 지자체의 인권조례 제정 움직임도 융단폭격을 맞곤 한다. 이른바 '애국'을 내세우는 단체, 일부 학부모 모임, 극보수적 종교 단체의 활동 때문이다. 반인권 압력 단체가 공적 의사 결정을 무력하게 만드는 현상을 정밀하게 분석하고, 대응 방안을 깊이 고민해야 할 필요가 커졌다. 그런 점에서 미국의 총기 규제를 둘러싼 경험은 우리가 참조할 중요한 사례이다.

알다시피 미국의 총기 피해 규모는 막대하다. 2013년에 총기에 따른 타살과 자살로 총 33,636명이 사망했다. 1968년부터 2011년까지

약 140만 명이 총 때문에 죽었다. 제2차 세계대전 이후 전사한 미군이 총 40만 명 미만임을 생각하면 실로 놀라운 수준이다. 현재 약 3억 정의 총기가 일반 시민의 수중에 있다고 한다. 인구 100명당 88정의 분포, 단연 세계 최고 수준이다. 총기 사고가 터질 때마다 규탄의 목소리가 울려 퍼진다. 오바마 대통령은 14번이나 이 문제에 대해 발언했고 눈물을 흘리면서 호소도 했다. 연방 차원에서 반자동식 총기를 포함한 공격 살상용 무기를 금지한 법이 1994년에 만들어지긴 했다. 그러나 10년 후 법을 연장해야 한다는 일몰조항 탓에 2004년에 자동 폐기되고 말았다. 테러 용의자의 총기 구입 금지, 총기 구입 시 개인 경력을 의무적으로 조사하는 법도 막혔다. 총기를 전면 금지하자는 것도 아니고, 상식적 차원에서 규제하겠다는 것조차 안 되는 이유가 무엇일까.

흔히 미국의 독특한 '총기 문화'를 이유로 거론하곤 한다. 개인주의와 서부 개척사, 카우보이 신화가 미국인의 심성 깊이 자리 잡고 있다는 설명이다. 그러나 최근 연구에 따르면 19세기 중반부터 주로 농촌에서 총포를 판매하기 시작했는데 초기에는 쟁기 같은 농기구처럼 취급되었다고 한다. 그 후 외국으로 무기를 수출하다가 내수 시장을 개척할 방편으로 총기를 도시 소비자들의 기호품, 선망의 사치품으로 브랜드화했다는 것이다. 실생활 도구재가 문화적 소비재로 전환되었으니, 문화가 총기 산업을 낳은 게 아니라 총기 산업이 문화를 연출한 셈이다.

총기 보유를 미국민의 권리로 인정한 연방헌법 수정 조항 2조가 총기 규제를 반대하는 근거라는 주장도 있다. 하지만 이 조항을 자세히 보라. "기강이 확립된 민병대는 자유로운 주(state)의 안전 보장에 필수적이므로, 인민의 무기 소지·휴대 권리가 침해될 수 없다."
즉, 정치 공동체의 집단 안보를 위한 자위책으로서 무장권에 가깝다.
주 차원에서는 개인의 총기 획득, 판매, 소지, 운송, 사용을 규제한
곳이 많다. 이런 규제 조치에 대해 위헌 소송이 수백 건이나 있었지
만 대법원은 그때마다 합헌이라는 결정을 내렸다. 총기 보유가 헌법
적 권리이긴 하나 그것이 적절한 총기 규제와 어긋나지 않는다고 본
것이다.

문화도 헌법도 총기 문제의 근본 원인이 아니라면 무엇이 문제인
가. 바로 전미총기협회(NRA)라는 단체다. 원래 전미총기협회는 1871
년 스포츠 클럽으로 시작되었다. 사냥 훈련, 사격술 교습, 총기 안전
교육, 자연 보호 활동을 하던 비교적 '건전한' 동호인 모임이었다. 그
러다 1970년대에 지도부가 총기 규제를 강경하게 반대하는 극단 노
선을 취하면서 총기 관련 입법 저지 로비 단체의 정체성을 띠기 시작
하여 2016년 기준 회원 수 약 5백만 명에 연 예산 3억 달러를 쓰는
초대형 압력 단체가 되었다. 미국의 선출직 공직자들 전원을 총기에
대한 입장, 이 한 가지 기준만으로 평가하여 낙선 운동을 벌인다. 현
재 이 단체의 지도부는 극우파와 총기 제조업체들과 끈끈하게 유착
되어 있다. 극렬 압력 단체의 '조직적인 참여와 반대', 이것이 정치인
들이 총기 규제를 강화하지 못하게 하는 근본 원인인 것이다.

미국에서 압력 단체의 원조는 주점반대연맹(ASL)이다. 연맹을 이
끌었던 웨인 휠러라는 변호사는 '압력 단체(pressure group)'라는 용
어를 만든 장본인이다. 알코올 반대, 이 하나만 파고들어 헌법 수정
조항 18조를 통과시키고 금주령 시대를 여는 데 결정적인 역할을 했
다. 술을 반대하기만 하면 종교인에서 케이케이케이(KKK)까지 누구

하고라도 손을 잡았다. 1903년 오하이오주 의원 70명을 알코올 동조자로 몰아 전원 낙선시키고, 주지사 마이런 헤릭까지 찍어내기에 이르렀다. 미국 정가에선 "자칫하면 헤릭 꼴 난다."는 말이 유행어가 되었다. 바로 여기에 압력 단체와 이익 단체의 딜레마가 있다. 민주주의에서 일반적으로 나타나는 일부이긴 하나 다수 대중의 뜻을 왜곡할 수 있는 존재이기 때문이다.

전미총기협회를 규제할 수 있는 온갖 아이디어가 나와 있다. 이 중 미국 정치학자 피터 드라이어의 제안이 눈에 띈다. 첫째, 촛불 집회, 기도 모임, 탄원과 진정처럼 전통적인 방식을 계속 활용한다. 당장 효과가 없어도 꾸준히 대중 여론을 환기하는 것이 차별 반대의 기반을 조성하는 길이다. 둘째, 아주 중요한 국면에서는 시민 불복종과 직접행동에 나설 수도 있다. 그리고 총기 제조업체에 대해 투자 회수 운동을 전개해야 한다. 대학, 종교 기관, 연기금 단체에서 실제로 투자를 철회하는 움직임이 나오기 시작했다.

마지막으로, 총기 소유자와 규제 반대론자를 구분해야 한다는 주장이 흥미롭다. 총을 갖고 있다고 해서 모두가 생각이 같지는 않기 때문이다. 전체 총기 소유자 중 전미총기협회 회원은 5퍼센트 미만에 불과하다. 2015년 말 나온 여론 조사 하나가 눈길을 끈다. 전국의 총기 보유자 중 83퍼센트가 총기 구입 전 개인 경력 조사에 찬성했다. 민주당, 공화당 지지자들 사이의 차이도 크지 않았다. 협회 내에서도 지도부의 강경 노선에 반대하는 회원이 72퍼센트나 되었다. 협회의 원래 설립 취지와 동떨어진 극단적 활동에 실망하여 탈퇴하는 회원도 나오고 있다.

이런 식으로 따져보면 놀라운 결과를 확인할 수 있다. 모든 형태의 총기 규제를 반대하는 골수 총잡이들은 전미총기협회 회원 중 4분의 1, 전체 총기 보유자 중 0.8퍼센트, 전체 국민 중 0.2퍼센트에 불과하다는 사실이다. 다시 말해 미국민 5백 명당 1명밖에 안 되는 극소수가 499명을 인질로 삼아 민주주의를 흔들고 있다. '책임 있는 총기 보유자 운동'이 벌어지기 시작한 점을 눈여겨볼 만하다.

미국의 경험에서 우리가 참고할 점이 무엇인가. 우선 긴 시간이 걸릴 것임을 각오해야 한다. 또한 철통같아 보이는 압력 단체도 시대 상황의 산물이므로 시대가 바뀌면 얼마든지 사라질 수 있다. 주점반대연맹이 좋은 예이다. 금주령 이후 마피아가 세력을 키우는 역효과가 났고, 대공황 이후 세수가 감소한 탓에 주류세가 필요해지자 주점반대연맹은 곧바로 힘을 잃었다. 두고 보라. 악착같은 전미총기협회도 역사의 뒤안길로 사라질 날이 반드시 올 것이다.

한국에서 반인권, 차별의 흐름이 사회의 보수화와 맞물려 있는 점을 생각한다면 개별적인 차별 문제를 넘어 전 사회의 기풍을 변화시킬 정치적·문화적 계기를 모색해야 한다. 차별 반대의 지지 기반을 다각도로 넓히는 노력도 필요하다. 신심 깊은 종교인이라 해서 무조건 차별에 찬성하지는 않는다. 교리상의 믿음과 세속 사회의 민주적 원리를 분별하고, 신앙과 공적 이성 간의 긴장을 성숙하게 다룰 줄 아는 종교인들의 여러 입장을 인권의 길로 모을 수 있는 방안을 강구하면 좋겠다. 어느 활동가의 지적처럼 "함께 살아가야 할 사람들끼리 인간의 존엄성과 사랑을 지키는 일", 이것이야말로 종교 본연의 몫이지 않겠는가.

2016년 10월

가짜 뉴스는 인권에도 해롭다

대통령 탄핵 판결을 앞둔 삼일절 오후에 서울시청 근처 한 카페에서 직접 마주친 풍경이다. 옆자리에서 안경을 끼고 말쑥한 차림을 한 점잖은 중년 신사풍의 남자가 나지막하게 이야기를 시작했다. "이정미 재판관 남편이 통진당 당원이라던데." 같이 있던 사람이 조심스런 어조로 말을 받았다. "음, 내 그럴 줄 알았어……." 말로만 듣던 가짜 뉴스가 소비되고 유통되는 현장을 목격한 셈이었다. 이런 '뉴스'를 곧이곧대로 믿을 정도라면 으레 어떤 특정한 유형에 속한 사람일 것이라고 상상했던 선입견이 깨지는 순간이었다.

가짜 뉴스는 한국만의 문제가 아니다. 탈진실이라는 표현은 이미 세계적인 유행어가 되었다. 그런데 솔직히 말해 탈진실 운운하는 것 자체가 너무 완곡하거나 현학적인 태도가 아닌가 한다. 언제부터 이렇게 빙빙 둘러 말을 하게 되었는지 따져봐야 하지 않을까 싶다. 이런 경우에 쓰라고 우리말이 진즉 준비해놓은 좋은 표현이 있다. 가짜 뉴스니 탈진실이니 하는 짓거리는 한마디로 혹세무민하는 '새빨간 거짓말', 그 이상도 이하도 아니다.

이와 관련하여 2017년 오스트리아 빈에서 중요한 선언이 하나 나왔다. 유엔인권특별보고관을 중심으로 하여 유럽안보협력기구, 미주기구, 아프리카인권위원회의 표현의 자유 관련 대표들이 발표한 문헌이다. 〈표현의 자유와 '가짜 뉴스', 날조된 허위 정보와 프로파간다에 관한 공동선언〉(이하 〈선언〉)이라는 긴 제목을 달고 있다. 표현의 자유라는 주제를 놓고 여러 국제 기구가 이렇게 긴급하게 공동 보조를 취한 적은 극히 드물었다.

〈선언〉의 내용을 살펴보기 전에 우선 제목에 나오는 용어를 간략히 정리하고 넘어가자. '가짜 뉴스'는 사실이 아닌 내용을 일반적인 미디어 기사처럼 포장하여 내놓는 것이다. 가짜 뉴스는 그 내용이 사실이 아니기도 하지만 그보다 더 중요한 점은 사실이 아닌 콘텐츠를 의도적으로 생산하고, 확대하고, 유포하며, 재활용한다는 데 있다. 가짜 뉴스는 날조된 허위 정보의 하위 범주에 속한다. 날조된 허위 정보란 정보 콘텐츠가 허구이면서 어떤 대상을 기만할 목적으로 고의적으로 유포한 메시지를 뜻한다.

이 점에서 '날조된 허위 정보(disinformation)'는 단순한 '허위 정보(misinformation)'와는 다르다. 허위 정보 또는 오보는 잘못된 정보이긴 하나 고의성은 명확하지 않다. 뜻하지 않게 오보가 발생할 수도 있기 때문이다. 날조된 허위 정보라는 영어 단어는 러시아어 '데진포르마치야(dezinformatsiya)'에서 유래했다고 한다. 주로 정보 당국이나 군 당국이 정치적·군사적·외교적 목적으로 정보를 위조하여 유포하던 것을 가리켰는데 요즘에는 민간, 언론, 기업, 개인들도 널리 활용하게 되었다.

무서운 일이다. 날조된 허위 정보가 판치는 곳에서는 정상적인 민주주의도, 개인 간 최소한의 이성적인 논의도 불가능하다. 기본적인 사실 관계부터 동의가 되지 않는 수준이라면 그 어떤 의사소통도 의미가 없을 것이다.

날조된 허위 정보는 인권에 어떤 영향을 끼치는가. 〈선언〉은 바로 이 문제의식에서 출발한다. 날조된 허위 정보는 개인의 평판과 사생활을 크게 침해할 수 있다. 게다가 악의적인 거짓 정보는 폭력 선동 세력에게 그럴듯한 정당성을 부여해주고, 특정 집단에 대한 차별과 적대감이 기승을 떨칠 수 있는 토양을 제공한다.

중요한 인권 침해는 세 단계를 거치면서 현실로 나타나곤 한다. 우선 '사실'에 따른 인지적 설득이 있고, 그에 따라 정서적 고조가 일어난 후, 실제 인권 침해 행동이 발생한다. 날조된 허위 정보는 세 단계 인권 침해의 연쇄 모델에서 최초의 관문, 즉 '사실'을 제공하는 역할을 하는 것이다.

사람들은 너무 뻔한 엉터리 주장을 접하면 그냥 웃어넘기곤 한다. 하지만 인권의 역사를 돌아보면 그렇게 간단히 볼 수 있는 사안이 아니다. 나치는 유대인을 절멸하기 전에 먼저 그들에게 공식적으로 '인간 이하의 종(untermensch)'이라는 '사실'을 부여했다. 일반 국민이 유대인을 그런 식으로 인지한 후엔 유대인 집단에 대한 적개심이 자연스레 일었고, 더 나아가 물리적 가해도 쉽게 일으킬 수 있었다. 어떤 일에서나 첫 단추가 중요한 법이다.

표현의 자유는 원래 '정보의 자유로운 소통 권리'와 짝을 이룬 개념이었다. '세계인권선언' 19조를 보라. "모든 사람은 표현의 자유를 누릴 권리가 있다. 이 권리에는 간섭받지 않고 자기 의견을 지닐 수 있는 자유와, 모든 매체를 통하여 국경을 넘어 정보와 사상을 구하고 받아들이고 전파할 수 있는 자유가 포함된다." 그런데 정보의 자유로운 소통권은 '옳은' 정보만을 의미하지 않는다. 사람들에게 충격을 주고 불쾌감을 유발하며 심리적 고통을 가하는 정보도 포함된다.

따라서 날조된 허위 정보가 아무리 충격적이고 불쾌하고 역겹다 해도 그것을 일방적으로 금지하는 것은 현실적으로 어렵고 국제 인권 기준으로 보아도 쉽지 않은 일이 된다. 바로 이 점에 인권 운동의 딜레마가 있다. 인권 침해로 직결될 가능성이 농후한 악의적 허위 정보를 강제로 차단하고 처벌할 수 있는 방안이 마땅치 않기 때문이다.

〈선언〉은 여기서 두 가지 해법을 제시한다. 우선 날조된 허위 정보를 어떻게 할 것인가. 일단 국가가 가짜 뉴스의 유포를 무조건 제한하려 들면 표현의 자유 자체를 억제하는 역효과가 발생할 수 있으니 조심해야 한다. 이와 관련하여 (한국처럼) 형법으로 규정해놓은 명예훼손죄는 폐지해야 마땅하다. 그런데 국가는 표현의 자유를 폭넓게 보장하는 한편, 어떤 경우에도 직간접적으로 허위 정보를 부추기거나 유포하는 일에 가담해서는 안 된다. 균형 잡기가 중요한 것이다.

그 다음으로 표현의 자유를 늘리기 위해선 국가가 신빙성 있는 정보의 유통을 적극 지원해야 한다. 〈선언〉은 국가가 특히 미디어 다양성을 정책적으로 키워야 한다고 강조한다. 독립적이고 다양한 커뮤니케이션 환경을 통해 표현의 자유가 활성화되어 시민 의식이 높아지면 가짜 뉴스가 공적 영역에서 자연스레 도태될 수 있다. 뒤집어 생각해보면 블랙리스트를 만들어 표현의 자유를 억누르면 허위 정보가 창궐하는 썩은 늪이 형성됨을 알 수 있다. 또한 국가는 사회 전체의 공동선에 봉사하고, 높은 수준의 저널리즘을 유지하기 위해 공익적 서비스를 하는 미디어를 후원해야 한다. 이를 실행하려면 다양하고 수준 높은 미디어 콘텐츠 생산을 위한 재정적·기술적 지원이 필요하다.

미디어 소유권의 집중을 금지하는 조치도 강구해야 한다. 〈선언〉은 가짜 뉴스를 가려낼 수 있는 미래 시민의 육성을 중시한다. 학교의 정규 커리큘럼에 미디어·디지털 문해 증진 교육이 포함되어야 하고, 이런 교육에는 시민 사회의 관여가 필수적이다. 날조된 허위 정보를 퇴치하고 표현의 자유를 지켜낼 근본 조건도 생각할 필요가 있다. 그것은 평등, 불차별, 문화 간 이해, 민주적 가치를 소중히 생각하는 인간의 양성이다.

〈선언〉은 언론사와 언론인에 대한 당부도 잊지 않는다. 보도의 정확성을 높이기 위해 자율 규제 조치를 강화해야 하고, 시민들의 오보 시정 요구를 권리로 보장해야 한다고 지적한다. 날조된 허위 정보와 프로파간다는 그저 무시해서는 안 되고, 적극적으로 비판하는 보도를 해야 한다고 강조한다. 가짜 뉴스 자체를 심각한 보도 주제로 다뤄야 한다는 것이다. 인터넷 서비스 제공자는 사실 확인 서비스를 제공할 의무가 있다고 한다. 특히 "선거 시기와 중요한 공적 이익에 관련된 문제를 토론하는 데서" 가짜 뉴스를 정식 뉴스 의제로서 부각하는 것이 바람직하다고 〈선언〉은 권고한다. 선거철이 될 때마다 한국의 언론사가 당장 행동에 나설 수 있는 과제가 아닐까 한다.

일요일 밤늦게 〈선언〉을 읽으면서 정부의 언론·미디어 정책에 한 줄기 영감을 받은 느낌이 들었다. 더 심해질 가능성이 있는 허위 정보와 가짜 뉴스에서 표현의 자유와 정보의 자유로운 소통권을 보호하는 일, 그리고 다양한 미디어 환경을 조성하고 후원하는 일, 이것만이라도 앞으로 5년 동안 확실하게 밀어붙이면 어떨까.

2017년 3월

폴란드가 홀로코스트를
기억하는 법

아주 쉬운 역사 퀴즈. 이스라엘 건국 전까지 세계에서 유대인이 제일 오래, 제일 많이 살았던 나라는? 유대인이 스스로 가장 살기 좋다고 꼽았던 나라는? 아우슈비츠, 비르케나우, 소비보르, 마이다네크, 트레블린카, 헤움노, 베우제츠 등 나치의 악명 높은 절멸 수용소가 모여 있던 나라는? 홀로코스트로 죽어 간 6백만 유대인 중 절반이 나온 나라는? 영화 〈쉰들러 리스트〉의 배경이 된 나라는? 나치와 소련의 박해를 받았으면서 유대인을 박해하기도 한 복잡한 과거사를 지닌 나라는? 정답은 물론 폴란드이다.

인권을 공부하는 사람에게 폴란드 유대인의 역사는 인권을 둘러싼 모든 차원의 문제가 얽혀 있는 연구 주제다. 희생자와 가해자, 목격자와 방관자, 부역자와 보호자, 배척과 공존의 이슈가 뒤섞여 있는 모순의 역사이기 때문이다. 바르샤바의 옛 게토 지역에 건립된 '폴란드 유대인 역사 박물관'을 돌아보니 그런 생각이 더욱 굳어졌다. 건물의 위치도 상징적이다. 서독의 빌리 브란트 총리가 1970년 폴란드를 방문하여 바르샤바 유대인 게토 봉기 기념탑을 찾아 무릎을 꿇었던 사진을 기억할 것이다. 박물관은 그 탑을 마주보고 서 있다. "말할 수 없는 것에는 침묵해야 한다."라는 철학자 비트겐슈타인의 경고가 무슨 뜻인지 이곳에 와보면 알 것도 같다.

폴란드 유대인의 역사는 흔히 천 년 세월로 친다. 중세가 되면 이미 폴란드 전역의 도시와 번화가에 유대인 거주 지역이 없는 곳이 없을 정도였다. 프랑스혁명 전에 이미 계몽주의적 평등과 관용의 풍토를 지닌 나라였다. 유대인 자신이 폴란드를 '유대인의 낙원'(파라디수스 유대오룸)이라 부를 정도였다. 가톨릭교회가 종종 박해를 하고 군주가 재정상의 이유로 유대인을 감싸는 양상이 반복되었다. 어쨌든 당시 유럽 기준으로는 양호한 거주 조건이었다고 한다.

18세기 전반에 전 세계에 유대인이 약 120만 명 정도 있었는데 그중 75만 명이 폴란드에 살았다는 연구도 있다. 이처럼 폴란드는 팔레스타인을 떠난 유대인에게 말 그대로 제2의 고향이 된 나라였다. 그러나 폴란드가 프로이센, 오스트리아, 러시아로부터 분할된 뒤 유대인의 생활도 어려워지기 시작했다. 제1차 세계대전이 끝나고 폴란드가 독립한 뒤에는 국제연맹의 소수 민족 보호 규정과 유제프 피우수트스키(Józef Piłsudski) 정부의 통합 정책에 따라 유대인의 지위도 어느 정도 인정을 받았다.

그러나 제2차 세계대전 직전 폴란드 정치가 우경화되고 반유대주의 선동이 일면서 유대인에게 불안한 시절이 계속되었다. 심지어 대학교 강의실에서 유대인 학생용 자리를 따로 분리해 지정할 정도였다. 폴란드 정부는 나치 독일의 인종주의를 반대하면서도 자기 내부의 반유대주의 정책을 옹호하는 모순된 행보를 보였다.

나치는 1939년 9월 폴란드를 침공했고 그 직후 소련도 폴란드 동부를 합병했다. 그다음 이야기는 잘 알려진 역사다. 전쟁 직전의 인구 총조사에 따르면 당시 폴란드에 유대인 347만 명이 있었는데 홀로코스트로 약 3백만 명 이상, 즉 90퍼센트가 희생되었다. 이때 폴란드 국민이 어떤 태도를 취했느냐가 오늘날까지 논쟁이 되고 있다.

나치 점령군은 유럽을 통틀어 유독 폴란드에서 가장 가혹한 정책을 펼쳤다. 유대인을 조금만 도와도 무조건 사형에 처했고, 그것도 연좌제를 적용했다. 이 때문에 폴란드 사람이 유대인을 돕는 것은 전 집안, 온 동네의 생명을 걸어야 하는 행동이었다. 이런 상황에서도 유대인을 도왔던 영웅적인 '이방의 의인들'이 다수 나왔다. 이스라엘의 야드 바셈 홀로코스트 역사 박물관의 집계에 따르면 지금까지 알려진 '의인'은 국제적으로 모두 26,120명, 그중에서 폴란드 출신이 6,620명으로 단연 1위를 차지한다.

하지만 나치에 부역하여 유대인을 추방하고 밀고한 폴란드 사람이 많았고, 직접 유대인 학살에 참여한 사건도 23건이나 된다. 나치의 강요와 반유대주의 정서 탓이 컸고, 유대인의 재산을 차지하고 싶은 욕심도 한몫했다. 소련이 합병한 동부에서 일부 유대계 공산주의자들이 '프롤레타리아 계급의 적'을 색출하는 데 앞장선 것이 폴란드인들의 공분을 사기도 했다.

전쟁이 끝나고 폴란드 동부가 소련 영토로 영구 편입되는 바람에 그곳 출신 유대인이 돌아갈 고향이 없어졌다. 자신의 집과 재산이 모두 파괴된 데다 타인이 점거한 경우가 대부분이라 천신만고 끝에 살아남은 생존자가 일시에 난민이 되어버린 것이다.

전쟁이 끝난 뒤 폴란드 유대인의 역사는 이주의 역사라 해도 과언이 아니다. 사유 재산을 부정하는 공산 정권이 싫기도 했고, 일가친척이 사라진 저주의 땅에서 계속 살고 싶은 생각이 없기도 했다. 제

2차 세계대전 직후 어수선한 상황에서도 반유대 폭동이 일어나 수십 명이 학살당하는 사건이 벌어지기도 했다. 이때 팔레스타인으로 떠난 유대인은 이스라엘 건국의 중추 세력이 되었다. 스탈린 사후 소련에 잠시 개방화 물결이 일었을 때에도 대규모 이주가 일어났다.

오늘날 폴란드에는 유대인이 많지 않다. 자신을 종교적 의미에서 유대인으로 내세우는 사람은 1~2만 명에 지나지 않는다. 굳이 뿌리를 밝히지 않고 사는 유대계를 다 합쳐도 그 수가 많지 않을 것이다. 바르샤바에서 야곱을 찾기 어려운 이유가 여기에 있다. 이런 배경에서 유대인 역사 박물관이 설립된 것은 작은 기적이자 역설이라 할 만하다.

현재 폴란드의 정세는 대단히 우려스럽다. 우파 포퓰리즘의 '법과정의당(PiS)'이 국회 의석의 과반수를 차지하고 권위주의의 길을 걷고 있기 때문이다. 이런 분위기는 역사 연구에도 부정적인 영향을 끼친다. 폴란드의 나치 부역 행위를 연구하는 학자는 '반국가적'이라고 손가락질을 받는다. 아우슈비츠 수용소를 '폴란드 수용소'라고 부르면 징역형에 처할 수 있도록 하는 법이 발의되기도 했다. 폴란드 국민이 유대인을 학살했던 사건을 연구해 온 역사학자 얀 그로스는 국가 모독죄로 수사를 받는 처지가 되었다. 그러나 폴란드 정부는 이런 조치를 '적극적 역사 정책'이라고 되레 강변했다.

그뿐만 아니다. 집권 여당은 사법부의 독립성을 결정적으로 침해하는 법안을 제출해놓은 상태다. 유럽연합은 만일 이 법이 제정되면 유럽연합에서 폴란드의 투표권을 박탈하겠다는 최후통첩을 했다. 이 글을 쓰던 중 바르샤바대학 앞에서 수많은 시민이 '민주주의 수호'를 외치며 유럽연합 깃발과 촛불을 들고 집회를 벌이는 모습을 보았다. 한국인으로서 기시감을 느끼지 않을 수 없다.

폴란드의 비판적 지식인들은 자국민 중에 '결백 강박증'이 있는 사람들이 많다고 지적한다. 강대국들 사이에서 모든 것을 잃었던 국민으로서 붙잡을 동아줄이라고는 '우리는 죄 없는 약소 민족'이라는 결백감밖에 없다는 것이다. 이러한 일방적 희생자 의식은 자신이 저지른 잘못을 인정하지 못하게 하고, 무조건적 역사 부정을 쉽게 용인하게 만든다.

이런 식의 역사 왜곡은 역사적 트라우마를 치유하고 건강성을 회복하는 지속적인 과정 속에서, 그리고 민주 체제 내에서 조금씩 극복될 수 있다. 하지만 어렵사리 도달한 개방적 역사관도 권위주의 정권 아래서 순식간에 무너지곤 한다. 요즘 폴란드는 유럽연합 국가 중에서 헝가리와 함께 문제아 형제 비슷한 존재로 찍힌 상태다. 난민을 받아들이면 기생충과 전염병이 퍼진다고 집권 여당 대표가 공공연하게 막말을 하는 외국인 혐오의 나라가 된 것이다.

이런 분위기에서 유대인 역사에 대한 폴란드 국민의 인식이 제대로 정립될지 우려와 회의가 든다. 결국 역사를 직시하고 정직하게 기억하는 행위는 민주주의의 수준만큼만 가능할 것이기 때문이다. 이런 걱정에도 불구하고 나는 긴 호흡 속에서 폴란드의 희망을 본다. 나치 폭정과 공산 독재에 끝까지 굴하지 않은 무쇠 같은 의지, 코페르니쿠스의 후예다운 인본주의적 지성, 깊은 신앙심으로 인도되는 내면의 확신, 자기 손으로 민주주의를 일궈본 독립인의 특징인 침착한 긍지를 지닌 사람들이기 때문이다. 이 같은 바탕 위에서 유대인의 역사를 민주적이고 공정하게 평가하는 날, 폴란드 역사의 새로운 르네상스가 열릴 것이다.

2017년 7월

기독교가 나아갈 인권의 길

마르틴 루터(Martin Luther)가 비텐베르크 성당에 95개조 반박문을 게시하면서 시작된 종교개혁이 5백 년을 넘었다. 인권 발전에 거대한 영향을 끼친 사건이었다. 개신교와 가톨릭을 통틀어 기독교의 인권관도 근본적 차원에서 변했다. 큰 틀에서 보면 기독교와 인권은 종교개혁 이후 점진적으로 수렴되어 왔다.

한국의 민주화 과정에서 기독교는 시대의 소임을 마다하지 않았다. 교회에 뿌리를 둔 인권 단체들, 한국기독교교회협의회, 정의구현사제단, 정의평화위원회 같은 조직들이 중요한 역할을 맡았다. 이 글에선 기독교가 전 세계에서 인권의 길로 나아가게 된 과정을 짚어보려 한다. 이 역사를 이해하면 미래 한국 기독교가 가야 할 방향이 보일 것이다.

개신교는 그 누구도 진리를 독점한다는 이유를 내세워 타인의 내적 신념과 외적 표현을 억압할 수 없다는 믿음에서 출발한다. 성직자의 중재 없이 직접 구원받을 수 있다는 가르침, 그리고 평신도가 성경을 읽고 스스로 해석할 수 있게 한 것은 자유와 자율을 지닌 근대적 개인이 출현하기 좋은 환경을 만들었다. 종교의 자유 원칙을 실현하기 위해 정치적 권리가 필요했고 이는 근대 인권의 방향과 맞아떨어졌다.

루터와 칼뱅의 신학관에 힘입어 교회의 권력과 재산은 국가로 이동했고, 그것을 통해 법을 해석하고 집행하는 방식이 변했다. 교회 재판소와 국가 법원이 통합되었고, 형법 절차가 개선되었으며, 가족법과 사회 복지 관련법이 크게 변화했다. 이런 경향은 입헌주의와 연방주의와도 관련 있다. 미국의 경우, 연방헌법 수정 조항 1조에서부터 정교 분리를 규정한 덕분에 종교 자유가 개인 권리로 이어지는 정치 문화가 조성되었다.

개신교가 종교적 불관용의 태도를 보인 경우도 있었다. 루터의 반유대주의, 크롬웰의 청교도 독재, 칼뱅의 신정주의는 잘 알려진 사례다. 노예제에 대한 기독교의 태도 역시 이중적이었다. 식민 지배와 정복 과정에서 일어난 학살과 착취는 지금까지 논란이 되고 있다.

20세기 초부터 감리교, 장로교, 성공회, 회중교회, 루터교, 구세군 같은 주요 교단은 인권을 적극적으로 받아들였다. 유엔 결성과 '세계 인권선언' 제정에도 힘을 보탰다. 빈곤과 정치 탄압에 맞서던 한국을 포함한 개도국의 민중과 연대하고 그들의 투쟁을 물심양면으로 후원했다. 미국 정부의 제3세계 군사 독재 정권 지원에 반대하기도 했다. 엘살바도르, 과테말라, 니카라과의 인권 유린 상황을 조사하고 난민을 구호하는 활동에도 노력을 기울였다.

초교파적인 세계교회협의회*의 활약도 언급해야겠다. 이 조직에 깊

세계교회협의회(World Council Churches) 1948년 암스테르담에서 결성된 세계 모든 교회의 통일과 일치를 목표로 하는 초교파적인 교회 협의체. 세계에서 규모가 가장 큰 개혁교회 연합이다.

이 관여했던 프레더릭 놀드 필라델피아 루터신학대학 교수는 '국제 문제에 관한 교회위원회(CCIA)'의 총무를 겸임하면서 '세계인권선언' 18조에 사상·양심·종교의 자유를 포함하는 데 큰 역할을 했다. 세계교회협의회는 1998년 제8차 세계총회에서 '인권에 관한 공식 성명'을 발표하여 지구화의 문제점, 인권의 불가분성과 보편성, 인권 정치화 반대, 인권 침해자의 불처벌 반대, 사형 폐지, 평화 구축, 종교 자유와 종교적 관용, 여성·원주민·난민·장애인 인권, 모든 종류의 차별 반대를 선언했다.

미국 복음주의 개신교단의 분위기는 달랐다. 냉전 시기에 공산권의 인권 침해를 고발하는 성과를 내긴 했으나 우파 독재에는 눈감은 경우가 많았다. 남아프리카의 흑백 분리 정책을 반공의 이름으로 용인했던 게 좋은 예다. 유엔의 활동에 제동을 걸었고, 미국의 일방주의적 대외 정책을 정당화하곤 했다.

종교개혁 이후 나타난 반종교개혁의 움직임 속에서 가톨릭의 2세대 스콜라 철학자들은 개인의 권리와 공동체의 권한을 바탕으로 한 새로운 인권 이론을 발전시켰다. 아메리카 원주민 인권을 위해 고군분투했던 라스 카사스* 신부도 이런 흐름에 속한다. 그러나 가톨릭은 계몽주의 시대에 이르러서도 과학의 진보와 갈등을 빚고 개인의 사상을 억압하는 일이 잦았다. 프랑스혁명에서 교회는 보수 반동의 편에 섰다. 교황 요한 바오로 2세는 새천년을 맞아 교회가 인권을 유린한 사례가 많았음을 시인하고 용서를 구하는 역사적 고백문을 발

바르톨로메 데 라스 카사스(Bartolomé de Las Casas, 1474~1566년) 에스파냐의 성직자, 역사가. 16세기 아메리카에 파견된 도미니크 수도회의 선교사였으며, 아메리카 원주민 해방과 식민주의에 반대하는 운동을 벌였다. 식민주의 시대에 인간의 보편 인권을 옹호했다는 점에서 선구적 인물로 알려져 있다.

표하기도 했다.

가톨릭에서는 인간이 '이마고 데이(Imago Dei)', 즉 신의 형상대로 창조되었으므로 천부적인 존엄을 지니며 그것이 인권의 토대라고 가르친다. 따라서 인권을 침해하면 신성 모독을 범하는 것이나 마찬가지다. 가톨릭은 이 사회 교리 체계를 바탕 삼아 세속 인권 담론을 대부분 받아들이면서도 가톨릭적 특징을 확실히 유지한 인권 사상을 발전시켰다. 이에 따르면 권리와 의무는 동전의 양면이고, 모든 권리는 인간의 가치를 법적·제도적으로 보장해야 하며, 인권을 실현하려면 사회적 연대와 국가의 역할이 반드시 필요하다. 또한 태아 보호, 안락사 반대, 사형 폐지처럼 생명의 가치를 일관되게 옹호하는 것이 가장 중요하다는 원칙을 고수한다.

가톨릭의 현대 인권 프레임은 1891년 교황 레오 13세의 노동 회칙 '자본과 노동의 권리와 의무'에서 유래했고, 이 회칙은 유럽에서 사회적 시장 경제의 토대가 되었다. 교황 비오 12세는 제2차 세계대전이 한창이던 1942년 성탄 메시지를 통해 평화 5개항을 발표했는데, 그중 첫째가 인간의 존엄과 기본권이었다. 가톨릭교회는 '세계인권선언' 제정 과정에 참여했고 유엔을 통한 국제 인권 외교의 선두에 서왔다. 가톨릭 학생과 지식인 운동의 국제 연합체인 팍스로마나(Pax Romana)의 역할도 기록해 둘 만하다.

교황 요한 23세는 1963년 '지상의 평화' 회칙을 발표하여 유엔에서 만든 가장 중요한 문헌이 '세계인권선언'이라고 인정했다. 그러면서 '세계인권선언'이 "세계 공동체의 법적·정치적 조직을 위한 중요한 진일보를 의미"하고 "모든 인간에게 더욱 장엄하게 인간의 존엄성을 인정"한다고 평가했다. 바티칸공의회에서 나온 종교 자유 선언인 '인간 존엄성', 그리고 '현대 세계의 교회에 관한 사목헌장 기쁨과 희망'도 가톨릭의 핵심 인권 문헌으로 꼽힌다. 오늘날 가톨릭교회는 전 세계적으로 인권의 확실한 우군이 되었다.

그러나 흠결이 없는 건 아니다. 가톨릭 교세가 강한 여러 지역에서 독재 정권을 묵인하기도 했고, 여성의 권리 신장에 소극적이었던 것도 부정할 수 없다. 노동자 권리를 옹호하면서도 교회 기관의 직원들을 야박하게 대하는 경우가 많았고, 사제의 아동 성추행 사건이라는 큰 오점을 남기기도 했다.

요약하자면 종교개혁 이후 기독교는 우여곡절이 있었지만 인류의 존엄을 지키는 역할을 확대해 왔고 국제 인권 체제의 발전에도 큰 몫을 했다고 평가할 수 있다. '국제인권규약'의 '규약(Covenant)'이라는 용어가 창세기 21장 27절의 "아브라함이 소와 양을 끌어와 아비멜렉에게 주고 두 사람은 '언약'을 맺었다."에서 유래했다는 점만 보더라도 이 사실을 알 수 있다.

기독교와 인권이 긴장 관계를 이루는 경우도 있다. 인권을 지지하는 기독교인들은 이성과 계시를 통해 인권을 식별할 수 있다고 확신한다. 하지만 인권을 성서적 관점에서 정당화할 수 있는지, 그리고 인간의 권리를 절대화하면 신의 주권이 훼손되는지를 묻는 신학적 질문을 놓고 고심을 거듭하는 신도가 많다.

인권을 둘러싼 한국 개신교의 최근 논란도 이런 맥락에서 바라볼 수 있다. 종교인의 관점으로 세상사에 개입하는 것은 정당한 종교 자유 영역에 속한다. 그러나 종교적 신념을 일반 사회에 설파할 때엔 종교인다운 온유와 덕성에 바탕을 두고 처신하는 절제심이 필요하다. '무엇을' 말하는가도 중요하지만 '어떻게' 말하는가도 중요하기 때문이다. 신앙과 공적 이성이 건설적인 관계를 맺을 수 있는 길을 찾아야 한다. 인권 문제는 흑백으로 가르는 것만이 능사가 아니다. 차이를 완전히 해소하기 어렵더라도 현실적으로 갈등을 줄일 수 있는 절충 방안을 마련할 수 있을 것이다.

나는 한국의 기독교가 세계적 차원의 인권 발전과 어깨동무하기를 진심으로 소망한다. "예수의 행적과 그 신앙의 특성 때문에 기독교는 인권을 위한 투쟁에서 비켜나 있을 수 없다." 독일의 복음주의 신학자 볼프강 후버의 말이다. 이 땅의 모든 그리스도인들이 21세기에 새겨야 할 지향이 아닐까 한다.

2017년 10월

홀로코스트, 현대 인권의 출발점

철조망 뒤에서 소총 보병 322사단을 기다린 것은 7천 명의 산송장 같은 수인들, 불태워진 수백 명의 유해, 37만 명분의 남자 옷과 84만 명분의 여자 옷, 그리고 7.7톤의 머리칼이었다. 1945년 1월 27일 아우슈비츠 수용소에 도착한 소련군이 맞닥뜨렸던 광경이다. 우려했던 나치 독일군의 저항은 없었다. 소련군의 진격이 가까워지자 화장장을 파괴한 뒤 걸을 수 있는 6만 명의 포로를 끌고 '죽음의 행진'에 나섰기 때문이다.

유엔은 2005년 총회 결의안 60/7호를 채택하여 1월 27일을 국제 홀로코스트 추모일로 지정했다. 결의안은 홀로코스트 부정 행위를 단호히 거부하라고 촉구하고 민족과 종교 집단에 가해지는 불관용, 증오 선동, 괴롭힘, 폭력을 규탄했다. 또한 결의안은 홀로코스트가 "증오, 선입견, 인종주의, 편견의 대상이 될 위험에 처한 모든 사람들을 위한 영원한 경고"가 되어야 한다고 강조하면서 유엔 회원국들이 미래 세대에게 홀로코스트의 교훈에 관해 교육을 실시하라고 권고했다.

홀로코스트가 현대 인권 개념을 형성하는 데 중요한 단초를 마련한 사실은 '세계인권선언' 전문에 잘 나와 있다. "인권을 무시하고 짓밟은 탓에 인류의 양심을 분노하게 한 야만적인 일들이 발생했다. 따라서 보통 사람들이 바라는 간절한 소망이 있다면, 그것은 모든 사람이 말할 자유, 신앙의 자유, 공포로부터의 자유, 그리고 결핍으로부터의 자유를 누릴 수 있는 세상의 등장이라고 우리 모두가 한목소리로 외치게 되었다."

국제 인권학계에서는 해가 갈수록 더 다양하고 풍부한 홀로코스트 연구 성과가 나오고 있다. 우리의 인권학이나 인권 담론에서 민간인 학살이나 과거사 청산 문제가 주류에서 약간 비켜난 이슈로 다뤄지는 현실과 대비된다. 최근엔 기존의 홀로코스트 서사에서 정설로 취급되던 관점에 의문을 제기하는 연구가 많이 등장했다. 런던대학 소아스 칼리지 댄 플레시의 저서 《히틀러 이후의 인권》(2017년)이 대표적인 성과다.

홀로코스트 연구에서 통용되어 온 표준 서사는 다음과 같다. 전쟁 중 연합국은 유대인의 박해에 대해 어느 정도 알고 있었지만 정확한 실상을 알지 못했다. 설령 정확한 사실을 알았다 한들 급박한 상황에서 홀로코스트를 막으려고 별도의 노력을 기울이기가 현실적으로 어려웠다. 종전 후 독일의 뉘른베르크와 일본의 도쿄에서 전범 재판이 열려 역사 청산이 어느 정도 이루어졌다. 유엔에서는 1945년 이후 인권을 인류 공통의 의제로 채택하여 발전시켰다.

플레시에 따르면 이런 유의 설명은 홀로코스트에 관한 정보가 완전히 공개되지 않았기 때문에 생겨난 오해에 가깝다고 한다. 최근에 기밀 해제된 유엔의 문서고에서 그가 복원해낸 실상은 기존의 홀로코스트 서사와 많이 다르고, 기존의 인권 현대사 서술과도 결을 달리

한다.

미국, 소련, 영국, 중국을 포함한 연합국 26개국은 1942년 1월 1일 '유엔선언'을 발표한다. 유엔(국제연합)이라는 용어가 최초로 등장한 시점이다. 선언은 "세계를 지배하려는 사악한 세력에 맞서 인권과 정의를 지키기 위해 함께 투쟁할 것이다."라고 결의를 다진다. 또한 "전체주의적 군국주의의 한통속인 독일, 이탈리아, 일본에 대해 완전한 승리를 목표로 한다."고 적시한다. 1945년 초까지 21개국이 선언에 추가로 참여했고 그 후 몇 나라를 더해 총 51개국이 '유엔헌장'을 제정하기 위한 샌프란시스코 회의에 참가했던 것이다.

'유엔선언'이 나온 다음해인 1943년에 유엔전쟁범죄위원회(UNWCC)가 비밀리에 결성되었다. 적국의 전쟁 범죄 행위를 조사하는 일 자체가 매우 민감한 사안이었기 때문이다. 전시였으므로 유엔전쟁범죄위원회는 개별 참여국의 독자적인 활동과 그들이 보내오는 정보를 런던과 워싱턴에서 취합하는 정보 교류의 기능을 맡았다.

흥미로운 사실은 전쟁의 최전선에 있었던 강대국보다 중소국, 비서구권, 망명 정부가 더 큰 활약을 했다는 점이다. 이들은 홀로코스트가 일어나던 바로 그 시점에 자국의 지하 저항 조직이 수집한 방대하고 상세한 일차 정보들을 모아 전범을 기소할 수 있는 구체적인 법적 증거로 재구성했다. 정보의 정확도가 대단히 높았다. 트레블린카 절멸 수용소의 가스실 바닥이 도기 벽돌로 깔려 있어 표면이 젖으면 매우 미끄럽다는 사항까지 보고되었다고 한다. 따라서 외부 세계에서 홀로코스트에 대해 잘 몰랐다는 건 사실과 다르다. 연합국 지도부의 정치적 판단으로 전쟁 수행의 우선순위에서 밀렸을 뿐이다.

유엔전쟁범죄위원회는 전쟁 시 일어나는 여성 성폭력을 심각한 인권 유린으로 파악하는 일에도 열심이었다. 흔히 이 문제는 1990년대의 보스니아 사태와 일본군 위안부 이슈를 통해 국제적인 쟁점으로 등장했다고 보는 게 지금까지의 통설이었다. 그러나 유엔전쟁범죄위원회는 제2차 세계대전 도중에 이미 '강간과 강제 성매매'를 전쟁 범죄로 규정하고 그리스, 필리핀, 폴란드 등지의 사례를 모으고 법적 소송을 준비했다.

유엔전쟁범죄위원회는 나치의 폭격이 이루어지는 와중에도 철두철미한 조사를 진행하여 전범 약 3만 6천 명을 사전 기소했다. 종전 후 실제로 세계 각지에서 약 2천 건의 크고 작은 전범 재판을 통해 전범이 처벌받도록 하는 데 결정적인 공헌을 했다. 흔히 제2차 세계대전 인적 청산의 대명사로 불리는 뉘른베르크 재판*은 전쟁 후 진행된 세계적 전범 처리의 그물망에서 상징적으로 유명세를 탔던 하나의 그물코에 불과한 것이다.

유엔전쟁범죄위원회의 또 다른 공헌은 새로운 법적 개념을 도입하여 현대 국제 인권 기준의 기틀을 마련했다는 점이다. '침략 전쟁'의 개념을 새롭게 정립하고, 상부의 명령을 단순히 따랐다는 평계가 법적으로 인정될 수 없다는 원칙을 세우는 데에도 큰 역할을 했다. 또한 국제형사재판소와 같은 중앙 집중식 국제 법정이 아니라 각국의 기존 사법 체계 틀 내에서 국제 기준에 따라 전쟁 범죄를 처벌할 수 있는 지역 분권적 인권 법정의 가능성을 제시한 것도 중요한 기여로

뉘른베르크 재판 제2차 세계 대전 이후 독일 뉘른베르크에서 1945년 11월 20일부터 1946년 10월 1일까지 진행된 연합국이 국제법에 따라 실시한 군사 재판. 피고들은 나치 독일의 원수급 군인과 지도층 24명으로 구성되었다. 평화와 인류에 위배되는 범죄를 저질렀다는 죄목을 부과하여 피고 21명에게 최고형을 내린 판결은 국제 사법 재판의 중요한 선례가 되었다.

꼽을 수 있다.

유엔전쟁범죄위원회는 '세계인권선언'이 나온 1948년에 활동을 중단했고 이듬해에 모든 자료가 기밀로 분류되어 봉인되기에 이른다. 복역 중이던 나치 전범들이 비슷한 시기에 일제히 풀려나기 시작했다. 무슨 일이 있었던 것일까. 냉전 반공주의를 내세우던 트루먼 미국 대통령 입장에선 전범 청산보다 서독과 일본을 돈독한 우방으로 만드는 게 절실했다. 미 국무부 내에서도 나치 척결파와 나치 활용파가 대립했다. 나치 부역자들을 반공 투사라고 치켜세운 매카시 상원의원도 한몫을 했다.

이런 우여곡절을 겪고 다시 세상에 나온 유엔전쟁범죄위원회의 기록은 오늘날 인권 운동에 현실적인 교훈을 주고 있다. 기록 보존의 중요성이 첫째다. 당장 해결이 안 되더라도 기록이 있으면 언젠가 역사를 바로잡을 수 있는 것이다. 인권 문제를 정치 논리로 재단하지 말아야 한다는 교훈도 얻을 수 있다. 유엔전쟁범죄위원회를 해체하면서 내놓았던 논리와 오늘날 과거사 청산을 덮자고 하는 논리가 유사한 것은 우연이 아니다. 반인권 논리에는 '보편적'인 회로가 있기 때문이다.

홀로코스트 자체의 역사성을 기억하면서 그것의 현재적 의미를 함께 떠올리는 것도 중요하다. 홀로코스트 예비 단계에서 나타난 온갖 차별과 증오를 오늘날 우리 사회의 혐오 현상과 연결해 해석할 줄 알아야 한다. 특히 소수자에게 가해지는 광기에 가까운 혐오 표현의 심각성을 직시해야 한다. 숙명여대 법학부 홍성수 교수의 저서 《말이 칼이 될 때》가 이런 점을 잘 지적하고 있다. 나는 인권 교육, 인권 강사 교육에 홀로코스트 교육을 포함시킬 때가 되었다고 본다.

그것을 통해 인권 문제를 역사적·구조적 맥락과 동떨어진 개별적 에피소드로 다루는 인권의 파편화와 왜소화 경향을 바로잡아야 한다고 믿는다.

2018년 1월

인권은 경제 정책에
개입할 수 있을까

전 세계적으로 인권의 강조점이 바뀌고 있는 추세다. 인권을 옹호하는 사람이라면 국제적 인권 상황과 담론의 변화를 주의 깊게 관찰하는 태도를 지녀야 한다. 인권은 말 그대로 모든 인간의 문제이므로 국내 위주의 인권만을 생각한다면 그것은 인권이라기보다 일국적 시민권에 가까운 개념이 된다. 많은 이들이 흔히 빠지는 함정이다.

전 세계 인권 현황을 한눈에 볼 수 있는 자료를 펴내는 대표적인 인권 단체로 국제앰네스티와 휴먼라이츠워치가 있다. 이들이 펴내는 연례 보고서의 정확성과 공신력은 오랜 세월을 거쳐 입증되었다. 두 보고서의 형식은 비슷하지만 차이가 있다. 휴먼라이츠워치는 서문에 이어 바로 각 나라 인권 상황을 소개한다. 국제앰네스티는 맨 앞에서 아프리카, 아메리카, 아시아·태평양, 유럽과 중앙아시아, 중동과 북아프리카의 지역별 개관을 먼저 제시한 후 각국에 대해 기술한다.

휴먼라이츠워치 보고서의 서문은 매년 특정 주제나 문제를 집중적으로 강조한다. 2017년에 이어 2018년에도 포퓰리즘의 위험을 경고하는 글이 실렸다. 국제앰네스티 보고서의 서문도 간혹 특정 주제를 다루곤 한다. 지난 십 년 동안 서너 번 그런 글이 실렸다. 그런데

2018년의 서문은 말 그대로 특별한 내용이었다. 경제 정책이 전 세계적으로 인권에 미치는 악영향을 정면으로 다루었기 때문이다.

내가 기억하는 한 국제앰네스티가 연례 보고서에 이런 서문을 실은 것은 처음이다. 경제의 인권적 함의를 그만큼 심각하게 본다는 방증이다. 인권을 개별적 권리 침해 문제로만 보지 말고 사회 구조적 차원에서 파악해야 한다고 오랫동안 주장해 온 내 입장에서 환영할 만한 움직임이다.

2018년은 2008년 월가의 금융 위기가 발생한 지 십 년째 되는 해였다. 금융 위기는 기고만장하던 신자유주의의 날개가 꺾이고, 자본주의가 인권에 얼마나 큰 폐해를 끼치는지 만천하에 드러난 사건이었다. 그러나 그 후 어떻게 되었던가. 문제의 근본 원인을 직시하고, 빈곤층과 사회 약자에게 상대적으로 큰 혜택이 돌아가는 방향으로 경제 체제의 전환이 이루어졌는가.

위기의 원인을 제공한 자들에게 책임 추궁은커녕 혈세를 풀어 구제해주고, 아무 책임이 없는 애꿎은 서민들을 더 큰 고통의 구렁텅이로 몰아넣었다. 그 과정에서 국가가 공공 채무에 따른 예산 적자를 줄이기 위해 각종 지출을 삭감하고 부가 가치세를 늘리며 긴축 정책(austerity)이 보편화되었다. 국제앰네스티는 바로 이것이 오늘날 전 세계인이 겪는 고통의 뿌리가 되었다고 진단한다. 그 결과 '타자를 악마화하는 정치'가 일상화되었다는 것이다.

긴축의 타격을 받은 나라의 국민들은 교사들이 빠져나가고 시설도 낙후된 학교에 자녀를 보내야 한다. 일자리가 줄고 실업 상태가 길어져 우울증에서 암까지 온갖 건강 문제를 겪는다. 대출로 구입한 주택을 빼앗긴 후 낡고 좁고 춥고 습한 지하방으로 가족들이 옮겨간다. 사회 보장 예산이 줄면서 노인들 돌봄 서비스도 대폭 줄었다. 영국의 경우 긴축 재정 이후 의료와 돌봄 관련 사망자가 12만 명이나 늘어났다.

긴축은 경제사회적 권리만 동결하지 않는다. 정부의 정책에 항의하는 시민들에게 무자비한 진압이 가해지고, 치안 예산이 깎이면서 범죄율도 높아진다. 법률 지원 제도가 줄어 무전유죄의 가능성이 가시화된다. 시민정치적 권리도 땅에 떨어진다.

극빈층의 인권 문제를 다루는 유엔특별보고관은 이 같은 현실을 두고 긴축 정책과 인권이 양립 불가능하다고 단언한다. 지극히 상식적인 결론이다. 그런데 문제가 있다. 인권은 주로 구체적인 침해가 일어난 후의 상황을 다루는 식으로 발전해 왔으므로 긴축과 같은 특정한 경제 정책 자체를—그것이 아무리 인권을 침해할 것으로 예상되더라도— 인권의 이름으로 미리 반대하기가 쉽지 않기 때문이다.

국제앰네스티는 이런 딜레마를 인정하면서도 인권의 이름으로 경제 정책에 개입할 수 있다고 주장한다. 이 주장에는 정부가 공식 정책의 결과에 정치적으로 무한 책임을 져야 한다는 대전제가 깔려 있다. 일반 시민들은 경제 정책에 대해 정부에 다음과 같은 질문을 할 권리가 있고, 정부는 이 질문에 성실하게 답할 의무가 있다.

첫째, 정책을 얼마나 철저히 검토했는가. 둘째, 정책 결정 과정이 어느 정도나 참여적이고 투명했는가. 셋째, 그 정책은 경제사회적으로 가장 취약한 계층에게 어떤 잠재적 결과를 미칠 것인가. 넷째, 정책 시행 후 일어날 것으로 예상되는 악영향을 줄일 조치를 미리 취했는가.

경제사회적 권리를 위해서 최소한의 사회적 안전망을 갖추는 것은 초보적 조치에 속한다. 더 나아가 국제앰네스티는 "특별한 시대는 근원적인 대안을 고려할 것을 요구한다."고 선언하면서 대표적인 대안을 소개한다. 여기에는 보편적 기본 소득과 국가의 필수 사회 서비스 제공이 포함된다.

국제앰네스티는 '세계인권선언' 18조 사상·양심·종교의 자유, 그리고 19조 의사 표현의 자유를 옹호하기 위해 출발한 단체다. 그러나 1999년 포르투갈의 트로이아에서 열린 24차 국제대의원총회에서 경제 문제와 인권에 관한 연구와 행동에 나서기로 결의했다. 오히려 뒤늦은 감이 없지 않았지만 당시엔 반대도 많았다. 주간지 〈이코노미스트〉는 앰네스티가 잘못된 길을 간다는 사설을 실었고, 전통적 지지자들 중에 단체를 탈퇴하는 이도 있었다.

인권을 오래 공부해보니 기존의 인권 문법 내에서 문제 해결에 치중하는 것보다 인권의 방향성 변화가 중요하다는 것을 자주 실감한다. 이 점과 관련하여 우리 국가인권위원회에 대해서도 한마디 하고 싶다. 노회찬 의원이 타계한 후 여러 추모가 나왔지만 나는 특히 한 가지 기억을 떠올려 고인을 추모하고자 한다.

2017년 11월 노 의원은 유엔사회권위원회의 권고를 실천하기 위해 국가인권위원회법의 개정안을 발의했다. 국가인권위원회가 경제적·사회적·문화적 권리에 대한 침해와 차별 행위를 조사할 수 있도록 하여, 사회 양극화와 불평등의 시대에 사회적 약자와 소수자를 위한 사회권 보호를 확대하자는 개정안이었다.

이것이야말로 노회찬 의원의 유지를 계승할 수 있는 가장 현실적이고 참신한 방안이 아닐까 한다. 정부가 바뀐 뒤 국가인권위원회를 개혁하기 위한 시도가 있었다. 적폐 청산이 상자 내의 문제 해결이라면, 국가인권위원회의 행동 반경 자체를 바꾸는 것은 상자 바깥의 변화를 뜻한다.

애초 국가인권위원회 제도의 설계에 내포된 한계 때문에 한국에서 인권이 지나치게 직접적 침해와 차별 중심의 담론으로 귀결된 측면이 없는지 냉정하게 돌아볼 때가 되었다. 지금과 같은 식의 패러다임을 계속 고수한다면 아무리 열심히 일해도 엇비슷한 인권 문제를 끝없이 다루어야 하는 제도적 병목에 빠질 수밖에 없다.

한국의 인권 운동은 미시적 권리 침해를 다루되 그것을 넘어 국가인권위원회가 경제부총리와 청와대 정책실장에게 경제사회적 권리와 관련된 정책을 매섭게 추궁할 수 있도록 방향 전환을 모색할 필요가 있다. 국제적으로도 인권이 이런 방식을 지향해야 한다는 지적은 오래전부터 제기되어 왔다.

국제앰네스티는 408쪽에 달하는 2017 · 2018년 보고서를 끝으로 2019년부터는 온라인 공개만을 고려하고 있다고 한다. 커뮤니케이션의 혁명적 변화상에 보폭을 맞추고, 기후 변화 시대에 종이를 더는 사용하지 않겠다는 상징적 의사가 느껴진다. 국제앰네스티 연례 보고서는 1962년에 16쪽짜리 팸플릿으로 초판이 나온 이후 전 세계 인권 운동의 등대 역할을 해 온 아이콘이었는데 이제 큰 변신을 도모하려는 것이다. 개인적으로도 감회가 깊다.

인권이든 그 무엇이든 시대에 맞춰 변하고 혁신해야 원래의 정신을 수행할 수 있다. 말은 쉬워도 행동은 어렵다. 인권을 이해하는 인식틀이 특정한 방향으로 고정되고 나면 제도와 조직, 전문 지식의 성격, 인적 구성이 그에 맞춰 형성되기 마련이다.

이렇게 되면 인권에 관한 불만과 비판조차도 기존의 인식틀 내에서 개념화되고 제기되는 경향이 굳어진다. 국제앰네스티라고 그런 어려움이 없었겠는가. 하지만 끊임없이 환골탈태하고 적응하려는 노력만큼은 긍정적으로 평가할 만하다.

2018년 10월

증오는 어떻게 만들어지는가

2018년 말 〈한겨레〉에 중요한 인터뷰 기사가 실렸다. 그 기사에서 국가인권위원회 위원장은 '소수의 어떤 견고한 집단'이 혐오를 전체로 확장하고 있으며, 인간을 벌레 집단으로 몰고 가는 식의 차별적 혐오를 그대로 두면 큰 사회적 대가를 치를 것이라고 경고했다.

인권의 역사를 아는 사람은 맘충, 틀딱충, 급식충, 지방충, 난민충과 같은 극혐 표현을 접하면 불길한 기시감에 사로잡히곤 한다. 히틀러는 유대인을 '해충'처럼 다루었고, 스탈린은 독립 자영농 쿨라크(Kulak)를 '계급의 적'이라 불렀으며, 일본은 연합국 영미를 '귀축(鬼畜)'에 비유했고, 캄보디아의 급진 좌파 혁명 조직 크메르루주는 탄압 대상을 '불순분자' 취급했고, 르완다의 후투족은 투치족을 '바퀴벌레'라 부르지 않았던가. 이 정도라면 혐오를 넘어 파괴적인 증오다.

어떤 사람을 인간 이하의 존재로 호명하는 순간, 해로운 '그것'을 제거하는 일은 반드시 수행해야 할 과업이 된다. 그렇게 한 결과가 어떠했는지 우리는 잘 안다. 타자를 인지적으로 비인간화하기 시작하면 감정적 적개심으로 번지기 쉽고, 그런 적개심이 사악한 행동으로 표출되는 건 시간문제다.

이런 증오는 어디서 오는가? 왜 이렇게 극악한가? 어떻게 해결해야 하는가? 우리는 모든 것이 다른 모든 것과 연결된 지구화 시대에 살고 있다. 증오를 전 세계적 현상으로서 통찰할 수 있어야 한다. 유엔이 정한 국제 관용의 날인 11월 16일, 유럽안보협력기구(OSCE)의 '민주 제도와 인권사무국'은 2017년 39개국의 증오 범죄 현황을 발표했다.

공식적으로 집계된 증오 범죄와 증오 사건만 6천 건 가까이 되었다. 증오 범죄는 단순한 범죄가 아니라 특정한 편향 동기가 있는 범죄 행위다. 이 조사에서 인종 차별-외국인 혐오, 성적 지향과 젠더 정체성 혐오, 여혐과 남혐, 반유대인, 반무슬림, 장애인 혐오, 로마-신티 집시 혐오, 종교 혐오가 주요한 편향 동기로 꼽혔다. 한국에서도 이런 현상을 관찰할 수 있다.

세계적으로 증오 범죄가 심각해지면서 전문적 연구도 늘었다. 2013년 결성된 국제증오연구네트워크(INHS)는 "증오에는 국경이 없다."는 명제를 내걸고 '증오 연구'라는 세부 학문 분야를 주도하면서 〈증오연구저널〉이라는 학술지까지 발간하고 있다.

증오 범죄와 증오 사건을 제대로 이해하려면 맥락과 구성 요소를 함께 살펴봐야 한다. 이것들이 서로 이어지면서 증오가 폭발하기 때문이다. 우선 정치적 맥락의 조건을 살펴보자. 권위주의 성향의 지도자 출현, 난민의 대량 유입, 극단적 포퓰리즘, 불안정한 정부 구성, 가짜 뉴스와 유사 뉴스, 왜곡 뉴스를 양산하는 새로운 정치 커뮤니케이션 방식, 민주 세력의 지리멸렬을 꼽을 수 있다. 한국에선 세월호 사건, 촛불 집회와 대통령 탄핵, 한반도의 극적인 정세 변화가 주요한 정치적 맥락이라 할 수 있다.

다음으로 경제적 맥락의 조건을 살펴보자. 특히 세계적으로 악화된 불평등 구조가 중요하다. 사회가 불평등할수록 사람들의 허탈감, 시기, 열등감, 불만, 우울, 타자와 자신을 향한 공격 성향이 늘어난다. 끓어오르는 분노의 압력은 사회의 약한 틈새인 소수-약자 집단을 희생양 삼아 터져 나오기 쉽다. 미국의 연방수사국과 민간 연구 기관의 조사에 따르면 불평등이 심한 주일수록 증오 범죄-증오 사건이 증가하는 상관 관계를 보인다고 한다.

한국의 불평등도 심각하다. 근로 소득과 자산 소득을 합친 통합 소득의 지니계수가 0.5를 넘어 국제 기준으로도 매우 높은 불평등 수준이라는 연구 결과가 처음으로 나왔다. 2018년 통계청 발표에 따르면 2016년을 기준으로 하여 최하위 1분위 가구와 최상위 5분위 가구 사이의 소득 격차가 조사 이후 최악인 5.52배로 나왔을 정도다.

마지막으로 집단 무의식의 맥락 조건을 살펴보자. 요즘 증오 연구에서는 카를 융의 정신분석 이론을 활용하곤 한다. 이슬람이 7~17세기 사이 동유럽과 남유럽에 침입했던 역사적 사례가 오늘날 반(反)난민 정서의 원형일 가능성이 있다. '명백한 운명'이라는 구호를 내세워 팽창주의와 영토 약탈을 합리화한 19세기 미국의 역사적 환상은 트럼프의 선거 구호 "미국을 다시 위대하게 만들자."로 부활했다. 한국에서는 남북한 화해에 대한 반작용으로 레드 콤플렉스의 집단 무의식이 수면 위로 드러날 때가 많다.

이런 맥락 조건이 있다고 해서 무조건 증오가 나타나는 건 아니다. 추가적인 구성 요소가 맞물릴 때 본격적으로 증오가 증오 범죄 또는 증오 사건의 형태로 나타난다. 이것을 '증오의 3요소'라 한다.

첫째 요소는 증오를 부추기는 지도자다. 그는 카리스마를 갖추고 권력의 사유화를 추구한다. 정치적 목적을 위해선 어떤 짓도 마다하지 않는다. 이런 사람이 신봉하는 가치는 보통 사람들과 전혀 다르다.

예를 들어 지도자가 무고한 사람에 대한 폭력을 규탄한다면 빈곤층이나 약자 계층에 대한 폭력을 규탄하는 것이 아니다. 자신과 같이 매일매일 순교자처럼 헌신하는 사람을 향한 세상의 '몰이해'와 '비방'과 '음해'를 규탄한다는 뜻이다. 우리는 오해하지 말아야 한다. 이런 지도자가 사용하는 표현과 수사는 거짓이나 위선이 아니다. 그런 사람은 애당초 근본에서부터 뒤틀린 자기만의 세계관에서 나온 확신을 도덕적 가치로 내세우는 것이다.

둘째 요소는 증오의 지지자들이다. 이들 중 적극적 동조자는 증오 선동 지도자의 가치관에 진심으로 공감하고 능동적으로 행동에 나선다. 소극적 순응자는 현실 욕구 불만, 미성숙한 자아, 부정적 자기 평가와 낮은 자존감을 특징으로 하면서 증오 선동에 은근히 동의하고 박수를 친다.

폴란드 정신 의학자 안제이 워바체프스키는 어느 사회에서든 폭력, 고통, 잔인성을 긍정하는 이들이 포함되어 있다고 지적한다. 이런 '소수의 견고한 집단'은 규모가 작지만 활동 범위가 넓고, 확신의 강도가 상상할 수 없이 단단하며, 많은 사람에게 고통을 가하고 악영향을 끼친다.

증오를 선동하는 지도자와 지지자들 사이엔 공통점이 많다. 이들은 죄의식과 자기 성찰이 부족하고 소유욕과 지배욕이 강하다. 사고와 감정이 경직되어 있고, 인지적·정신적 결핍 때문에 타인에게 공감하거나 타인과 연대하지 못한다. 남을 끝없이 의심하는 편집성 인격 장애, 자신의 옳음을 맹신하는 자기애적 인격 장애, 타인을 목적 달성의 수단으로 간주하는 반사회적 인격 장애가 있는 사람도 있다. 증오를 선동하는 지도자는 반대파에겐 불순 세력이라는 딱지를 붙이고, 추종자들은 애국 시민이라고 떠받들면서 사회 분열을 심화한다.

셋째 요소는 증오를 야기하는 환경이다. 정치·사회 상황이 불안정하고, 경제적 어려움을 실제적으로나 가상적으로 우려하는 사회 분위기가 큰 몫을 한다. 높은 실업률과 감당할 수 없는 주거 상황, 집단 정체성을 강조하는 문화, 강력한 지도자를 희구하는 열망, 외집단을 배제하는 내집단 중심 담론, 조금이라도 상황이 불확실해지면 질서 회복을 위해 무슨 조처든 내놓으라고 요구하는 태도도 증오를 불러오기 쉬운 환경을 만든다. 이럴 때면 악화된 환경이 증오의 '수요'를 만들어내고, 그것에 호응하는 지도자-지지자들이 증오를 '공급'하는 순환 구도가 형성된다.

증오의 구성 요소는 화재가 발생하는 '연소의 3요소'와 비슷하다. 불이 붙으려면 불꽃과 연료와 산소가 있어야 한다. 증오를 선동하는 지도자는 불꽃이고, 증오를 지지하는 자들은 연료이며, 증오를 야기하는 환경은 산소에 비유할 수 있다.

불을 끄려면 '연소의 3요소' 중 일부 혹은 전부를 통제해야 하듯, 증오를 근절하려면 체계적인 대책이 필요하다. 증오의 '불꽃'을 피우는 지도자를 제압하기 위해선 합리적 선거 제도, 정당 발전, 분열적·선동적 정치인의 퇴출이 핵심이다.

증오의 '연료'가 되는 지지자들을 봉쇄하기 위해선 학교와 직장 민주주의, 갑질 문화 근절, 인권 교육 활성화, 가짜 뉴스 퇴치 캠페인, 이성적 소통 훈련이 필요하다. 차별금지법도 도움이 된다. 증오를 확산하는 '산소'를 차단하려면 빈부 격차를 줄이는 포용적 사회·경제 정책을 시행해야 한다.

단기간에 해결될 문제가 아니지만 촛불 혁명을 이뤄낸 시민들에겐 불가능한 과제가 아니다. 증오의 3요소를 격퇴할 아이디어를 함께 찾아보자.

2018년 11월

바이마르공화국은 왜 실패했을까

3·1운동과 임시정부 1백 주년이었던 2019년, 대일 관계가 최악의 상태에 놓였다. 대다수 전문가는 이 사태가 강제 징용이라는 '인권' 문제로 촉발되었다는 데에 동의한다. 노동권을 규정한 '세계인권선언' 23조는 전쟁 때 발생한 강제 노동의 폐해를 반성하며 만들어졌다.

1965년에 체결한 한일협정 이후 강제 동원 개인 청구권의 소멸 여부 문제는 법 절차에 초점을 둔 쟁점이다. 더 크게 보면 제2차 세계대전 후 인권은 시간상으로는 과거사로, 공간상으로는 전 세계로, 내용상으로는 사회권과 연대권 영역으로 확대되고 순환하면서 발전해왔다. 따라서 이번 사태의 본질은 인간 자유의 세계사적 확장을 수용하느냐, 구시대적 아집을 고수하느냐 사이의 충돌에서 찾아야 한다.

이런 배경에서 과거사를 대하는 아베 정부의 태도와 독일의 태도를 비교한 논의가 많이 나왔다. 독일이 일본에 비해 적극적으로 과거사 청산에 임해 온 건 사실이다. 그런데 독일의 대처가 단순히 주변국과 피해 집단에 대한 대외적 행동만으로 가능했던 건 아니다. 대내적으로 끊임없이 민주주의를 성찰하고 실행하려는 노력, 그리고 격렬한 논쟁을 극복하면서 확보한 동력을 바탕으로 삼아 대외적 행동에 나설 수 있었다.

바르샤바의 유대인 게토 봉기 기념탑 앞에서 서독의 브란트 총리가 무릎을 꿇고 사죄했던 광경을 많은 이가 기억한다. 그러나 당시 독일 국내의 보수 여론이 반발했던 사실을 기억하는 사람은 많지 않다. 홀로코스트를 둘러싼 역사 논쟁도 심했다. 처음부터 모든 독일인이 한목소리로 반성한 게 아니었다. 반세기 넘게 민주주의를 교육하고 삶의 모든 차원에서 민주주의를 실천하면서 새로운 세대를 꾸준히 양성했기에 가능한 일이었다.

독일 역시 2019년이 역사적으로 중요한 이정표의 해였다. 바이마르공화국 헌법 제정 100주년이자 베를린 장벽 붕괴 30주년이었다. 베를린의 독일역사박물관에서 바이마르공화국을 주제로 한 민주주의 특별전이 열리기도 했다.

바이마르공화국 하면 떠오르는 이미지가 있다. 이상주의적 헌법과 무질서한 현실, 무책임한 정쟁 정치, 최악의 경제 상황, 외교적 사면초가까지 부정적 서사가 주를 이룬다. 하지만 전시회는 그런 통념을 뒤집었다. 비록 실패하긴 했어도 민주주의 수준이 높았고, 그 정신만큼은 오늘의 현실에서도 여전히 유효하다고 본다.

특별전은 '바이마르—민주주의의 본질과 가치'라는 제목을 달고 전 세계적으로 자유민주주의가 더는 당연시되지 못하는 현실에 경종을 울린다. 민주 정치의 역사가 오래된 나라들도 민주주의가 위협받고 있다고 지적한다. 현시점에서 독일인들이 느끼는 민감한 정치 의식을 반영한 전시회다.

1919년의 총선에서 사상 최초로 여성과 군인이 투표권을 행사할 수 있었다. 득표율 37.9퍼센트의 사회민주당, 19.7퍼센트의 중도당, 18.5퍼센트의 중도 좌파당이 연립 정부를 구성했다. 극우와 극좌를 제외한 진보파와 범민주파의 승리였다.

그해 8월 11일에 선포된 헌법은 유럽 최고 수준의 기본권과 자유를 규정했고 전 세계에 영향을 끼쳤다. "모든 독일 국민은 법 앞에서 평등하다."라는 109조에 따라 인간 평등이 단순한 선언이 아니라 헌법적 기본권으로 격상되었다. 사회 국가 원칙이 수립되었고, 실업 급여 보험이 제도화되어 민주주의의 실질화가 진전되었다. 도시 계획, 공공 주택, 도시 텃밭도 이때 시작된 개혁이었다.

바이마르공화국을 흔히 "민주주의자 없는 민주주의"라고 조롱하지만 실제로는 모든 분야와 차원에서 시민들이 민주주의를 실험하고 지키려 했다. 예를 들어 1922년 발터 라테나우 외무장관이 암살당하자 전 국민이 항의에 나설 정도였다. 베를린에서 열린 공화국 수호 결의 대회에 나온 수십 만 민주 시민들의 사진은 전시회를 통틀어 제일 감동적인 자료다.

그런데도 왜 바이마르공화국이 실패했던가. 반동적인 수구 언론들이 인종주의, 반유대주의, 민족주의적 혐오를 선동했다. 극우와 극좌가 공화국을 시도 때도 없이 흔들었다. 공화국보호법이 제정됐지만 사법부는 이 법을 주로 극좌파 처벌에만 적용했다. 대공황으로 경제가 직격탄을 맞았고 실업률과 인플레가 하늘을 찌르자 반공화파들은 마치 이 모든 고통이 정부만의 책임인 양 공격을 해댔다. 프랑스 혁명이 모든 근대 혁명의 원형이 된 것처럼, 바이마르는 모든 실패한 민주 체제의 원형이 되어버렸다.

전시회의 제목을 그냥 지은 게 아니었다. 헌법학자 한스 켈젠(Hans

Kelsen)이 1920년에 쓴 동명의 저서에서 따온 것이다. 전시회의 마지막 순서에 이 책의 한 구절이 전시되었다. 켈젠은 요한복음 18장에서 빌라도 총독이 예수를 신문하던 이야기를 화두로 삼는다. 빌라도가 예수를 풀어주려 했지만 군중이 도둑 바라바를 원한다고 요구하자 하는 수 없이 그 뜻을 따랐다는 일화다. 요즘 식으로 말하면 '다수결'에 따라 신의 아들을 사형에 처한 것이다.

재판의 전말을 기술한 후 켈젠은 다음과 같이 말한다. "확신에 찬 정치적 신념가라면 이 사례를 민주주의 지지가 아니라 민주주의 반대 논거로 이용할지도 모르겠다. 그런 주장을 받아들일 순 있겠지만, 한 가지 조건이 필요하다. 그 정도로 확고하게 자기 주장을 하려면 자신의 정치적 진리—필요하다면 정치적 권력으로 강제해야 하는—가 옳다는 것을 신의 아들만큼이나 확신할 수 있어야 한다." 이것이 전시회의 결론이다.

민주주의의 본질이 가치의 다원성과 상대성을 인정하는 바탕에서 서로 타협하는 데 있다는 켈젠의 주장은 자유민주주의의 고전적 정의에 가깝다. 타협은 더러운 말이 아니라 민주주의의 패스워드임에 분명하다. 그런데 켈젠의 결론은 다음 두 가지 이유 때문에 오늘날 상황에 비추어 너무 점잖고 이상적이다.

첫째, 민주주의 체제 내의 정당한 반대자가 아니라, 민주주의 체제를 무너뜨리기 위해 민주 제도를 악용하려는 세력을 어떻게 할 것인가. 이들과 타협할 수 있을까. 타협 가능한 민주주의의 경쟁자와, 타협 불가능한 민주주의의 적을 어떻게 판별할 것인가. 그것에 실패해서 나치 집권의 대참사가 발생하지 않았던가.

둘째, 사람들이 극단적 주장, 가짜 뉴스, 혐오·증오의 소리에 귀를 기울이게 만드는 조건을 개선하는 데 사활을 걸어야 한다. 차별과 희생양 만들기와 극혐적 표현에 사람들이 쉽게 유혹될 만큼 경제사회적 바탕이 악화되었다면 민주주의는 공염불에 빠지기 쉽다.

7월 20일은 군부가 히틀러 암살을 기도한 '발키리 작전'의 75주년이 되는 날이었다. 메르켈 총리는 기념식에서 모든 시민이 민주주의를 파괴하려는 극우파의 준동에 반대할 '의무'가 있다고 호소했다. 최근 신나치의 정치인 암살이 발생할 정도로 독일 민주주의를 위협하는 움직임이 나타나고 있다. 정부 추산으로 2만 4천 명의 극우파가 있고, 그중 1만 3천 명이 폭력 성향을 띠고 있다고 한다.

여기에 독일의 고민이 있다. 민주주의 실천과 역사 청산이 모범적이라고 인정받는 성공담 속에 또 다른 문제의 씨앗이 싹트고 있는 역설을 어떻게 볼 것인가. 여기서 우리가 취할 교훈은 명백하다. 민주주의는 쉼 없이 달려야 하는 자전거다. 그리고 페달을 계속 밟기 위해선 각 세대마다 새로운 도덕성과 사회경제적 근육이 필요하다.

2019년 8월

변화하는 인권을 위한 조감도

인권은 구체적인 사건과 매일 씨름하는 야전 병원 같은 기능을 한다. 하지만 잠시나마 인권을 둘러싼 전체 지형을 살펴볼 필요가 있다. 아무리 열심히 싸운다 해도 길을 잃고 헤맨다면 낭패가 아닐 수 없다. 인권에도 조감도가 필요한 이유다.

2020년은 인권에 특별한 의미가 있는 이정표 몇 개가 있는 해이다. 역사를 잘 기억하고 그 의미를 잘 해석해야 제대로 된 행동이 나올 수 있다. 그런 면에서 이번 해는 인권을 전략적으로 고찰할 수 있는 좋은 기회를 제공한다. 그 기회는 한국전쟁, 광주민주화운동, 유엔, 그리고 글래스고라는 네 단어로 요약할 수 있다.

한국전쟁 발발 70년이 되는 2020년에 우리는 인권의 관점에서 무엇을 기억하고 해석하며 또 어떻게 행동해야 할 것인가. 6·25전쟁이 남긴 유산을 생각해보자. 파괴, 살육, 상실, 분리, 원한, 적대, 공포와 같은 구체적인 흔적은 잘 알려져 있다. 나는 전쟁이 끝나고 몇 년 뒤에 태어났지만 팔, 다리를 잃고 쇠갈고리를 한 상이군인들이 동네에서 걸식하러 다니던 광경을 일상적으로 보며 자랐다. 총성은 멎었지만 어수선하고 폭력적인 전쟁의 그림자가 오랫동안 드리웠던 시대였다.

이런 식의 생생한 상흔은 이제 더는 찾기 어렵다. 그러나 전쟁의
유산은 우리의 가치관, 사회 구성 원리, 정치 문화, 대인 관계에 속
속들이 배어 있다. 매사를 대결과 승패로 파악하고 해결하려는 관행
이 대표적이다. 생존 본능이 여전히 최우선이고, 그 어떤 원리 원칙도
'먹고사는 문제'라고 주장되는 사안 앞에서는 무효가 되어버리는 경
향도 마찬가지다.

한국의 자본주의가 재산권 만능주의에 기대어 유난히 극성스러운
자본주의로 귀결된 것도 한국전쟁이 한몫을 했다고 봐야 한다. 그뿐
인가. 전쟁의 학습 효과로 세상 이치가 제로섬이라고 믿게 된 나라에
신자유주의가 들어오니 무한대의 경쟁과 배제가 너무나 자연스럽게
수용되었다. 이런 모습을 보면 다수 국민이 무의식의 차원에서 외상
후 스트레스 장애를 겪고 있는 게 아닌가 하는 생각마저 든다.

한국전쟁이 국민의 원초적 심리를 비틀어놓았다면, 2020년에 40
주년을 맞는 광주민주화운동은 국가 폭력성의 적나라한 실상을 알
려주었다. 그것에 더해, 엄연한 사실을 있는 그대로 증언하고 기록하
는 일조차 불의한 권력이 개입할 때 어떻게 부정되고 왜곡될 수 있는
지 생생하게 드러났다.

5·18운동은 대규모 인권 유린이라는 일차적 가해성과 사건 이후
의 이차적 가해성이 정치적·이념적으로 얼마나 긴밀하게 연결되어
있는지를 똑똑히 보여주는 교과서적인 사례라 할 수 있다. 역사적 기
억은 최종적이고 불가역적으로 석판에 새겨질 수 있는 것이 아니라,
끝없는 토론과 의미 부여를 거쳐 현재의 무대로 계속 불러내야 하는
것임을 우리는 알게 되었다. 민주주의의 영원한 여정과도 같다.

광주민주화운동은 오늘날 우리 사회의 중추 세력이라 일컬어지는 86세대를 키운 모태가 되기도 했다. 솔직히 말해 사회 의식을 조금이라도 품고 그 시대에 가치관의 형성기를 보낸 사람 중 광주의 영향을 받지 않았던 이들이 몇이나 될까. 명백하고 현존하는 불의에 과감히 맞서야 함을 체득했던 86세대의 집단적 에토스는 지금까지 한국 정치 문화의 중요한 자산이 되었다. 하지만 최근 86세대를 향한 젊은 세대의 싸늘한 눈길은 역사적 맥락의 반전이자, 전통적 인권 담론에 대한 도전장이기도 하다.

2020년은 제2차 세계대전이 끝나고 유엔이 창설된 지 75주년이 되는 해이기도 하다. 전 세계적으로 유엔에 관한 각종 논의와 대화가 일 년 내내 계속될 예정이다. 하지만 정작 유엔은 잔칫상을 받을 만한 형편이 못 된다. 제2차 세계대전 이후 국제 질서의 근간이 되어 온 다자주의와 국제 협력을 통한 문제 해결이라는 원칙이 크게 어긋나고 있기 때문이다.

그런 와중에 가장 근본적인 성찰이 요구되는 것 중의 하나가 인권 담론이다. 인권은 좋든 싫든 서구 주도의 자유주의적 국제 정치 이념이라는 배경에 의존했던 측면이 강했는데 그러한 병풍 자체가 흔들리고 있기 때문이다. 세계 도처에서 유사 권위주의와 포퓰리즘이 인권의 바탕을 갉아먹고 있는 데다, 중국식 발전 체제가 강력한 반서구적 대항 이념으로 등장하는 현실도 기존의 인권에 유례없는 도전이 되고 있다.

유엔에서 오랫동안 구축해놓은 국제 인권법 체제는 '법'이라는 명칭을 달고 있긴 하지만, '깊고 강한' 구속력보다 '얕고 넓은' 설득력으로써 인권을 실현하겠다는 취지로 발전해 왔다. 이것은 인권 담론을 일반적 차원으로 확산하는 데에는 성공했지만 적어도 사법적 측면에서는 문제 해결에 크게 기여했다고 보기 어렵다.

"왜 인권을 말로는 중요하다고 하면서 실제로는 권고밖에 못 내리는가?"라는 볼멘소리가 나오는 이유도 여기에 있다. 그렇다고 국제 형사재판소같이 '깊고 강한' 접근이 늘 효과가 있는 것도 아니다. 유엔을 거친 인권 실행이 일종의 병목 지점에 빠져 있다고 할 수 있다.

2020년 말 스코틀랜드의 글래스고에서 열릴 예정이던 기후협약 26차 당사국 총회는 코로나 사태로 몇 달 미루어졌지만, 이번 총회는 2015년 파리협약의 구체적 결정판이 될 것이다. 각국이 2030년·2050년의 온실가스 감축 목표와 관련 계획을 2020년 말까지 마감하여 제출해야 하기 때문이다.

만에 하나 글래스고에서 합의가 마무리되지 못하면 섭씨 1.5도(지구의 평균 온도 상승폭 제한 목표) 억제는 고사하고 방어선인 섭씨 2도조차 지키지 못할 가능성이 커진다. 그랬을 때 어떤 결과가 나올지는 상상조차 하기 어렵다. 국제 교육계에서는 학교에서 기후 변화를 독립 과목으로 가르쳐야 한다는 논의가 나올 정도인데 한국의 전반적인 의식 수준은 아직 초보 단계에 머물러 있다.

결론적으로 전쟁, 광주, 유엔, 기후라는 네 가지 열쇳말을 통해 2020년의 인권을 조망할 때에 유념해야 할 점들이 있다. 첫째, 전쟁 방지와 국가 폭력 청산과 다자주의적 국제 협력은 앞으로도 여전히 인권에서 극히 중요한 토대로 인정될 것이다. 새로운 인권 이슈가 아무리 많이 제기된다고 해도 이런 기본을 잊어선 안 된다.

둘째, 다시 교착 상태에 빠진 한반도에서 평화와 공존과 통일을 논할 때 인권이 설 자리가 어디인지를 잊어선 안 된다. 국제적으로 한반도의 인권 논의가 사라질 가능성은 거의 없고, 일각에서 주장하듯 평화와 인권이 꼭 긴장 관계에 있는 것만은 아니다. 남북 화해와 통일을 원하는 사람일수록 '적절한' 방식으로 인권을 계속 모색해야 한다.

셋째, 권력과 정치를 강조했던 인권 담론이 현재엔 생활 세계와 개인의 사적 영역, 성과 정체성에 대한 관심으로 방향이 바뀐 상태다. 그러나 인권 담론이 86세대 버전에서 2030세대 버전으로 교체됐다기보다는 확장됐다고 보는 게 정확할 것이다. 양자 간의 최적화를 찾아야 한다.

마지막으로, 앞으로 수십 년간 기후 위기가 인권 담론의 핵심적 맥락을 이루게 될 가능성이 크다. 재앙적 기후 위기가 가져올 인권 침해의 범위, 규모, 특성을 예상하여 인권 담론을 서둘러 재구성하고 재정렬할 필요가 있다. 진작에 추진했어야 할 과업이다.

2019년 12월

5장

/

인권-평화 국가로 가는 길

인공 지능 시대의 인권 교육

오래전 일이다. 어느 기관에 인권 교육을 갔는데 '인권 의식 함양을 위한 정신 교육'이라는 플래카드가 붙어 있어 놀랐던 적이 있다. 인권을 정신 교육으로 하다니. 요즘은 사정이 달라졌다. 학교나 대학에서 인권 교육이 늘었고 학교 바깥의 교육도 활발해졌다. 인권 단체, 시민 단체, 교육 단체, 지자체, 경찰, 복지 기관, 기업에서 여러 형태로 인권 교육을 하며 계속 수요가 늘고 있다. 하지만 무엇을 교육할지, 어떻게 접근해야 할지에 관한 합의가 아직도 부족하다.

원래 '인권 교육'은 '교육 인권'과 짝을 이룬다. 교육 인권을 규정한 '세계인권선언' 26조는 교육의 목적이 인권이라고 못박는다. "교육은 인격을 온전하게 발달시키고 인권과 기본적 자유를 더욱 존중할 수 있도록 그 방향을 맞추어야 한다." 선언의 전문에서는 사람들이 인권을 이해해야만 인권이 달성될 수 있다고 하면서 인권 교육이 곧 인권의 길이라고 가르친다. 즉, 교육 자체가 인권 교육이 되어야 하고, 인권 교육을 해야 인권이 보장된다는 말이다.

인권 교육 개념은 70년 전에 나왔지만, 알파고 시대를 맞은 21세기를 예견한 듯하다. 문유석 판사에 따르면 미래 교육의 핵심은 시민 사회 구성원으로서 어떤 권리와 의무가 있는지를 알려주고 행동하도록 하는 고전적 시민 교육에 있다. 교사와 교육 전문직 2,229명을 상대로 하여 미래 사회 학생들에게 필요한 주요 능력을 물어봤더니 공감 능력이 압도적 1위였고 도덕성과 의사소통 능력이 그 뒤를 이었다고 한다. 이게 무엇을 의미할까. 인공 지능 시대가 올수록 인권 교육이 중요해진다는 뜻이다.

인권 교육의 첫걸음은 대상을 잘 가리는 데 있다. 인권 교육은 확정된 법규집 같은 게 아니다. 어린이와 대학생, 학생과 교사, 일반 교사와 학교 관리자, 복지 시설 이용자와 운영자, 일반 시민과 공무원, 다수자와 소수자에 따라 내용과 접근법이 달라진다. 경우에 따라선 '인권'이라는 말을 쓰지 않고도 인권 교육이 이루어질 수 있다.

학습자의 구분만큼이나 교육 목적도 다양하다. 제일 쉽게 상상할 수 있는 목적은 인권을 독립된 주제로 다뤄 인권의 개념, 역사, 권리의 종류, 헌법과 국제 기준, 주요 쟁점을 가르치는 것이다. 요컨대 '인권이란 무엇인가'를 배우는 것이다. 이는 주로 대학이나 전문 연수 과정에서 인권을 다루는 인지적 교육 방식이다.

인권 침해의 해결책을 가르치는 도구적 교육 방식도 있다. 법과 제도에 대한 지식과 그 지식의 활용법, 정책 결정 과정, 의제화를 위한 주창 능력을 가르친다. 인권을 박탈당한 사람이나 약자 집단이 권리의 호신술을 익힌 유단자가 되어 직접 후배들을 가르칠 수도 있다. 이것을 당사자 인권 교육 모델이라 한다.

편견과 차별적 태도와 반인권적 행동 양식을 바꾸기 위한 개입형 교육도 있다. 경찰이나 공무원에게 실시하는 인권 교육이 주로 이런 방식을 취한다. 흔히 태도와 행동 변화를 목적으로 하는 교육이 제일 어렵다고 한다. 구성원들에게 인권 교육을 실시하는 공조직이 늘면서 양적으로 커지고 있는 분야다.

마지막으로 철학적이고 비판적인 접근도 있다. 인권적 가치관을 정립하고, 권리와 자유를 가로막는 장벽을 발견하며, 자신의 욕구를 규정하고 그것을 달성할 수 있는 능력을 고양하도록 이끄는 성찰적 참여형 교육 방식이 그것이다. 넓은 의미에서 민주 시민 교육과 일맥상통한다. 나는 우리 사회가 시민 교육, 평생 교육의 일환으로 인권 학습이 절실하게 필요한 공동체라고 믿는다.

인권 교육을 국가 차원에서 실시하는 나라로 필리핀이 꼽힌다. 시민들이 피플파워혁명으로 독재자 마르코스를 쫓아낸 후 1987년에 새로 만든 헌법 14조 3항에 인권 교육이 명시됐다. "모든 교육 기관은 헌법을 가르쳐야 하고 …… 인류애와 인권 존중을 함양해야 한다." 이에 따라 군과 경찰을 대상으로 대대적인 인권 교육을 실시하여 국제적으로 주목을 받았다. 교육 담당자들은 그 경험을 다음과 같이 정리한다. 공무원이나 여타 공조직에도 적용할 만한 교훈이다.

첫째, "구어체로 교육하라." 일상 용어를 쓰고 전문 법률 용어를 되도록 피하라. 문화와 사회적 맥락을 잘 살펴 설명하라. 준비가 되지 않은 이들에게 국제 인권법의 이러저러한 전문적 규정을 들이대면 하품 나는 먼 나라 이야기로밖에 들리지 않는다.

둘째, "인권이 학습자 스스로의 것이 되게끔 하라." 인권 규범을 소개한 후 그것을 학습자의 상황에 맞춰 해석하고 적용할 수 있도록 이끌어야 한다. 인권이 완전히 새롭고 골치 아픈 것이 아니라 자기 직업 윤리 속에서 발견할 수 있고, 의지만 있으면 자신의 일상 업무에서 쉽게 실천할 수 있는 개념이라고 안내해야 한다.

셋째, "인권이 개인의 삶과 연결되도록 하라." 당신들은 잠재적 인권 침해 집단이니 조심해야 한다는 식으로 접근하면 오히려 거부감과 방어 심리만 불러일으킬 수 있다. 인권이 학습자 자신의 인간적 욕구와 인격에 도움이 되고, 가족과 자녀의 삶에도 긍정적 역할을 할 수 있다는 점을 강조해야 한다. 내 경험에 비추어보면 인권을 실천하도록 교육받는 대상일수록 오히려 스스로 피해 의식이 있는 경우가 많았다. "우리 인권은 어떻게 됩니까?"라고 되묻는 공무원, 사회 복지사, 경찰을 만나는 경우가 드물지 않다. 이런 질문을 진지하게 경청하고 그들의 반응에 인간적인 이해를 표하는 것이 효과적인 인권 교육의 첫 단추가 된다. 교육자의 자세에서부터 인권의 정신이 드러나야 하는 법이다. 교육자와 학습자 사이에 신뢰의 창이 열리면 그 교육은 이미 성공을 향하고 있다고 할 수 있다. 거듭 강조하지만 인권 교육은 사실과 지식 전달 이상의 어떤 교감을 필요로 한다.

넷째, "적절한 유인을 제공하라." 인권과 같이 고귀한 가치를 가르친다고 해서 참여자에게 당근을 주지 않을 이유가 없다. 교육에 불참하면 불이익을 주기보다, 교육 이수를 하면 인센티브를 주는 편이 효과적이다. 직원들이 인권 교육을 받은 후 자발적으로 감상문을 제출하고 조직의 장이 직접 상을 주면서 그 글을 홍보한다면 인권 교육의 취지가 살아날 수 있다.

인권 교육의 방법과 효과를 놓고 여러 의견이 있긴 하나, 인권을 교육의 장에서 한 번이라도 다뤘을 때 따라올 긍정적 효과는 부정적 효과를 압도한다. 몇 시간 교육만으로 인권 가치를 내면화할 것으로 기대하긴 어렵지만, 적어도 인권이 꼭 필요한 규범이고 그것을 어기면 나를 포함한 모두가 큰 상처를 입는다는 정도의 계몽 효과는 분명 거둘 수 있다. 생각지도 못했던 점을 처음 접하는 지적 충격만으로도 인권 교육의 가치가 존재한다. 일 년에 한 번, 두세 시간 정도만 실시한다 해도 인지적·행동 변화적·도구적 교육 방식을 잘 섞으면 상당히 괜찮은 결과를 얻을 수 있다고 본다.

한국은 인권 교육에 양호한 환경과 불리한 환경을 모두 갖춘 사회다. 공사 영역에서 인권에 관심이 높은 것은 우호적인 환경에 속한다. 그러나 교육 수준과 인권에 대한 지지 사이에 상관 관계가 있는 국제적 추세와는 달리, 한국은 이 둘 사이가 오히려 벌어지는 예외적인 나라다. 또한 진보-보수로 분열된 이념 지형 때문에 인권조차 특정 진영의 전유물처럼 인식되는 상황은 인권 교육에 불리한 조건이 되고 있다.

그런데도 인권 교육은 반드시 필요하고 더욱 확대되어야 한다. 인권 침해가 발생한 후 외양간을 고치는 것보다 교육을 통한 사전 개입이 장기적 결과로 보나, 경제사회적 비용 면에서나 월등히 낫다. 백 가지 인권 정책보다 인권 친화적 시민이 많아지는 것이 궁극적으로 훨씬 더 바람직하다.

두 가지를 제안한다. 인권 보호 의무가 있는 기관, 특히 군, 경찰, 검찰, 국정원 내 인권 교육이 반드시 필요하다. 또한 권리라는 말을 입에 올리기 쉽지 않은 사람들에게 법 제도를 최대한 활용할 수 있는 방안을 전수해야 한다. 탈북자, 이주 노동자, 성소수자……. 인권이 갈급하나 문을 두드릴 용기가 없거나 그럴 처지가 안 되는 사람들을 적극적으로 찾아가는 인권 교육이 되어야 한다.

2016년 5월

법치 없이 인권 없다

대통령 탄핵안이 국회에서 가결되던 순간 나는 서울에서 멀리 떨어진 한 지자체에서 공무원 인권 교육을 하고 있었다. 인권의 날을 하루 앞두고 마련된 자리였다. 강의가 오후 3시부터 시작된 터라 투표 결과가 무척 궁금했다. 4시가 조금 넘었는데 청중석에서 갑자기 스마트폰의 물결이 출렁거렸다. 누군가가 "가결됐답니다!"라고 말해주었다. 일순간 역사의 한복판에 서 있는 듯한, 비장하면서도 벅찬 느낌이 넓은 강당을 채웠다.

보수 정권 8년 10개월을 돌이켜보면 인권 분야에서 잘했다 싶은 일을 찾기가 어렵다. 쇠퇴 일로의 기간이었다. 2015년 말 '민주사회를 위한 변호사 모임'에서 인권 보고 대회를 열었다. 그때 다루어진 사안을 보라. 메르스 사태 유언비어 엄단, 세월호 사건 유언비어 단속, 국가정보원 불법 해킹, 표현의 자유 위축, 다음 카카오톡 세무조사와 수사, 인터넷 언론 등록 요건 강화, 방송통신위원회 명예 훼손 심의 강화……. 하나같이 반동적이고 시대착오적인 것들이었다. 자유민주주의를 신주 모시듯 하는 권력의 인권관이 고작 이 정도 수준이었다. 몇 달간 벌어진 사태로 미뤄보면 이런 사안을 다룬 데에도 다 이유가 있었다. 그것은 대통령을 비롯한 우리 사회 최상층의 정신적 지향성이다. 이런 사고방식의 가장 큰 특징은 법의 지배 원칙을 대하는 분열적 태도이다. 한국 보수 지배 계급의 의식 근저에 도사린 마술적 법치 리얼리즘을 규명하지 않고 이 사태를 분석할 수 없다.

한편으로 형식적 차원에서 마술적 법치 리얼리즘은 법과 규정을 누누이 강조한다. 불법, 엄벌, 엄단, 일벌백계, 척결, 처단, 단두대, 기강 확립, 국기 문란, 응징처럼 권위주의적 언어와 지시로 시민들을 옥죄고 생사람을 잡으면서도 스스로는 법치의 모범생인 양 행세한다. 모든 판단의 최종 심급은 검찰의 '엄정한' 수사로 귀결된다. 유엔 특별보고관은 법의 이름을 빌린 이런 식의 겁박 통치가 남한에서 '정치적 자유 공간의 위축'으로 나타났다고 비판했다. 이런 분위기에서 공적으로 자기 의견을 말하고자 할 때 수많은 사람이 표현의 수위를 조절하기 위해 은연중 자기 검열을 해야 했다.

2016년 초 정부 부처의 합동 업무 보고를 받는 자리에서 대통령이 한 발언은 이런 경향의 결정판이라 할 만하다. "올해는 국회의원 총선거도 잘 치러야 하는 만큼 엄정한 법 질서 확립과 부정부패 척결이 더욱 중요하다."고 위협하면서, "깨진 유리창 이론이 말해주듯이 작은 빈틈이라도 방치하면 탈법·편법 비리가 크게 확산한다."는 경고도 잊지 않았다. 너무 고전적인 적반하장이라서, 법으로 거짓말 장난을 친 피노키오 공주에 관한 동화책이 나올 만도 하다.

다른 한편으로 실질적 차원에서 마술적 법치 리얼리즘은 법의 지배를 비틀고 농락하고 무력화한다. 탄핵 소추안의 사유 맨 앞부분에서도 이 점이 지적되었다. "국민주권주의 및 대의민주주의, 법치 국가 원칙, 대통령의 헌법 수호 및 헌법 준수 의무…… 등 헌법 규정과 원칙"을 위배했다는 것이다.

여기서 가정적 질문을 하나 해보자. 박근혜 대통령이 그동안 이렇게까지 극단적으로 집요하고 살기등등하게 법치를 앞세우지 않았더라도 시민들의 분노가 이토록 컸을 것인가. 물론 사건의 중요성에 비추어 여전히 공분은 컸겠지만, 감정의 차원에서 이렇게까지 배신과 허탈감에 빠지진 않았을 것 같다. 나는 이것을 법의 이름으로 행해진 '법 추행'이라고 부르고 싶다.

재벌들도 마찬가지다. 신성한 재산권과 자유 기업 원칙을 금과옥조처럼 받들지만 탄핵 가결 전 드러난 삼성의 반사회적·반시장적·반기업적 행태를 보라. "대기업 논리는 조폭들의 운영 방식과 같다."고 청문회에 나온 어떤 증인이 말하지 않았던가. 법 기술자들의 후안무치한 언동은 한술 더 뜬다. 평생 법 질서를 입에 달고 살았던 김기춘 비서실장은 기억상실을 운운했고, 공직 검증 책임자였던 우병우 민정수석은 행방불명되어 법적 책임을 회피하려 했다.

이쯤 되면 법이라 쓰고 공갈이라 읽어야 정답이 되지 않겠는가. 정리하자면 이렇다. 대통령 탄핵을 요구한 촛불 민심은 박근혜가 꼭짓점을 이룬 지배층이 보여준 형식적 법치와 실질적 법치 사이의 극단적인 괴리, 즉 그 기만성과 위선성과 이중성에 내재된 뻔뻔함에 학을 뗀 것이다.

실질적 법의 지배는 이처럼 중요한 가치다. 진정한 법치가 없으면 진정한 인권도 없다. 일찍이 '세계인권선언'은 전문에서부터 이 원칙을 못박아놓았다. "인간이 폭정과 탄압에 맞서 최후의 수단으로 무장봉기에 의지해야 할 지경에 몰리지 않으려면 법의 지배로써 인권이 보호되어야 한다." 촛불 시민들은 이 점에서 절묘한 균형 감각을 보여주었다. 껍질뿐인 법의 지배에 강력히 항거하면서도 평화적 봉기의 대의를 잃지 않으며 '자기 제한적 저항'이라는 수준 높은 정치 참여 행위를 실천한 것이다.

촛불 집회는 한국의 대표적인 글로벌 브랜드가 되었다. 언론의 관심만이 아니다. 세계적으로 민주주의가 포퓰리즘과 유사 파시즘의 도전 앞에 흔들리고 있는 시점에서 한국 민주주의 모델을 연구하려는 외국 학자들이 늘고 있다. 단기적으로 촛불 집회는 명백하게 직접 행동 동원형 신(新)사회 운동의 전형이라고 평가할 수 있다. 그러나 촛불 집회가 가시적 성과를 낼 수 있게끔 해준 저변의 오랜 역사적 조건도 기억해야 한다. 그것은 1987년 6월항쟁 이후 한국 민주주의의 중요한 성과이기도 하다.

첫 번째 성과는 이런 와중에도 헌정 질서가 어쨌든 유지되고 작동했다는 점이다. 너무 당연한 것 같지만 놓칠 수 없는 부분이다. 간혹 계엄령에 대한 우려가 나오긴 했지만 적어도 아직까지는 군의 문민 통제가 확고한 것으로 나타나는 점이 이를 방증한다. 5·16군사정변과 12·12사태를 경험한 나라에서 상당히 높이 평가할 만한 변화가 아닐 수 없다. 친위 쿠데타 같은 시도도 이제 상상하기 어려운 시대가 된 것이다. 병력 수급, 군 인권 문제, 방산 비리 같은 사건이 일자 군의 개방성과 국방 정책의 전문화에 대한 요구가 높아지면서, 역설적으로 군이 국가의 정상적 제도의 일부로 확실히 편입되는 효과가 발생한 측면이 있다.

둘째, 지난 30여 년간 민주주의의 경험이 시민들의 민주 의식을 엄청나게 끌어올렸다. 일곱 번의 대통령 선거와 아홉 번의 국회의원 선거를 거치면서 민주주의 교육의 학습 곡선이 가파르게 상승했다. 흔히 민주 선거를 한 번 잘 치르면 유권자들에게 10년 이상의 정치학 공부 효과가 생긴다고 한다. 후보와 정당에 관해 토론하고 논쟁하고 주장하고 소통하는 것 이상의 민주주의 교육이 또 어디 있겠는가. 또한 사회 교육, 평생 교육 덕분에 공공성에 대한 합의 수준이 높아졌다. 이렇게 민주 시민 의식이 축적된 바탕 위에서 촛불 집회의 자발성과 방향성이 자연스럽게 표출되었다고 봐야 한다. 한 사람이 오래 촛불을 들 순 있다. 여러 사람이 잠깐 촛불을 들 수도 있다. 그러나 학습된 민주 의식 없이 수백만 시민이 오랫동안 촛불을 드는 건 불가능하다.

셋째, 지난 20년간 시행했던 지방자치 제도가 헌정 중단의 위험 앞에서도 안정적 국정 운영에 보이지 않는 발판 역할을 했다. 중앙정부 차원에서 어떤 위기가 닥쳤다 해도 상대적 자율성을 지닌 지방정부가 완충 역할을 수행함으로써 시민들의 일상적 삶에는 직접적인 피해가 없었다. 탄핵 가결을 앞두고 식물 대통령과 겉도는 내각 탓에 중앙 부처 공무원들이 멘붕에 빠졌다는 소문이 많았다. 하지만 지자체 차원에선 큰 동요가 없다고 한다. 예전처럼 지자체 장을 중앙에서 직접 임명한다고 생각해보라. 대통령의 헌정 유린이 벌어지면 어떻게 되겠는가.

강연을 마치고 귀경 열차를 타기 전, 역 근처의 작은 식당에 들렀다. 주름이 가득한 구릿빛 얼굴의 촌로가 칼국수를 먹으며 텔레비전 뉴스를 보다 한마디 던진다. "헌재 심판이 180일이나 걸릴 수도 있다던데." 앞치마를 두른 주인아주머니가 말을 받았다. "그러니 빨리 심리를 해야 해요." 정말 간단치 않은 국민이구나 싶었다. 몇 달간 마음 졸였던 긴장이 잠시 풀리면서 오랜만에 비관의 먹구름이 촛불 사이로 흩어지는 듯했다.

2016년 12월

한국인의 인권 감수성

국가인권위원회가 〈2016년 국민 인권 의식 조사〉를 펴냈다. 국가인권위원회는 2005년부터 국민 인권을 조사하기 시작했다. 서울대 정진성 교수가 연구 책임을 맡았던 2011년 조사에서 체계적인 틀이 잡혔고, 성균관대 구정우 교수가 이끈 이번 조사는 방법론적으로 진일보한 모습을 보인다. 미디어의 사건 보도 혹은 인권 운동가들의 주장과는 다른 차원에서 한국인의 인권관을 보여주는 연구다. 잘 알려져 있진 않지만, 인권에 초점을 맞춰 전 국민을 대상으로 삼아 전문적 조사를 실시해 온 사례는 세계적으로 드물다.

인권 침해를 해결하면 되지 구태여 인권 의식 조사가 왜 필요한지 의문이 들 수도 있다. 그 이유는 우리가 민주 사회에 살고 있기 때문이다. 사람들이 실제로 이해하고 느끼는 인권을 파악하지 못하면 인권 관련 정책이나 행동이 탁상공론에 빠질 수 있다. 또한 국민이 어떤 사회적 고통을 '인권 문제'로 절실하게 인식한다면 국가는 그런 고통을 최우선적으로 해결해야 할 책무가 생긴다.

국민의 인권 의식은 겉으로 드러나는 사회 문제의 증상보다 더 깊은 곳에 숨어 있는 인권 침해의 근본 원인을 찾아내는 데에도 도움이 된다. 이런 노력 없이 대증요법에만 치중한다면 동일한 성격의 인권 문제가 형태만 달리한 채 반복되기 쉽다. 또한 대중의 인권 의식은 현실적인 영향력 때문에 중요하다. 아무리 좋은 제도가 있어도 사람들이 따르지 않을 때엔 구체적 효과를 내기 어렵다. 아무리 좋은 정책 아이디어가 있어도 사람들이 호응해주지 않으면 시행하기 어렵고 추진력도 확보할 수 없다. 정리하자면 인권은 절대적 규범성을 바탕으로 성립되어 있지만, 현실적으로 인권을 실행하려면 주권자의 의식과 선순환 관계를 이루어야 하는 것이다.

대한민국에 거주하는 15살 이상 국민 1,504명을 대상으로 한 이번 조사는 여러 면에서 흥미로운 결과를 보여준다. 우선 일반 국민 네 명 중 한 명만이 인권이라는 용어를 친숙하게 받아들였다. 대다수 사람에게 인권은 아직도 낯설고 먼 개념이다. 인권을 자주 접하는 사람들 중에서도 절대다수가 텔레비전이나 뉴미디어를 통해 인권을 받아들였다. 인권 선진국 국민들도 인권을 일상적으로 흔히 쓰지 않는 경우가 많다. 하지만 그 경우엔 자국의 현실이 비교적 양호한 까닭에 인권을 떠올릴 필요성이 낮기 때문일 수 있다. 하지만 한국이 그런 수준의 나라인가. 아니라면 왜 이런 결과가 나오는 것일까. 이와 관련해서 한국 국민들은 전반적으로 국내외 인권 상황에 대한 인지도가 낮은 것으로 조사되었다. 인권 교육의 필요성을 강하게 암시하는 대목이다.

한국 사회의 인권 상황이 인권을 존중한다고 믿는 국민은 셋 중 한 사람에 불과했다. 이렇게 믿는 사람 중에서도 남성이 여성보다 10퍼센트 정도 더 높았다. 한국의 인권 상황을 긍정적으로 보는 여성은 열에 세 사람이 채 안 되었다.

상대적으로 인권이 잘 존중되지 않는 영역에는 공정한 재판을 받을 권리, 공공 행정에 참여할 권리, 개인 정보 보호, 사회 보장권, 노동권이 포함되었다. 여성, 아동·청소년, 노인을 제외하고 대다수 취약 집단에 속한 사람들, 예컨대 외국인 노동자, 노숙자, 전과자, 성소수자의 인권이 존중받지 못한다고 했다. 인권 침해 비율 중 노동권 침해 비율이 제일 높다는 응답이 나왔다. 한국 노동자들이 처한 현실을 생생하게 보여주는 결과다. 대표적인 차별로는 성차별, 연령 차별, 학력·학벌 차별이 꼽혔다.

세 사람 중 두 사람 이상이 사형을 존치하자고 했고, 얼추 비슷한 비율의 사람들이 범죄 피의자의 얼굴 공개에 찬성했다. 국민의 과반수가 국가보안법을 유지하는 데 찬성했고, 양심적 병역 거부를 인정하면 안 된다고 응답했다. 하지만 두 사안 모두에서 젊은 층의 의견은 좀 더 전향적이었다. 또한 2011년에 비해 두 사안 모두에서 보수적 여론이 줄어든 점이 눈에 띈다. 특히 정부 기관의 개인 정보 수집·조사에 대해 사생활 침해를 이유로 들어 반대하는 여론이 훨씬 더 높았다. 집회와 시위의 권리를 지지하는 사람이 그렇지 않은 사람보다 더 많았다.

경제·사회적 영역에서는 대중의 진보성이 두드러지게 나타났다. 열에 여덟 명은 비정규직 차별에 반대했고, 시간당 6,470원이었던 당시 최저 시급을 인상해야 한다고 응답한 사람이 무려 91.4퍼센트나 되었다. 국민 다수가 사회 보장 확대에 찬동했으며 고소득층의 차별적 의료 보장에 분명한 반대 입장을 드러냈다. 부양 의무자 규정을 폐지하는 문제에선 찬반 의견이 나뉘었다.

여타 사회적 이슈에서는 찬반이 함께 표출되는 경향이 나타났다.

아동·청소년을 체벌해도 된다는 사람이 48.7퍼센트, 외국인 노동자의 가족 입국을 허용하자는 사람이 56.7퍼센트, 난민 수용 찬성 국민은 절반 미만, 성소수자의 성적 지향성을 존중하자는 사람은 54.2퍼센트로 나왔다.

북한 인권 문제에 대한 국민 의식도 밝혀졌다. 국민 네 사람 중 세 사람이 북한 인권법을 잘 모른다고 대답했다. 대북 인도적 지원 문제에선 무조건 지원하자는 사람이 26.2퍼센트였고, 투명성을 조건으로 달아 지원하자는 사람이 41.6퍼센트였다. 즉 국민 셋 중 두 사람 이상이 인도적 지원에 찬성했다. 절대 지원하지 말자는 사람은 28.6퍼센트에 그쳤다. 북한 인권 향상을 위한 정부의 최우선 과제를 묻는 질문에서는 통일에 대비한 인권 정책 수립(32.7퍼센트), 인도적 지원 정책 개발(26.7퍼센트), 북한 인권 상황 조사와 침해 사례 수집(18.8퍼센트), 국제 사회 관심 제고(16.5퍼센트)라는 응답이 차례로 나왔다. 요컨대 60퍼센트에 가까운 국민이 미래 지향적 정책과 인도적 지원을 통해 북한 인권 문제를 해결하라고 정부에 요구하고 있는 것이다.

이번 조사엔 초등학교 5학년 이상부터 중학교 3학년 이하 학생 542명도 별도의 조사 항목에 포함되었다. 초등학생은 친구와 교류가 많을수록, 중학생은 교사와 교류가 많을수록 인권 침해를 덜 저지르는 것으로 나왔다. 가정 내에서 인권 침해와 차별을 경험한 학생은 학교에서 본인 스스로 인권 침해와 차별을 경험할 가능성이 높아지고, 또한 타인의 인권을 침해할 가능성도 높았다. 초등학생들도 성적에 따른 차별 스트레스를 많이 받고 있었으며, 외모 때문에 인권 침해를 당한다는 응답이 많았다. 초등학교 때에 이미 학내에서 성추행을 당했다는 응답도 많았다. 교육 당국과 교사들이 이 조사를 잘 분석해야 할 필요가 있어 보인다.

본질적인 질문에 대한 답변은 특별한 주목을 요한다. 우리 사회에서 인권이 침해되고 차별이 자행되는 근본 원인을 묻는 질문에 1위가 경제적 지위, 2위가 학력·학벌이라고 답했고, 그보다 한참 떨어진 수준으로 장애와 전과 여부가 꼽혔다. 경제 자본과 문화 자본의 불평등이 한국에서 인권 침해의 심층 구조를 이룬다고 국민들이 믿고 있는 것이다. 인권 침해와 차별을 저지르는 주체에 대해서 사람들은 정치인, 검찰, 군대 상급자, 경찰, 직장 상사를 열거했다. 이 집단에게 특단의 대책이 필요함이 거듭 입증된 셈이다.

공공·민간 기관의 인권 보장 노력에 대한 문항도 있었다. 최고 조직으로 시민 단체·엔지오가 꼽혔고 국가인권위원회와 국민권익위원회가 그 뒤를 이었다. 최악의 조직으로 청와대와 국회가 뽑혔고 그다음으로 국가정보원과 법무부·검찰이 지목되었다. 그간의 행적으로 보아 놀랍지 않은 답변이긴 하나, 여전히 충격적인 결과가 아닐 수 없다. 앞으로 어떤 개혁이 필요한지 알 수 있는 대목이다.

이번 조사를 보고 내가 내린 결론은 이렇다. 다수의 한국인은 인권을 명시적으로 인지하진 않지만, 인권이 궁극적으로 정치와 민주주의와 삶의 질 문제임을 직관적으로 인식하고 있다. 그리고 한국인들은 비교적 실용적이고 탈이데올로기적이며 반차별적인 인권관을 보유하고 있다. 또한 세대 간 차이가 확인되는 것으로 보아 시간은 인권의 편이 아닌가 한다.

2017년 2월

인권 대통령 감별법

대통령 선거의 대진표가 나왔다. 조기 대선의 원인을 제공한 대통령 탄핵 사유는 국정 농단이었다. 헌법재판소는 이것을 위헌·위법 행위에 따른 "대의민주제 원리와 법치주의 정신의 훼손"이라고 정리했다. '세계인권선언'에서 중요한 인권으로 규정되어 있는 항목이다.

최고 지도자가 기본 인권을 심대하게 위반한 탓에 탄핵을 받고 구속까지 된 역사적 사건이 발생했는데, 그런 난리를 겪은 후에 치르는 대선이라면 당연히 인권이 중요한 쟁점이 되어야 하지 않을까. 아쉽게도 그렇지 못했던 것이 현실이다.

주요 후보들 중 인권과 관련해서 눈에 띄는 발언이나 공약을 내놓은 이가 거의 없었다. 성소수자에 대한 입장이 언론에 약간 소개되었을 정도다. 인권 특보를 임명한 후보가 있고 북한 인권을 공격 소재로 쓰는 쪽도 있지만 여전히 인권이 이번 대선에서 주된 쟁점이 되었다고 보기 어렵다. 그런데 이런 일은 이번 대선만의 특징이 아니고 한국만의 현상도 아니다.

미국의 경우를 보자. 대선에서 인권을 주요 공약으로 다뤘던 후보는 지미 카터가 처음이자 마지막이었다. 이른바 인권 외교를 표방했던 카터는 1977년 대통령 취임사에서 이렇게 선언했다. "우리가 자유롭다고 해서 타국 국민들의 자유에 무관심해서는 안 된다. 개인의 인권을 존중하는 나라를 명백히 선호하는 것이 미국민의 도덕 관념에 부합한다." 역사상 미국 대통령 취임사에 인권이 등장한 최초의 순간이었다. 하지만 어디까지나 대외 정책에서 그렇게 하겠다는 말이었다. 2003년 이라크전쟁 직후 재선에 성공했던 조지 부시도 2005년 취임사에서 인권을 언급하긴 했다. 그러나 국내의 인권 수호가 아니라 사담 후세인 같은 외국 독재자를 제거한 일을 자화자찬하는 맥락이었다. 트럼프는 말할 것도 없고 심지어 오바마조차 공약이나 취임사에서 인권을 거론하지 않았다.

인권이 중요하다는 데엔 모두가 동의하는데 왜 선거에선 주요 이슈가 되지 않는 것일까. 권위주의 환경에서 선거를 하면 열악한 인권 상황을 개선하는 과제가 민주주의 회복이라는 대의로 수렴되곤 한다. 예를 들어 1987년 민주 항쟁 때 "고문 없는 세상에서 살고 싶다."는 구호가 등장했지만 사실 이 말은 독재를 끝내고 민주주의를 하자는 요구와 같은 뜻이었다.

반면 민주 체제에서 선거를 하면 개별 인권 문제가 일반적인 정책의 흐름에 종속되는 경향이 발생한다. 현대 민주 국가의 정책은 큰 틀에서 보아 최대 다수의 최대 행복이라는 공리주의적 목표를 지향하기 마련이다. 하지만 인권에선 단 한 사람의 기본권도 소홀히 해서는 안 된다는 원칙을 고수한다. 그러니 표를 의식하는 후보들은 수적으로 소수에 속한 사람의 권리, 특히 그들의 권리가 민감한 쟁점이라면 회피하거나 타협하기 쉽다. 돌이켜보면 1997년 대선에서 국가인권위원회 설립이 공약으로 등장한 건 아주 예외적인 일이었다.

선거에서 인권이 주변적 이슈로 취급된다 하더라도 상대적으로 더 친인권적인 대통령을 뽑는 일은 여전히 중요하다. 그런 대통령을 어떻게 고를 수 있을까. 세 가지 차원의 총점을 합산해보면 정답이 나온다.

첫째, 후보 개인이 적어도 평균 수준의 인권 감수성과 인권 의식이 있다고 전제하고, 시민 사회에서 주창하는 요구에 귀를 기울일 줄 알아야 한다. 19대 대선 당시 한국인권학회 준비위원회에서 대선 정국을 맞아 인권 이슈를 점검하는 모임을 열었다. 사회권, 지방 정부, 기업, 이주민, 형사 사법, 성적 지향과 성별 정체성, 인권 기본법과 청와대 인권 보좌관제에 대한 제안이 나왔다.

청소년 인권 단체인 '인권친화적 학교+너머 운동본부'가 19대 대선 주요 후보들을 상대로 실시한 청소년 인권에 대한 '인권 수능' 시험 성적이 공개되었다. 7명이 답안지를 제출했고 자유한국당과 바른정당 후보들은 결시했다. 채점 결과를 보면 후보 간 차이가 있지만 체벌·언어 폭력 근절, 청소년 참정권 확대, 학교 폭력법 개정, 학생 인권 전국적 보장 항목에선 대체로 점수가 높았다. 학생 인권법 제정에는 대다수가 찬성했다. 청소년 노동 인권 같은 세부 정책에서는 후보 간 차이가 나타났는데 지지율이 높을수록 몸을 사리는 경향을 다시금 확인할 수 있었다. 인권을 향상시키려면 인권 문제 해결에 힘을 쏟으면서 인권 증진을 위한 환경을 조성해야 한다. 둘 다 잘하면 좋지만 적어도 하나는 잘해야 한다. 후보들은 인권 운동에 필요한 구체적인 문제 제기를 진지하게 고민해야 한다. 선거 국면에서 인권 문제를 정면으로 거론하기가 정 부담된다면 환경 조성을 위한 정치적 상상력을 발휘할 줄 알아야 한다.

둘째, 선거 지지율의 분포를 고려해야 한다. 이른바 선택권 집단 이론에 따르면 법적으로 선거권이 있거나 실제로 그 선거권을 행사하는 모든 사람을 선택권 집단이라 한다. 이것과 구별되는 집단에는 권력 획득 동맹이 있다. 이들은 특정 기반에 근거한 열성 지지층으로서 권력 획득에 꼭 필요한 핵심 지지 세력을 이룬다. 권위주의 체제에서는 선택권 집단의 크기와 상관없이 아주 작은 권력 획득 동맹만으로도 권력을 유지할 수 있다. 이때 독재자는 핵심 지지층에게만 각종 사회경제적 혜택을 베풀면 된다.

그러나 민주 체제에서는 선택권 집단에 비해 권력 획득 동맹의 규모가 상대적으로 커야만 정권을 잡을 수 있다. 따라서 출마자에게는 되도록 많은 사람에게 혜택이 가는 폭넓은 이점을 약속해야 할 인센티브가 발생한다. 달리 말하면 당선에 필요한 절대 수치도 중요하지만 지지층의 구성이 지역, 연령, 성별, 계층상 고루 분포되어 있는 후보가 만인 공통의 재화를 제공할 개연성이 높아진다. 인권은 모든 사람에게 보편적으로 제공되어야 하는 공공재에 속하기 때문에 인권을 '비배제적 재화' 또는 '비경합적 소비재'라고 부르는 것이다. 따라서 가능한 한 다양한 집단에서 골고루 지지를 받는 후보일수록 인권을 포괄적으로 보장할 것이라 예상할 수 있다.

셋째, 인권에 관한 국제적 경륜의 차원이 있다. 인권을 시민권과 구분하는 기준은 전자가 국제적인 개념이라는 점이다. 대통령 선거는 한 나라의 최고 대표를 뽑는 자리여서 인권의 초국가적 성격과 완전히 부합하지 않을 수 있다. 그런 점에서 한국을 대표하면서도 인권의 국제적 지향을 비교적 잘 이해하고 그것을 보편 언어로 표현할 줄 알았던 정치인이 김대중 대통령이 아니었던가 싶다.

국제 관계에서 인권 문제가 어떻게 제기되고 어떤 메커니즘을 거쳐 형성되고 이행되는가 하는 점을 잘 이해하는 차원도 있다. 반기문 유엔사무총장이 좋은 예다. 아마 반기문 총장 같았으면 국제 정치 무대에서 인권 동향이나 인권 의제가 지니는 의미를 외교적으로 능란하게 소화하는 데 문제가 없었을 것이다. 그런 능력이 대외 정책에서 소중한 자산임은 분명하다. 그러나 그가 보여준 정치 행보의 전말을 보면 국제 기구의 고위 기술 관료 이상의 인권 지도자적 비전을 제시했다고 평가하기 어렵다.

그런데 인간의 생명·자유·행복을 보장한다는 원론적인 의미로 인권을 이해한다면 인권의 국제적 성격을 다르게 규정할 수 있다. 현재 한반도가 처해 있는 상황은 한국전쟁 이후 가장 엄중하다. 만에 하나 우리가 전쟁과 평화의 기로에 선다면 일상에서 인권을 거론하는 것 자체가 사치스런 상황이 올지도 모른다. 그렇다면 어떻게든 그런 사태를 막는 것이 근원적인 인권 보장이라 해야 옳지 않을까. 이런 점에서 본다면 한반도의 파국을 막고 평화, 안정, 공존의 길로 이끌 수 있는 사람이 인권 대통령 타이틀을 지닐 자격이 있다.

안정된 민주 공화국이라면 누가 대통령이 되더라도 시민의 기본 인권 보장에는 큰 차이가 없어야 정상이다. 그러나 탄핵 사태를 거치며 우리는 한국이 아직 진정한 민주 공화국의 내적 안정성을 기대하기에는 가야 할 길이 먼 정치 공동체임을 확실히 배웠다. 허상이나 막연한 기대에 현혹된 주권자의 '민주적' 선택이 재앙을 부를 수도 있음을 경험했다. 앞으로 대선에서 인권 대통령을 잘 고를 수 있을지 여부가 대한민국의 흥망을 가르는 이정표가 될 것이라 생각한다.

2017년 4월

인권 국가를 향하여

19대 대선 이후 외국의 친구들에게서 메일을 받았다. 한국의 새 정부가 인권을 획기적으로 개선한다는 소식을 들었다며 축하한다는 내용이었다. 국내 소식이 그렇게 빨리 바깥에 알려지는 것이 놀라웠고, 그런 칭찬을 듣는 게 생소하기까지 했다. 국가 브랜드니 국격이니 하는 말을 달고 살았던 시절 과연 우리의 이미지가 좋아졌고 국격이 올라갔던가. 한 나라의 품격이나 대외적 평판은 인위적인 마케팅이나 우스꽝스러운 의전과 허세로 높일 수 없다. 그 나라 사람들이 누리는 삶의 격의 합계가 곧 국격이다. 그런 의미에서 문재인 대통령이 말한 인권 국가는 제대로 이루어지기만 한다면 이 땅에 사는 모든 사람의 존엄을 한 단계 높일 비전이 될 것이다.

앞으론 국가인권위원회의 대통령 특별보고가 부활하고,* 국가인권위원회의 지적을 받은 정부 기관들은 권고 수용률을 높여야 한다. 국가인권위원회가 권고한 수용 지수를 기관 평가에 반영할 모양이다.

---

* 지난 2017년 12월 7일 문재인 대통령은 국가인권위원회 이성호 위원장의 특별 보고를 받았다. 대통령이 국가인권위원회 위원장의 특별 보고를 받은 것은 2012년 3월 이명박 전 대통령 이후 5년 9개월 만이었다.

공무원들 사이에 갑자기 인권 공부 열풍이 불지도 모르겠다. 국가인 권위원회의 헌법 기구화, 군 인권 보호 관제 신설, 인권 교육법과 포괄적 차별금지법 제정, 인권 교육원 설립도 함께 이루어지면 좋겠다. 경찰의 인권 보호 기능도 더욱 강조될 것이다. 대통령 부인이 군 의문사 유가족을 위한 치유 연극을 관람했다는 보도까지 접하니 세상 변화의 속도 앞에 만감이 교차한다.

인권을 국가 경영의 핵심 가치로 삼는다는 것이 무엇을 의미할까. 이 질문은 인권과 정치의 바람직한 관계 설정이라는 더 깊은 질문으로 이어진다. 진보적인 정부가 들어서면 분위기가 좀 나아지다 보수 정부가 집권하면 쑥 들어가버려도 괜찮은 게 인권인가. 한국에서 인권은 진보 쪽에서 흔히 주장하는 가치로 알려져 있다. 인간의 사회적 고통에 지속적으로 관심을 기울인다는 점에서 인권이 '진보적'인 건 맞다. 그러나 인권의 진보적 성격은 보편적 관점에서 이해해야 하고, 불편부당한 방식으로 실천되어야 한다. 따라서 인권을 진보 진영만의 전유물로 보아선 곤란하며 진영 논리로 재단해서도 안 된다.

인권은 '정상적' 현대 민주국가의 인프라를 구성하는 기본 중의 기본이다. 사상과 정견을 떠나 대다수가 합의하는 정치의 밑절미를 이루는 원칙이어야 하는 것이다. 《진보와 보수의 12가지 이념》을 쓴 미국 정치학자 폴 슈메이커는 이를 '다원적 공공 정치' 개념으로 설명한다. 자신이 신봉하는 이념을 넘어서 적어도 이것에는 모두가 동의해야 민주 국가로 불릴 수 있는 어떤 토대적 전제를 뜻한다. 개인 한 사람 한 사람의 존중, 기회 균등, 생각과 마음의 자유, 법의 지배, 민주적 권리가 그것이다. 인권이 바로 이런 토대다. 사회 비평가 박권일의 표현을 빌리자면 "사람 귀한 줄 아는 나라"를 만드는 일이다.

인권은 의복에 비유할 수 있다. 옷은 바깥에 드러나는 겉감과 살 갗에 닿는 안감으로 이루어진다. 정치에서 겉감은 진보와 보수처럼 다양한 이념과 정치적 입장을 나타낸다. 그런데 바깥의 겉감과 상관 없이 모든 옷의 안감은 공공 정치 원리로 만들어져야 한다. 제대로 된 정치라면 진보와 보수 모두 인권이라는 안감을 공통적으로 갖춰 야 한다는 뜻이다. 지난 보수 정부는 겉으로 보여줬던 겉감이 무엇이 었든 간에 안감인 공공 정치를 엉망으로 헤집어 대통령 탄핵까지 자 초하지 않았던가.

수준 높은 민주 국가들을 관찰해보면 정권이 좌우로 교체돼도 사 회 운영의 기본 골격이 바뀌는 일은 거의 없다. 이미 확립된 인권 원 칙을 철저히 준수하는 보수와, 새로운 인권 문제의 경계를 넓혀 가는 진보가 공존하는 나라가 '정상화된' 민주 국가다. 이번 새 정부의 인 권 정책은 '진보적' 조치라기보다, 정상 국가를 위한 공공 정치의 토 대를 다지려는 노력으로 이해해야 더 정확하지 않을까 생각한다.

내실 있는 인권 국가가 되려면 모든 영역에 인권적 사고와 실천이 스며들어야 한다. 예를 들어 교육부가 대학 평가를 할 때 인권 가치 를 가르치는 교과목이 얼마나 편성되어 있는지를 고려할 필요가 있 다. 또한 인권은 모든 사람에게 도움이 되는 공통분모라는 사실을 기억해야 한다. 장애인을 위해 지하철 역사에 엘리베이터를 설치하면 노인과 유모차 어머니도 함께 편리해진다. 구치소 조건이 개선되면 일반 형사범만이 아니라 박근혜나 이재용 같은 사람도 혜택을 받는 다. 성소수자 차별을 반대하는 시선은 비정규직 노동자에 대한 사회 인식의 변화와 연결될 수 있다.

인권 국가를 지향하는 것은 반갑지만 어떤 기준으로 인권을 규정하고 인권의 범위를 다룰지 논란이 있을 수 있다. 헌법상 기본권에다 국제 인권 기준을 합친 것이라 보면 된다. 알다시피 대한민국 헌법 6조는 헌법에 따라 체결되고 공포된 조약과 일반적으로 승인된 국제 법규는 국내법과 같은 효력을 지닌다고 선언한다. 인권은 원래 성격상 국내 인권과 국제 인권 사이의 벽이 낮으면 낮을수록 좋다. 국내 인권의 잣대를 국제 기준에 맞추고 그 기준을 적극 활용하면 된다. 논란이 되는 이슈는 그것이 노동이든, 양심에 따른 병역 거부든, 성소수자든, 북한 인권이든, 국제 인권 기준과 권고에 따라 정면으로 돌파하면 그만이다. 유엔사무총장을 배출했고, 유엔인권이사회 의장국을 역임했으며, 유엔인권최고대표사무소의 고위 관료 출신을 외교장관으로 지명한 나라에서 무엇을 주저하는가.

한국의 법 체계에서 국제 인권법을 무시해 온 역사가 심각한 사법 적폐에 해당한다는 비판도 경청해야 한다. 이것과 관련해 변호사 시험 문제를 지적해야 하겠다. 변호사법 1조를 보라. "변호사는 기본적 인권을 옹호하고 사회 정의를 실현함을 사명으로 한다." 이에 따르면 모든 변호사는 당연히 인권 변호사가 되어야 한다. 그런데 변호사 시험에는 인권 과목이 없다. 우리나라 법학 교육은 변호사 시험에 따라 결정된다 해도 과언이 아니다. 시험에 안 나오는 과목은 로스쿨에서부터 잘 가르치지 않는다. 인권 옹호가 변호사의 사명이라 해놓고 시험도 치지 않고 학교에서 가르치지도 않는 현실, 이 얼마나 모순인가. 한국 사법부는 국제 인권법을 판결에서 적극적으로 인용해야 하고, 모든 로스쿨에서 국제 인권법을 가르쳐야 하며, 변호사 시험에 인권 과목이 포함되어야 한다.

문재인 정부의 인권 정책에서 인권과 지속 가능 발전 목표(SDG)와의 적극적인 연결고리가 조금씩 보이고 있다. 이미 분위기는 무르익었다. 환경부의 지속가능발전위원회와 총리실의 녹색성장위원회를 합쳐서 대통령 직속 '지속가능위원회'로 격상하고, 이 위원회가 유엔의 지속 가능 발전 목표에 기반을 둔 2030 국가 지속 가능 발전 목표를 설정하기로 했으니 말이다.* 탈원전, 친환경 미래 에너지, 새로운 기후 체제, 생태계 보전, 4대강 재자연화 등이 눈에 띄는 부분이다. 그러나 지속 가능 발전 목표는 환경·생태 영역에만 국한하지 않는다. 빈곤, 교육, 성평등, 불평등, 도시, 인권과 평화까지 총체적 인간 발전을 목표로 하고 있음을 고려해야 한다. 21세기형 인권 국가의 꿈은 국가 지속 가능 목표를 달성하는 꿈과 '동상동몽'이 되어야 할 것이다.

인권 국가를 표방할 때 유의해야 할 점이 있다. 언행일치에 따르는 부담이 그것이다. 인권의 대의를 지지하지 않는 사람에게 높은 인권 기준을 들이대는 경우는 드물다. 그러나 인권의 대의를 지지하는 사람에 대한 기대치와 평가 기준은 전혀 달라진다. 이들은 평균 점수가 높다 해도 언행에 약간만 문제가 있으면 더 엄격한 기준으로 비판받는다. 인권의 탈을 쓴 위선자 또는 이중 인격이라는 지탄을 받기도 한다. 인권에서는 개인의 행동에서부터 강대국의 외교에 이르기까지 위선의 문제가 특히 심각한 쟁점이 되곤 한다. 내가 '주창자의 딜레마'라고 부르는 현상이다. 대의를 자임하는 사람이 짊어져야 할 숙명과도 같은 것이다. 억울하다고 하소연할 수도 없다. 이왕 인권 국가

---

* 2018년 정부는 지속 가능한 발전을 국정 과제로 채택하고 국가 지속 가능 발전 목표(K-SDGs, Korean Sustainable Development Goals)를 수립했다. 국가 지속 가능 발전 목표는 건강, 성평등, 교육, 에너지, 경제 성장, 기후 변화 대응 같은 총 17개 분야에서 2030년까지 우리나라가 달성해야 할 국제 사회의 보편적 가치와 목표를 담고 있다.

를 내세웠으니 최선을 다한 후 국민의 공정한 평가를 받겠다는 자세를 유지하는 게 정도가 아닐까 한다.

2017년 5월

흔들리는 학교 인권

　요즘 전국 대학들이 인권 문제로 몸살을 앓고 있다. 하루가 멀다 하고 대학 인권 관련 보도가 나온다. 아마 이 문제에서 자유로운 대학은 거의 없을 것이다. '대학 인권'에는 여러 차원의 문제가 섞여 있다. 우선 학생들 중에서도 특히 대학원생에 대한 교수들의 갑질 문제가 있다. 사적 업무 지시, 연구비 횡령, 연구 성과 도용, 노동 착취, 학위와 미래에 관한 위협이 그것이다. 법인과 대학자금 유용, 횡령, 배임처럼 사학 비리도 있다. 예체능계 학생에게 강압적 규율과 폭력을 행사하고 그들의 학습권을 침해하기도 한다.

　의사 교수가 전공의에게 가혹 행위를 하고, 전공의는 간호사에게 분풀이를 하고, 간호사는 후배 학생을 '내리 갈굼'하는 연쇄 유린도 발생한다. 단톡방 익명 게시판에서 벌어지는 학생 간 성희롱, 성차별적 콘텐츠 유포, 혐오 표현에 따른 인격 살해가 지금도 진행 중이다. 교수의 막말, 폭언, 폭력, 인종·성별·외모·나이에 관한 차별 발언, 성희롱·성추행, 부적절한 신체 접촉 문제도 있다. 이처럼 다양한 이슈가 '대학 인권'이라는 모호한 표현 속에 들어 있는 것이다.

　인터넷 포털의 검색어 트렌드 서비스에서 지난 몇 년간 대학과 인권이라는 두 단어를 조합한 검색 빈도를 찾아보면 성희롱·성추행 사건과 교수 갑질 사건이 터졌을 때 특히 폭발적으로 검색이 이루어졌음을 확인할 수 있다. 이 글의 목적을 위해 편의상 '대학 인권'을 "대학이라는 교육 공간에서 어떤 구성원이 제도상의 결함 혹은 위배, 그리고 타 구성원(들)의 언행이나 조치 때문에 피해, 차별, 모욕, 불이익, 부당함을 경험하거나 인격 침해를 받았다고 인식하여 발생한 문제들을 통칭하는 관행적 용어"라고 폭넓게 규정해보자.

대학 인권은 현실적으로 골칫거리지만 이론적으로도 어렵다. 법적으로 처리해야 할 만큼 심각한 사안도 있지만 해석과 뉘앙스에 달린 문제도 있다. 관행의 이름으로 대수롭지 않게 용인되던 일들이 하루 아침에 인권 문제로 폭발하는 경우가 비일비재하다.

표현의 자유와 '정치적 올바름'이 충돌하는 사례도 적지 않다. 세대 간 인식의 격차를 반영하는 갈등도 많다. 문제가 대학 당국의 관할권 범위 내에 있는지 분명치 않을 때도 있다. 예를 들어 성인 학생들 사이에서 벌어진 일에 대학이 어느 정도나 개입해야 하고 어디까지 '책임'을 져야 할지 정하기 어렵다.

흔히 사람들은 두 가지 방식으로 인권을 호명하곤 한다. 우선 '제도로서 인권'은 국제 규범이나 실정법, 또는 학칙에 확실히 규정되어 있는 사항이다. 이때 해결의 기준과 절차가 비교적 명확하다. 그러나 '제도로서 인권'을 넘어 주관적으로 억울하다고 느끼는 모든 문제를 '인권'의 이름으로 불러낼 때가 많다. 이 방식을 '은유로서 인권'이라 부른다. 대학 인권에는 이 두 가지가 혼재되어 있어 해결이 어려워지는 경향이 있다.

대학 인권 문제를 쉽고 빠르게 해결할 수 있는 왕도는 없다. 상자 안에서 해결하는 방법과 상자 바깥에서 접근하는 방법으로 나눠 설명해보자. 전자는 인권이라는 구체적 이슈에 초점을 맞춰 인권 문제를 해결하려는 주류적 방법이다. 이를 위해 여러 아이디어가 나와 있다.

예를 들면 문제가 발생했을 때 인권을 다루는 기관과 적절한 절차를 통해 대처하고, 교육·계몽·홍보로 구성원들의 의식을 바꾸려는 접근 방식이 있다. 2017년 전국의 237개 대학을 상대로 시행한 조사에 따르면 응답한 97개 대학 중 19개 대학에 인권 센터가 설치되어 있었다. 서울대처럼 성희롱·성폭력 상담소에서 인권 센터로 진화한 경우도 있다. 더불어민주당 노웅래 의원은 모든 대학에 인권 센터 설치를 의무화하자는 고등교육법 개정 법률안을 발의하기도 했다.

국가인권위원회도 대학원이 설치된 전국 182개 대학에 인권 전담 기구를 만들라는 권고를 내놓았다. 고려대, 동국대, 서강대, 성균관대, 한양대에서는 교수의 성차별적 언행을 강의 평가에 포함하기 시작했다. 인권을 침해한 구성원에게 인권 교육을 의무적으로 이수하게 하는 학교도 있다. 대학 평가 기준에 인권 지표 항목을 추가하자는 제안은 진지하게 고려할 만하다. 성공회대학에서는 2018년부터 모든 신입생이 인권과 평화라는 과목을 교양필수로 이수하고 있다. 연세대는 피해자-가해자의 단순 구도를 넘어 공동체 전체를 살리는 회복적 정의 개념으로 인권에 접근한다.

대학 인권 센터의 학내 위상, 독립성, 법적 권한이 제한적이라는 이유를 들어 그것에 회의적인 시각을 보이는 경우도 있다. 그러나 인권 전담 조직이라는 상징성과 표출성이 구성원들에게 미치는 영향은 적지 않을 것이다. 어차피 인권을 순수하게 법적 논리로만 다룰 수는 없다. 인권 센터든 상담소든 피해를 당한 사람이 문을 두드릴 수 있는 창구가 있으면 큰 도움이 된다. 그런데 나는 인권에 특화된 제도의 필요성을 인정하면서도 그것이 제대로 작동하기 위해서는 더 큰 그림이 필요하다고 생각한다. 상자 안에서만 인권을 논하는 태도는 원근법을 무시하고 세밀화에만 몰두하는 것과 비슷하다.

바로 이 때문에 상자 바깥에서 접근하는 방법을 동시에 고려해야 한다. 학내 인권 문제의 발생을 원천적으로 줄이고, 문제가 발생했을 때보다 용이하게 해결할 수 있는 조건과 환경을 조성하는 일이 중요하다. 이를 위해선 대학의 일차적 사명을 재확인하는 데에서 출발해야 한다. 공자님 말씀처럼 진부하게 들릴지 몰라도 길게 보면 제일 확실한 방법일 수 있다.

1992년 루마니아의 도시 시나이아에서 유네스코의 유럽고등교육센터 주최로 학문의 자유와 대학의 자율에 관한 국제 학술 회의가 열린 적이 있다. 회의는 학문의 자유를 "학자가 고등 교육 기관에서 특정한 지적 개념을 활용하고, 지적 활동의 경로를 자유롭게 추구할 수 있는 자유"라고 규정한다. 학문의 자유를 보장하기 위해서는 대학의 자율도 필수적이라고 지적했다.

이 회의에서 채택된 문헌이 '시나이아 성명(Sinaia Statement)'이다. 성명은 대학의 연구와 당파적 연구를 구분한다. 전자는 개방적이고 독립적이고 제약 없이 진리를 추구하는 것을 뜻한다. 대학인들 스스로 학문의 자유를 육성할 책임이 있고, 정부와 대중은 대학이 자유로운 연구와 사회적 비판의 중심이 될 수 있도록 존중해야 한다. 또한 대학은 관용의 가치와 평화적인 문제 해결을 절대적으로 중시해야 하며 이런 자세가 없으면 대학의 역할은 말할 것도 없고 문명 사회 자체가 불가능하다고 했다.

학문의 자유, 대학의 자율에다 학내 민주주의를 더한 세 개의 치열한 불기둥이 대학 인권을 위한 선결 조건이 되어야 한다. 금기시되는 연구 주제는 아예 쳐다보지도 않고, 꼭 필요하지만 인기 없을 것 같은 이슈는 알아서 피해 가고, 고액의 프로젝트에 조건 반사식으로 반응하는 대학은 대학의 자율이니 독립이니 하는 대접을 받을 자격을 스스로 포기한 것이다. 외부 지원을 받지 말자는 말이 아니다. 원칙을 지키려는 강렬한 지향이 선행되어야 한다는 말이다. 대학의 근본이 처음부터 뒤틀려 있다면 그 안에서 제대로 된 인권 의식이 나오기는 어렵다.

학내 민주주의 수준을 높여서 학생, 직원, 교원이 참여하고 깊이 논의하는 전통을 만들어 가야 한다. 그렇게 해야 자연스럽게 갑질 문화가 줄고, 약자가 최소한의 대항력을 지닐 수 있다. 그렇게 해야 학생들이 부당한 권위에 의문을 제기하되 스스로의 책임과 의무에 대해서도 진지하게 고민하게 된다. 그렇게 해야 대학의 운영에 따르는 현실적 고충을 이해할 수 있다. 그렇게 해야 구성원들 간의 신뢰도가 높아진다. 이런 조건이 갖춰지면 설령 인권 문제가 발생하더라도 인권 센터가 내놓는 해결책을 다 함께 믿고 수긍한다. 하지만 이런 선행 조건 없이는 인권 센터가 규정대로 일을 처리한다 해도 '교수 인권 센터'라고 비아냥댈 수밖에 없다. 결론을 말하자. 학문의 자유, 대학의 자율, 학내 민주주의를 통해 대학이 사회 속에 바로 서야 학내 인권 침해가 발생할 확률적 개연성이 줄어든다. 대학 인권 문제가 심각할수록 상자 바깥에서 전체를 보는 통찰이 필요하다.

2017년 11월

법의 지배로 본 한국 인권

새 정부가 출범한 지 한 돌을 맞았다. 세부적으로 보면 촛불의 염원에 못 미치는 점들이 적지 않지만, 큰 틀에서 보면 전 사회에 자유와 인권의 기운이 분명 늘어났다. 그런데 체감 분위기를 넘어 구체적으로 얼마나 좋아졌는가 하는 점은 인권을 깊이 알고 싶어 하는 사람들의 공통된 질문일 것이다. 이런 의문에 단서를 제공하는 증거들이 나오기 시작했다.

알다시피 세계 각국의 인권 상황을 일정한 기준으로 비교하는 지표들이 여러 가지 있다. 이런 연구들은 보통 1년 단위로 조사가 이루어지는데 2017년 상황을 평가한 조사들이 속속 나왔다. 그중 '법의 지배 지표(RLI)'라는 조사가 있다. 세계정의프로젝트(WJP)라는 국제 연구 기관이 거의 십여 년째 매년 내놓는 중요한 지표다. 여기에서 평가한 2017년 한국의 법의 지배 상황은 그 전해에 비해 어떤 변화가 있을까. 이 질문은 '새 정부가 인권에 유의미한 변화를 가져왔는가?'라는 평가와 직결되어 있다.

결론부터 말하면 2016년에 비해 2017년 들어 지표가 약간 호전되기 시작했다. 일관성 있는 기준으로 장기 추세를 추적해 온 단체의 연구이니 신뢰해도 좋을 것이다. 한 가지 유의할 점이 있다. 조사 기간인 2017년 전반부는 새 정부의 성과와 직접 관련이 없다. 따라서 본격적인 지표 변화는 2018년 조사에서부터 반영되었다. 어쨌든 긍정적인 방향으로 조짐이 보이기 시작한 건 사실이다. 연구 결과를 소개하기 전에 우선 '법의 지배 지표'가 무엇인지 알아보자.

세계정의프로젝트는 법의 지배 개념을 네 가지 보편적 원칙이 통용되는 체제로 규정한다. ①정부와 개인이 법 앞에 책임을 지는 법적 책무성이 있어야 한다. ②기본권이 보장되는 명확하고 공정한 법률이 있어야 한다. ③법률을 제정하고 집행하는 과정에서 공평하고 접근성 높고 효율적인 열린 정부가 있어야 한다. ④불편부당한 분쟁 처리 체계가 있어야 한다. 그렇다면 법의 지배 지표가 인권 수준을 알아보는 데 왜 중요할까? 인권의 구체적인 침해 상황을 조사하는 연구와는 달리 인권을 안정적으로 보장할 수 있는 시스템 조건의 수준을 알 수 있기 때문이다.

'법의 지배 지표'는 구체적으로 8개 대주제와 44개 소주제를 선정해 전 세계 113개국을 조사한다.* 나라마다 대표적인 세 도시에 거주하는 주민 1천 명의 평가, 그리고 그 나라 전문가들을 상대로 한 설문 조사를 합쳐 최고 1점, 최저 0점으로 각 나라의 점수를 매긴다. 총점의 순위와 주제별 순위를 모두 알 수 있다. 2017·2018년 지표를 기준으로 보면 총점 1위는 덴마크(0.89점), 113위는 베네수엘라(0.29점)로 나왔다. 한국은 0.72점으로 20위였다.** 전체 결과만큼이나 주

---

* 2020년 '법의 지배 지표'에서는 조사 대상 국가가 128개국으로 늘었다. 2020년 조사에서는 2017년~2018년과 마찬가지로 1위는 덴마크(0.9점), 128위는 베네수엘라(0.27점)였다.
** 한국의 '법의 지배 지표'는 2019년에 0.73점을 받아 126개국 중 18위였다. 2020년에는 같은 점수를 받았지만 순위는 한 단계 올라 128개국 중 17위였다.

제별 평가를 살펴보는 것도 중요하다.

여덟 가지 대주제 중 전 세계 기준에 비추어 한국이 상대적으로 양호한 점수를 받은 주제는 규제 조치의 집행성, 민사법과 형사법 영역이었다. 상대적으로 점수가 낮게 나온 주제는 정부 권력 제한, 부정부패 해소, 정부 개방성, 기본권, 질서와 치안이었다. 이중 정부 개방성을 뺀 나머지는 모두 2017년 들어 그 전해보다 개선된 결과를 보인다. 특히 정부 권력 제한은 27위에서 26위로, 부정부패 해소는 35위에서 30위로, 기본권은 32위에서 29위로 올랐다.

소주제의 평가를 따져보면 법의 지배 중에서 강점과 약점인 부분이 드러난다. ①정부 권력 제한을 다룬 대주제 내에서 최고점은 권력의 합법적 이양이었고, 최저점은 사법부의 권력 통제가 받았다. 한국의 사법부는 '하늘이 무너져도 정의를 세우는' 수준의 기관이 되려면 아직 멀었다. ②부정부패 해소 중 최고점은 사법부가 받았고, 최저점은 입법부가 받았다. ③정부 개방성 중 최고점은 정보 접근권이었고, 최저점은 시민 참여로 나왔다. 아직도 국정의 시민 참여가 피상적이라는 뜻이다. ④기본권 중 최고점은 생명권과 안전권이 개선되었다고 나왔고, 최저점은 노동권이었다. 국제적으로 악명 높은 한국의 노동 현실이 또다시 입증된 것이다.

⑤질서와 치안 주제에서 최고점은 내전이 없다는 사실이었고, 최저점은 폭력 범죄 피해자의 구제로 나왔다. ⑥규제 조치의 집행성 중 최고점은 신속한 처리로 나왔고, 최저점은 효과적 이행성으로 나왔다. ⑦민사법 영역의 최고점은 법정이 아닌 제3자에 의한 대안적 분쟁 해결로 나왔고, 최저점은 비용 감당의 어려움으로 나왔다. ⑧형사법 영역의 최고점은 적법 절차와 신속한 판결이 받았고, 최저점은 효

과적 수사로 나왔다. 경찰과 검찰이 밥그릇 싸움을 벌이지만 그들의 존립 목적이나 다름없는 수사 항목에서 꼴찌가 나온 점을 어떻게 해명할지 궁금하다.

이번 결과와 한국의 예외적 성격을 비교해볼 수 있다. 우리보다 순위가 높은 나라 중 홍콩을 제외하고 식민 지배의 경험이 있는 곳은 한국뿐이다. 전쟁의 위협이 있는 유일한 나라, 유엔 가입이 가장 늦은 나라라는 특징도 있다. 흥미롭게도 삶의 질과 사회권으로 봐도 한국은 경제협력개발기구(OECD) 국가들 중 가장 낮은 수준이니, 우리의 위치가 세계 속에서 어디쯤인지 객관적으로 드러난다. 법의 지배든 삶의 질이든 한국은 상중하로 따져 세계적으로 '상'에 속하지만, 상급 국가들 내에서 수우미양가로 따지면 '양' 또는 '가'에 불과하다. 더 올라가야 하는 건 분명한데 어떻게 하면 올라갈 수 있을까. 여기서 인권 운동이 유념해야 할 점이 있다. 단순히 개별적 인권 침해 사안의 해결이나 제도 개선만으로는 부족하다. 근본적 차원에서 사회 전체의 가치관이 변해야 한다.

한국의 사례는 독재와 강압을 극복하고 이룰 수 있는 성과의 최대치와 한계를 보여주면서, 우리의 인권 수준 역시 이 점과 내재적으로 연결되어 있음을 보여준다. 특수한 조건 속에서 국민을 몰아붙이면 단기간에 덩치와 형식적 제도는 상당히 키울 수 있다. 하지만 사회의 내적 수준은 그런 식으로 높이지 못한다. 압축 성장은 가능해도 압축 성숙은 불가능하기 때문이다. 더 큰 문제는 가치관이 왜곡되어서 성장론이 성숙론을 비웃으면서도 그것이 얼마나 심각한 문제인지조차 모른다는 점이다. 왜곡된 가치관을 바로잡지 않으면 법도 재벌한텐 물러지고, 이후의 인권 개선도 돈과 개발 논리의 벽을 넘지 못할 것이다. 우리 사회 전체의 암묵적 분위기 자체가 그렇게 되어 있다.

그래도 촛불 혁명 이후 근본적 변화 가능성이 보인 것은 다행이다. 탄핵과 정권 교체만 해도 작은 일이 아닌데 노동과 복지와 휴식에 대한 인식이 크게 바뀌고 있지 않은가. 미투 운동 역시 촛불에 의해 정치적 기회의 공간이 열린 후 사회적 의미에서 기회의 창이 열린 사례다. 촛불 혁명을 겪으면서 자기 표현의 힘을 자각한 여성들 사이에 형성된 어떤 감응성의 총체가 젠더 불평등이라는 오래된 모순에 균열을 내기 시작한 것이다.

이런 종류의 혁명적 감전 현상과 인권 의식 고양은 우리 사회의 정신적 체질을 바꾸고, 한반도 전체 차원에서 변화를 이끌 잠재력을 지니고 있다. 2015년 아일랜드에서 동성 간 결혼 합법화 조처에 크게 고무된 측이 누구였는지 아는가. 북아일랜드 평화 프로세스 찬성파였다. 아일랜드 국민의 성의식 변화라는 변수가 평화를 결정하는 정치 협상에서도 개방되고 실용적인 태도로 표현될 것이라는 전망 때문이었다.

미투 운동이 결실을 잘 맺어 뼛속까지 남성 우월적이었던 사회의 내밀한 감성을 바꾸어놓는다면 한반도의 평화를 상상하는 관점에도 큰 영향을 끼칠 수 있을 것이다. 한 가지 걱정이 있다. 요즘 들어 보수가 더욱 인권을 반대하는 세력으로 자리 잡는 모습이 그것이다. 성 평등 요구가 어느 정도 정리되면 청소년들이 다음 차례를 이을 것으로 예상된다. 한편으로 민주 의식의 성숙, 다른 한편으로 새로운 인권 의제 집단의 등장이라는 두 축이 잘 맞물려 돌아가면 우리라고 인권 선진국이 되지 말라는 법이 없다.

2018년 4월

평화-발전-인권 함께 가는 길

얼마 전 유엔 본부에서 열린 회의에 참석하기 위해 뉴욕에 다녀왔다. 유엔공보국(UNDPI)과 유네스코 아태국제이해교육원이 공동 주최한 연례 '세계 시민 교육' 국제 세미나 자리였다. '세계인권선언' 제정 70돌을 기념하여 그해의 주제를 '세계인권선언'과 '세계 시민 교육'으로 정했다고 한다. 나는 기조 연설을 하고 패널 토론에도 참여했다. '세계 시민 교육'에 대해 견식을 넓힐 기회를 얻을 수 있었다.

'세계 시민 교육'은 유네스코가 발전시키고 있는 현재 진행형 개념인데, 정확히 말하면 전 지구적 시티즌십 교육(Global Citizenship Education)이다. 우리가 자신이 속한 나라와 지역을 초월하여 더 큰 인류 공동체에 속한 구성원이라고 자각하는 것이 전 지구적 시티즌십의 핵심이다. 그렇지만 사람의 전통적인 귀속성을 무시할 순 없다. 따라서 전 지구적 시티즌십은 단순한 세계주의가 아니라 지역 사회, 국가, 그리고 전 세계가 정치적·사회적·경제적·문화적으로 서로 의존하고 연결되어 있다는 전제에서 출발한다.

이런 원칙은 인권의 기본 정신과도 부합한다. 인권은 자신이 속한 지역 사회 풀뿌리 차원부터 국가 차원, 더 나아가 전 세계 차원에서 모두 통용되고 실천되어야 하는 것이기 때문이다. 우리는 흔히 인권을 한국 사회 내의 문제에 국한해서 생각하기 쉽다. 흔히 국민의 기본권으로 인권을 이해하는 방식이 그것이다. 그러나 인권을 원래 의미대로 사용한다면 국내의 인권 문제에 우리가 불의를 느끼는 것만큼이나 미얀마 로힝야족, 시리아 난민, 콩고 내전 희생자에게도 똑같이 불의를 느낄 수 있어야 한다. 실천하기 어렵더라도 적어도 인권을 이야기할 때엔 의식적으로 이런 태도를 지녀야 한다. 그런 면에서 '세계 시민 교육'의 취지는 인권과 결이 같다.

현재 유엔에서 중점적으로 추진하는 지속 가능 발전 목표의 세부 목표 4.7에 '세계 시민 교육'이 포함된 점도 특기할 만하다. 2030년까지 모든 학습자가 지속 가능한 발전과 지속 가능한 생활 방식, 인권, 젠더 평등, 평화와 비폭력 문화 증진, 세계 시민 의식, 문화 다양성과 지속 가능한 발전을 위한 문화의 기여에 관한 교육을 받아야 한다고 되어 있다. 기조 강연에서 나는 인권 교육이 세계 시민 교육─지속 가능 발전 목표와 서로 영향을 주고받을 때 내용상으로 풍부한 새로운 담론이 형성될 수 있을 것이라고 했다.

공교롭게도 유엔 회의와 남북한 정상이 판문점에서 만난 시점이 겹쳤다. 행사 후 여러 사람이 다가와 축하와 덕담을 해주었다. 저녁 식사 때 누군가가 스마트폰으로 두 정상이 조우하는 영상을 보여주었다. 뜨거운 느낌이 가슴에서 올라왔지만 겉으로 평정한 척하느라 애를 써야 했다.

감격 때문인지 시차 탓인지 잠이 오지 않았다. 호텔 방에서 밤을 꼬박 새워 현지 신문들을 읽고 텔레비전 채널을 이리저리 돌리며 동아시아에서 전해져 오는 역사적 사건을 생각하고 또 생각했다. 아래 내용은 유엔 회의에서 배운 점들과 미국 조야의 분위기를 접하고 느낀 점을 한반도에 적용해 두서없이 메모해본 것이다.

첫째, 북한의 개혁·개방의 방향에 관하여. 관례적인 경제 개발의 논리, 구시대적 성장 논리가 전체 논의를 주도한다는 느낌이 강하게 들었다. 북한의 엄청난 자연 자원, 저임금의 질 좋은 노동력…… 이런 식의 보도가 홍수를 이루지만 정작 지속 가능한 발전 이야기는 찾기 어렵다. 그러나 역설적으로 북한은 개발이 크게 지체되었기 때문에 오히려 처음부터 21세기형 지속 가능한 발전 모델로 곧바로 진입할 수 있을 것이다. 마음만 먹으면 탈화석 연료형 신재생 에너지 경제, 4차 산업혁명, 경제-사회-환경의 통합적 플랜이 가능한 곳이 바로 북한이 아닐까 한다.

김성경 북한대학원대학 교수가 통렬히 지적한 것처럼 사람·환경·공동체를 진지하게 고려한 적이 없는 천박한 자본가들이 더는 착취할 것조차 없어진 한국 땅을 벗어나 그다음 먹잇감으로 북한을 상상하고 있지나 않은지 냉정하게 따져봐야 한다. 만일 북한 당국 스스로도 관례적인 경제 개발 논리를 내세우려 한다면 그들에게 새로운 발전 모델을 설파할 필요가 있다. 김정은 위원장이 성장기를 보낸 스위스가 현재 지속 가능 발전 목표를 가장 빨리 달성하고 있는 나라라는 사실을 알리면서 그를 설득하면 어떨까. 한반도에서 동방의 스위스를 건설해보라고 말이다.

둘째, 북한 인권에 관하여. 자칫 인권 이슈가 '한반도 평화와 번영과 통일'을 가로막는 돌부리가 될지도 모른다는 관측이 나오고 있다. 일리 있는 견해다. 냉전 현상 유지 세력이 인권을 정치적으로 활용하려는 시도를 차단해야 한다. 또한 이제 겨우 대화가 시작된 단계에서 공식적으로 인권을 거론하기 어려울 거라는 점도 충분히 이해가 간다. 그런데 길게 보아 국제 사회에서 인권 이슈가 어떻게 다뤄질지 고려해야 한다. 인권이 평화의 돌부리가 되지 않도록 하기 위해서라도 북한 인권에 장기적으로 대비할 필요가 있다. 특히 북한 주민들을 위해서도 그래야 한다.

그렇다면 어떻게 장기적인 대비를 해야 하는가. 평화-발전-인권을 하나로 묶어서 사고하고, 한반도 평화와 번영과 통일의 길을 닦으려면 인권이라는 토대가 깔려야 한다는 기본 관점을 지녀야 한다. 인권 문제에 방어적으로 대처하거나, 남북 관계가 개선되기만 하면 인권 문제가 저절로 해결될 수 있다고 기대한다면 국제 동향을 오독하는 것이 된다. 풍계리 실험장 폐기가 비핵화의 가시적 상징인 것처럼, 정치범 수용소 폐쇄가 북한 체제 보장의 실질적 이정표가 될 수 있다고 북한을 독려해야 한다. 북한의 발전을 위해 언젠가는 개입할 수밖에 없는 세계은행이 다당제 민주주의 거버넌스를 강조하고 있는 사실, 아시아개발은행도 인권 압력을 받고 있는 현실, 세계무역기구조차 노동권과 노동 조건을 중시하는 추세, 경제 분야에서도 인권을 핵심 가치로 여기는 유럽연합을 방정식에 넣어 생각해야 한다.

셋째, 북한에게 미온적인 미국 내 여론에 관하여. 트럼프의 적극적 행보와는 달리 미국의 여론 주도층, 심지어 진보 진영조차 북한의 변화를 회의적으로 평가하는 분위기가 널리 퍼져 있다는 점은 잘 알려져 있다. 그 이유야 어떻든 변치 않을 사실이 있다. 트럼프 이후에도 한반도 평화가 유지되어야 하고, 미국은 여론의 나라라는 점이다. 트럼프만 바라볼 게 아니라 미국 전체를 상대로 해 홍보전을 펼쳐야 할 이유는 차고 넘친다.

우리 정부가 직접 하기 어렵다면 입법부라도 나서야 한다. 초당적 의원 외교는 이럴 때 하라고 있는 것이다. 당장 국회의장과 정당 대표들이 미국으로 달려가 공화당뿐만 아니라 특히 민주당 의원들을 만나고, 뉴욕외교협회나 조지타운대학에서 연설을 해야 한다. 그들은 주로 세 가지 질문을 던질 것이다. ①비핵화에 대한 북한의 태도 변화가 믿을 수 있다고 보는 근거가 무엇인가. ②북한의 변화를 위해 남한이 어느 정도나 경제적·정치적 비용을 부담할 용의가 있는가. ③경제적으로 일부 개방할지 몰라도 여전히 독재 체제를 유지하려는 나라를 미국이 왜 정상 국가로 상대해주어야 하는가.

이런 질문에 대비해 미국의 국익과 민주주의 논리를 함께 아우르는 답변을 준비해 가야 한다. 그리하여 한반도에 '영구적이고 검증 가능하며 돌이킬 수 없는 평화와 번영(PVIPP)'이 미국을 포함한 모두에게 축복이 된다고 당당하게 말해줄 필요가 있다.

넷째, 유럽과 북한의 관계에 관하여. 대북 제재를 푸는 문제는 결국 안전보장이사회에 달려 있으므로 영국과 프랑스의 영향을 무시할 수 없음을 기억해야 한다. 영국은 평양에 대사관까지 두고 있지 않은가. 이들에 더해 독일과 벨기에까지 합친 콰르텟(사중주단)에 한국의 입장을 설명하고 외교적인 우군으로 확실히 붙들어야 한다. 특히 유럽은 핵 시설의 감시·검증·군축에 관해 세계 최고의 평가 기술을 보유하고 있어서 향후 이들의 역할이 더욱 커질 가능성이 있다.

철든 후 무언가를 이렇게까지 간절히 염원해본 적이 있었던가 싶다. 한반도의 평화와 번영을 위해서라면 무엇을 못 하겠는가. 다 같은 마음일 것이다.

2018년 5월

양심이란 무엇인가

2018년 양심적 병역 거부에 관한 대체 복무를 마련해야 한다는 헌법재판소의 결정 이후 국방력 약화나 대체 복무 제도에 대한 우려의 소리가 나오고 있다.* 앞으로 시행 방식을 둘러싼 논란이 판정의 의미를 퇴색시키고 자칫 엉뚱한 방향으로 논의를 왜곡하지 않을지 염려된다.

보통 사람에게 양심적인 사람이 누구인지 물어보면 '착하고, 올바르고, 정직하며, 법 없이도 살 사람'이라는 대답이 돌아온다. '착하다' 또는 '올바르다'고 할 때 대다수 사람이 수긍할 수 있는 어떤 객관적 도덕칙을 가정하는 경향이 있다. 그러나 인권에서 말하는 양심은 꼭 그런 것만은 아니다. 국립국어원 표준국어대사전은 양심(良心)을 "사물의 가치를 변별하고 자기의 행위에 대하여 옳고 그름과 선과 악의 판단을 내리는 도덕적 의식"이라고 정의한다. 이 풀이에 따르면 양심은 그저 착하다기보다, 어떤 것의 도덕적 성격을 구분할 줄 아는 이성을 뜻한다. 흔히 통하는 관용어법과 다르다.

---

* 2019년 12월에는 양심적 병역 거부자에게 대체 복무 방안을 제시한 병역법 개정안이 국회를 통과했다.

오래전 헌법재판소에서도 양심을 "어떤 일의 옳고 그름을 판단하는 데서 그렇게 행동하지 아니하고서는 자신의 인격적 존재 가치가 허물어지고 말 것이라는 강력하고 진지한 마음의 소리"라고 해석했다. 인권에서 말하는 양심의 개념에 좀 더 가깝지만 이것 역시 일반적인 어법과는 약간 다르다. 우리가 보통 사용하고 이해하는 '양심', 그리고 철학이나 인권에서 의미하는 '양심' 사이에는 미묘하지만 중요한 차이가 있다. 이 때문에 군 복무를 마친 사람들이 양심적 병역 거부라는 말에 격렬하게 반발하는 경우가 발생하곤 한다. "아니, 군대 빠지려고 하는 자가 양심적이라면 우리같이 군대 다녀온 사람은 비양심적이란 말이냐, 그게 말이 되는가……."라는 식이다. 정확한 의미를 오해한 데서 일어난 갈등이다.

현대 인권에서 말하는 양심(conscience)의 어원은 '자신이 알고 있는 것(scientia)'을 '함께 나누다(con)'라는 라틴어에서 왔다. 자신이 알고 있는 것이 명확하진 않지만 전통적으로 이것을 '도덕적 의식'이라고 해석한다. 그런 의식이 어디에서 왔는가. 신일 수도 있고, 특정 문화권에서 형성된 초자아일 수도 있고, 자기 성찰일 수도 있다. 함께 나눈다는 말도 누구와 나눈다는 것인지 명확하진 않지만 '자기 자신과 나눈다'는 뜻으로 보통 해석한다. 요컨대 양심의 원뜻은 '자신과 나누는 도덕적 성찰'인 것이다.

더 나아가 인권에서는 다음의 두 조건이 더해져야 양심으로 인정할 수 있다는 입장이다. 우선 단순한 의견이나 피상적인 선택과 취향은 양심이 아니다. 타당성, 진중함, 정합성, 중요성이 입증되어야 한다. 마음속 깊은 곳에서 다져지고 정제된 믿음의 결정체가 양심이다. 양심이란 말은 함부로 꺼낼 수 없는 심각한 개념이고, 일단 꺼냈다

하면 대단히 무게 있게 다뤄야 하는 것이다. 그렇다면 깊은 생각에서 나온 신념이라면 다 양심인가. 히틀러가 '진심으로' 인종 차별주의를 확신해서 홀로코스트(대학살)를 저질렀다면 그것도 양심인가.

그렇진 않다. 이 때문에 둘째 조건이 필요하다. 아무리 깊은 믿음에서 나왔다 해도 모든 신념이 양심은 아니다. 인간 존엄성을 존중한다는 전제가 깔려 있어야 한다. 이 두 조건을 충족하는 범위 내에 존재하는 다양한 형태의 믿음을 그 사람의 양심이라고 인정해주자는 것이 인권의 원칙이다.

헌법재판소의 결정이 나온 뒤 병역 거부자에게 '양심'이라는 말을 붙이는 것이 못마땅했는지 일부 언론은 '종교적 병역 거부자'라는 표현을 썼다. 신념에 따른 병역 거부라고 구분해서 불러야 옳다는 의견도 나왔다. 이런 생각은 인권에 관한 오해 또는 무지에 가깝다.

국제 인권 기준에서는 거의 언제나 생각-양심-종교의 자유(the right to freedom of thought, conscience and religion)를 한 묶음으로 취급한다. 세 가지를 하나의 권리 범주로 분류하는 것이다. '세계인권선언', '국제자유권규약', '미주인권협약', '아프리카인권헌장', '유럽인권협정', '유럽연합기본권헌장' 모두 그러하다.

양심의 자유는 종교의 자유와 같은 종류이지만 좀 더 포괄적이다. 종교의 자유가 특정 종교를 믿고 예배할 자유를 가리킨다면, 양심의 자유는 종교의 자유에 더해 국교 또는 다수 종교를 따르지 않을 자유, 종교를 믿지 않을 자유, 불가지론을 유지할 자유, 세속적 차원의 마음의 자유를 모두 포함한다.

이런 양심의 자유를 탄압하면서 투옥, 태형, 암살이 다반사로 벌어지는 곳이 방글라데시, 파키스탄, 이라크, 말레이시아, 인도, 수단, 이란이다. 이들 나라에서는 다수 종교를 따를 '자유'만 있을 뿐이다.

그런데 양심의 자유는 자기 마음을 남에게 드러내고 남들과 그 생각을 나눌 수 있는 권리와 연결될 수밖에 없다. 자기 생각을 마음속에 담아 두기만 하는 것을 자유라 할 수 없기 때문이다. 따라서 생각-양심-종교의 자유는 필연적으로 표현의 자유와 집회·결사의 자유와 동전의 양면을 이룬다. 이런 권리들이 자유권의 핵심을 이루는 것도 무리가 아니다. 만일 자유민주주의를 그토록 신봉한다면서 양심적 병역 거부나 집회의 자유를 제한해야 한다고 주장한다면 세상에 모순도 그런 모순이 없다.

대체 복무 조건을 까다롭게 해서 가짜 양심범들을 가려내겠다고 벼르는 듯한 경향도 우려스럽다. 물론 제도를 악용하는 이들까지 모두 용인할 순 없다. 하지만 양심적 병역 거부자를 곧이곧대로 이해하면 이들은 어떤 상황에서도 양심을 지키려 하는 사람이다. 옛날 같았으면 배교하느니 순교를 택할 사람들이다. 양심은 그만큼 무거운 것이니만큼 사람들이 양심을 함부로 팔 것이라고 지레짐작해선 안 된다. 원론적으로 말해 양심적 병역 거부자에게 군대 내 생활 조건은 아무런 고려 사항이 되지 못한다. 설령 군 생활이 아무리 편하다 해도 입대를 거부해야 진정한 양심적 거부다. 기합이나 폭언이 전혀 없고, 사병 월급이 대기업 사원보다 더 많고, 병영 시설이 5성급 호텔보다 더 좋고, 군 복무 기간이 6개월밖에 안 된다 해도 자기 양심 때문에 군대에 못 가겠다고 하는 이가 양심적 병역 거부자다.

대체 복무의 내용을 군 복무보다 어렵게 만들어 아예 잠재적 가짜들에게 유혹의 여지를 주지 않겠다는 발상 자체가 우리 사회가 불신 사회임을 자인하는 태도다. 그런 식으로 접근하면 '양심이 무엇인가'

라는 본질적 질문은 사라지고, '진짜와 가짜를 어떻게 가려낼 것인가'라는 방법론적 문제로 모든 논쟁이 귀결된다.

모태 신앙임을 입증할 수 있는 자료를 제출하라, 신앙 경력 몇 년부터 교인으로 인정할 것인가 등등 기발하고 우스꽝스러운 판별 기준이 등장할지도 모른다. 진짜 양심임을 변별할 수 있는 길고 긴 특수 검사 항목이 고안되는가 하면, 거짓말 탐지기가 등장하지 말라는 법도 없다. 그런 테스트를 뚫을 수 있는 '족보'가 암암리에 돌아다닐 수도 있다. 양심을 정확하게 가려낼 수 있는 방안을 놓고 전문적이고 기술적인 토론이 이루어지고 대중 역시 그런 식의 피상적인 논쟁에 뛰어들 수도 있다. 이렇게 되면 참된 '배움'이 무엇인가라는 질문은 사라지고, 주관식이 아닌 객관식 문제로 '공정하게' 채점하여 학생들 간의 차이를 가려내는 것이 교육의 주된 목적으로 귀결되는 현실과 비슷한 상황이 재연될 가능성이 있다.

헌법재판소의 결정은 양심적 병역 거부라는 문제를 해결함과 동시에 우리 사회 신뢰성의 토대에 깊은 과제를 던졌다. 근본적인 차원에서 신뢰가 없는 사회라면 대체 복무제가 자칫 불신의 대상이 되거나 유엔에서 반대하는 유사 형벌적 제도로 전락할 수도 있다.

제도 변화보다 규범의 변화가 더 어렵다. 양심적 병역 거부의 제도화를 우리 사회 전체 수준을 높일 수 있는 기회로 삼아야 한다. 어떤 사람이 양심을 근거로 들어 어떤 호소를 해도 "그 말을 도대체 어떻게 믿어?"라는 반응이 너무나 자연스럽게 튀어나오는 사회라면 그 어떤 제도를 갖춰도 양심이 진정으로 존중받기는 어려울 것이다.

2018년 7월

합법적 전쟁, 불법적 전쟁

1953년 정전 협정 65돌을 맞아 〈한겨레〉가 뽑은 헤드라인은 "65년 유예된 평화…… 눈앞에 온 종전 선언"이었다. 65년이나 미뤄진 평화라니, 자괴감이 엄습하면서 어떻게든 이 상태에서 벗어나야 한다는 간절함이 더해진다.

인권과 평화는 동일한 내용을 다른 관점에서 표현하는 동전의 양면이다. 인권이 평화의 토대가 되고, 평화가 인권을 보장한다. '세계인권선언'은 첫 줄부터 인류 가족 모두의 평등한 권리를 인정할 때 평화로운 세계의 토대가 마련된다고 호소한다. 존 험프리가 작성했던 '세계인권선언' 초안은 더 직설적이다. "전쟁이 폐지되지 않는 한 인간의 자유와 존엄을 지킬 수 없다." 그러니 전쟁이 65년이나 연장된 상태에서는 진정한 의미의 자유와 존엄을 지키기 어려웠다고 할 수 있다.

제2차 세계대전 이후의 국제 질서가 완벽하지는 않지만 전 시대에 비해 상대적으로 평화롭게 유지되어 온 건 사실이다. 방어 전쟁이나 유엔안전보장이사회가 승인한 전쟁을 제외한 모든 전쟁은 원칙적으로 불법이 되었다. 그러나 최근 이런 질서가 흔들리고 있는 징조가 뚜렷하다. 1999년 북대서양조약기구(나토)의 코소보 공습, 2003년 미국의 이라크 침공, 2014년 러시아의 크림반도 합병, 중국의 남중국해 도서(島嶼) 점령, 미국과 이스라엘의 시리아 공격이 대표 사례다.

우리가 이런 사건을 개탄할 때 그 밑바닥에 '전쟁이란 부도덕하고 불법적인 행위'라는 가치 판단이 깔려 있다. 그러나 역사적으로 보면 이와 정반대였던 시대가 있었다. 전쟁이 정당하고 바람직하고 합법적이었던 때가 있었던 것이다.

국제법의 창시자로 꼽히는 네덜란드의 법학자 후고 그로티우스(Hugo Grotius)의 합법 전쟁론을 보자. 1603년 싱가포르에서 포르투갈의 대형 범선 산타 카타리나호가 네덜란드 동인도회사의 수병들에게 나포되어 화물을 압수당한 사건이 발생했다. 피해를 당한 포르투갈이 발끈한 것은 두말할 것도 없고, 네덜란드 내에서도 부도덕한 해적 행위라는 부정적 여론이 일었다. 그러나 엄청난 부를 잃고 싶지 않았던 회사의 주주들은 그로티우스에게 법적으로 유리한 논거를 만들어 달라고 자문한다. 이렇게 해서 태어난 책《전쟁과 평화의 법에 관하여(De jure belli ac pacis)》(1625년)는 원래 사건보다 훨씬 큰 주제를 다룬 문제작이 되었다.

그로티우스는 국가가 어떤 이유든 근거를 제시하면서 벌이는 전쟁은 정당하다고 본다. 국가와 국가 사이를 규율할 수 있는 더 높은 차원의 권위(세계 정부)가 없으므로 전쟁은 국가들 사이에 발생하는 갈등을 해소할 수 있는 효과적이고 정당한 수단이라는 이유를 든다.

그로티우스는 어느 나라가 타국에게 피해를 당한 후 합당한 배상을 받지 못했다고 느끼기만 해도 무력 침략과 점령을 가해 재산을 빼앗고 주민들을 다스릴 권리가 생긴다고 주장한다. 이런 논리에 따르면 전쟁은 부도덕하거나 범죄적인 행위가 결코 아니다. 오히려 국제 문제를 해결하기 위한 합법적이고 정상적인 국가 정책이다.

교전국이 아닌 제3국은 그 어느 편을 들어서도 안 된다. 철저하게 중립을 지키지 않으면 그 즉시 적국으로 간주되어 공격 대상이 된다. 전쟁을 개시한 나라에 제3국이 무역·경제 제재를 가해도 불법으로 간주되어 원수지간이 된다. 전쟁이 아닌 방식으로 분쟁을 해결하려는 노력 자체가 불법으로 찍힐 가능성이 높았다. 이런 식의 국제 질서가 극적으로 분출한 사건이 제1차 세계대전이었다. 비극이긴 해도 완벽하게 합법적인 전쟁이었다. 그로티우스의 법 논리는 서구의 제국주의적 팽창 정책에도 정당성을 부여했다.

예일대학 법대 교수 우나 해서웨이와 스콧 셔피로는 공저 《국제주의자들》에서 이러한 그로티우스식 '구세계 질서'가 '신세계 질서'로 바뀐 과정을 추적한다. 미국 법률가 새먼 레빈슨은 제1차 세계대전의 참화를 목격하고 전쟁을 합법화한 것이 인류 최악의 실수였다고 확신했다. 살인을 금하는 법은 있는데 전쟁을 금하는 법은 왜 없단 말인가.

그는 전쟁을 없애려면 군축이나 국제연맹을 통한 중재보다 전쟁 자체를 불법화하는 길이 가장 근본적인 방안이라고 믿었다. 전쟁의 합법성을 전제로 한 채 이러저러한 제한을 추가하던 기존의 평화 구상들과는 달리 전쟁의 불법성을 전면에 내세운 레빈슨의 사상은 가히 혁명적이었다.

레빈슨이 주도한 '전쟁 불법화 운동'은 우여곡절 끝에 1928년 8월 27일 '파리평화조약'으로 결실을 맺었다. 흔히 켈로그-브리앙조약 또는 부전조약이라 불리는 이 약정 때문에 사상 최초로 전쟁이 '불법'이 되었다. 이 부전조약에서 '신세계 질서'가 발생했다. 그 후 침략 전쟁은 불법이 되었고, 호전적 국가에 대한 외부 경제 제재는 합법이 되었다. 패러다임이 180도 바뀐 것이다.

그러나 이 조약은 뜻은 좋지만 구속력이 없는 선언에 불과해 1931년 일본의 만주 침략을 필두로 하여 결국 제2차 세계대전을 막지 못했다는 비판을 받는다. 이 때문에 역사책의 각주에 등장하는 이상주의적 에피소드에 불과하다는 혹평이 따른다. 하지만 일본의 침략은 부전조약에 가입했던 국제 사회에서 인정받지 못했다. 부전조약 이전이었다면 아무 문제 없이 인정받았을 것이다.

합법화된 상태에서 일어나든 불법화된 상태에서 일어나든 전쟁은 전쟁인데 무슨 차이가 있는지 물을 수도 있다. 인간은 인지적 동물임을 기억해야 한다. 전자의 전쟁은 상식, 정상, 규범으로 인식되므로 전쟁에 관한 사람들의 문제의식이 얕고 좁아진다. 후자의 전쟁은 금기, 일탈, 범죄로 인식되므로 사람들은 비판적 관점에서 전쟁을 재인식하게 된다. 국가도 국제 여론의 눈치를 보며 행동할 수밖에 없다.

제2차 세계대전의 본질이 그로티우스식 구세계 질서의 복원을 원하던 추축국들과 신세계 질서를 꿈꾸던 연합국들 간의 투쟁이었다는 시각도 있다. 후자가 승리한 후 작성된 '유엔헌장'은 부전조약을 그대로 계승했다. 헌장의 2조 3항 "국제 분쟁을 평화적 수단으로 해결해야 한다.", 그리고 4항 "타국의 영토 보전이나 정치적 독립에 관해 무력 위협이나 무력 행사를 삼간다."는 내용은 이런 맥락에서 이해할 수 있다.

전쟁이 합법화된 상태에서 늘 전쟁이 일어나는 구질서와 전쟁이 불법화된 상태에서 간혹 전쟁이 일어나는 신질서를 비교해보자. 전자는 일관성이 있고 '솔직'하지만 인간 고통의 총량은 크다. 후자는 일관성이 부족하고 위선적이지만 인간 고통의 총량은 적다. 부전조약 이전에는 보통의 국가가 타국에 정복당할 확률이 수십 년에 한 번 꼴이었지만, 조약 이후에는 그 비율이 천 년에 한두 번 정도로 낮아졌다.

전쟁이 불법이 되었으므로 전쟁을 일으킨 책임자를 범죄자로 처벌하는 것이 이론적으로 가능해졌다. 1998년 국제형사재판소의 로마조약이 제정되었고, 2018년 조약이 개정되어 같은 해 7월 17일부터 침략 범죄의 책임자를 개별적으로 처벌할 수 있게 되었다. 강대국이 많이 불참하긴 했지만 전쟁의 불법화 수준을 한 단계 높인 역사적 사건이다.

위에서 말했듯 지난 몇 년 사이 전쟁 불법성의 원칙이 후퇴하는 징조가 농후하다. 국가 간 전쟁보다 국가 내 분쟁, 그리고 비국가 집단이 일으킨 테러가 늘어나는 경향도 보인다. 포퓰리즘과 무역 분쟁도 좋은 조짐이 아니다. 강대국들이 대놓고 전쟁을 벌이거나 무력 사용 위협을 가하는 경우가 생겼다.

바로 이 지점에서 한반도의 중요성을 찾아야 한다. 한반도 평화 구축은 전쟁을 불법시한 부전조약과 유엔 체제의 질서가 후퇴하는 현시점에서 이 질서의 향방을 가늠할 중요한 바로미터다.

요즘 세계 정세가 워낙 불안정하여 평화의 사례가 잘 보이지 않는다. 에티오피아와 에리트레아의 평화 소식만이 겨우 들려온다. 한반도의 평화는 그보다 훨씬 더 중요성이 크고 세계사적인 함의를 지닌다. 국제 평화 애호 시민 사회와 연대할 수 있는 근거가 되기도 한다.

한반도의 평화 구축을 국지적·예외적 차원이 아닌 보편적 차원의 평화 아이콘으로 끌어올릴 때 그동안 어긋났던 세계사의 시간과 한반도의 시간이 정렬될 수 있다. 그날이 오면 동아시아 인권의 지평도 질적으로 확장될 것이라 생각한다.

2018년 7월

시민 사회는 진화한다

　내가 재직하는 대학의 엔지오대학원에서 설립 20주년을 기념하는
조촐한 행사가 열렸다. 이 말은 한국에서 시민 사회와 관련하여 대학
차원의 교육을 시작한 지 20년이 됐다는 뜻이다. 그동안 한국 전체
가 바뀐 것만큼이나 시민 사회도 상전벽해로 변했다.

　요즘이야 시민 사회라는 말이 자연스럽지만 1990년대까지만 해도
전혀 그렇지 않았다. 처해 있는 정치적·경제적·사회적 환경과 내부
구조, 그리고 영향력 발휘 면에서 상당히 취약했다. 시민 사회가 오
늘날 이 정도라도 당연시될 수 있도록 성장하기까지 많은 선배 운동
가와 깨어 있는 시민의 땀과 피와 헌신이 켜켜이 쌓여야 했다. 역사
를 쓰는 심정으로 이 점을 기록으로 남긴다.

　2019년 서울에서 개최된 한 국제 인권 콘퍼런스에서 기조 강연자
로 나선 인권학자 루이 빅퍼드는 다음과 같은 의미심장한 말을 했
다. "어떤 사회가 진정으로 변화하려면 단단하고 영향력 있는 시민
사회의 존재가 필수적이다." 전적으로 동의하는 말이다.

　시민 사회가 얼마나 잘 자리 잡았는지를 보여주는 예로서 '협치'
(거버넌스) 개념의 정착을 들 수 있다. 거버넌스는 신자유주의 시대에

국가 역할이 줄어들면서 그 공백을 대체하기 위해 민간 영역-시민 사회가 정부-국제 기구와 파트너 관계를 구축해야 한다는 세계은행의 아이디어에서 유래한 말이었다. 그러나 한국에서 '협치'는 그보다 더 적극적이고 건설적인 실천 개념으로 확장되어 사용되고 있다.

시민 사회론이 대세를 이루기 전만 해도 변혁이나 해방, 그리고 민주화가 사회 운동에서 '마스터 프레임'을 이루었다. 그러나 지금은 인권이 전체 시민 운동의 마스터 프레임으로 등장했다. 어떤 영역에서건 소외되고 배제된 사람의 자력화가 사회 변화의 핵심이라고 모두가 동의하게 된 것이다. 그렇게 본다면 오늘날의 시민 운동가는 자기 목소리를 내지 못하는 사람의 목소리를 찾아주는 시민 자력화 전문가라 할 수 있다.

시민 사회가 크게 발전하면서 넘어야 할 언덕도 달라졌다. 누누이 지적되었지만, 조직이 상설화되고 사회적으로 영향력이 커지면서 제도화에 따르는 문제점이 드러나고 있다. 공공 기관과 진행한 협치가 시민 사회의 '운동성'을 약화하는 측면은 없는지, 외부 후원이나 프로젝트 사업에 의존하는 비중이 늘면서 회원들과 나누는 유대보다 재정 지원자에 대한 책임에 더 신경을 써야 하는 경우가 없는지 성찰해야 하게끔 되었다.

후속 세대 활동가의 재생산도 큰 과제가 되었다. 시민 사회 운동을 일종의 당위적이고 무보수적인 헌신으로 여겼던 기성 세대 운동가들은 젊은 활동가들의 생각의 결을 제대로 이해하지 못할 때가 많다. 사회학 연구자 김민성에 따르면 시민 단체에 지원하는 젊은 활동가들은 열악한 근무 환경을 숙지한 상태에서 활동을 시작한다. 그러나 이들이 기대하는 것은 명확하다. 자기가 일하는 시민 단체가 공익적 가치를 실현할 수 있는 공간이 되기를 원하고, 학생 운동의 경험을 발전적으로 살릴 수 있기를 바란다. 거기에 더해 재미있고 활동적인 업무를 했으면 하는 바람도 강하다. 시민 단체는 공조직이나 일반 기업과 달리 유연하고 수평적인 조직 형태일 것이라는 기대도 있다.

그러나 이런 소망은 비공식적인 안내나 추천이 작용하는 채용 과정에서부터 깨지기 시작한다. 업무도 단순한 과업만 부여받고 오랫동안 보조 구실만 해야 할 때도 많다. 프로젝트형 업무가 많다 보니 늘 일에 치여 지낼 수밖에 없다. 심층 면접에서 어느 활동가는 이렇게 지적한다. "저는 이 시민 단체에서 일을 굉장히 많이 줄여야 한다고 생각해요. 지금은 너무 중구난방으로 일을 많이 하고 있고……. 다 같이 이렇게 힘들 필요도 없는 것 같아요."

수직적인 운영 방식에 실망하기도 한다. 위계적으로 의사 결정이 이루어지거나 개별 활동가의 결정 권한이 너무 적다고 느낀다. 선배 활동가나 단체 회원들과 소통도 많이 부족해서 시민 운동이 관성적으로 이루어지기 쉽다. 개인의 역량에만 의존해서 일을 해야 하고 장기적으로 유의미하게 이루어지는 활동가 교육이 너무나 적다고 한다.

시민 단체가 직접 추동하지 않는 시민 사회의 외부 환경 변화도 시민 운동에 큰 도전이 되고 있다. 상설 조직으로 만들어진 시민 단체 입장에서는 단체가 아닌 대중의 자발적·간헐적·유동적·폭발적 직접 행동형 움직임은 영감의 원천임과 동시에 큰 생각거리를 안겨준다. 예를 들어 촛불 집회처럼 시민들의 조직되지 않은 격렬한 정서적 표출과 비정부 기구가 어떤 방식으로 만나야 할지 깊은 논의가 필요하다.

그렇다면 한국의 시민 사회가 특히 유념해야 할 중기 과제로는 어떤 것들이 있을까. 우선 입법과 제도 개선에 치중했던 역사의 긍정적 토대 위에서 개혁의 실질적 이행에 더 많은 주의를 기울일 필요가 있다. 이것을 인권의 언어로 표현하자면 권리 주장에서 권리 효과로 목표를 전환한다는 말이 된다. 어떤 문제가 발생했을 때 무조건 제도화만을 요구하는 방식을 넘어 실질적 이행을 더욱 따져야 하는 것이다.

시민 사회 내의 극단적 이념 갈등도 고질적 상태로 굳어지지 않도록 심각하게 고민해야 한다. 원래 시민 사회는 공공성, 젠더 평등, 민주주의, 인권, 평화, 생태, 보편이라는 가치를 추구하는 공간으로 구상되었다. 세계적으로도 그렇고 한국에서도 그랬다.

그런데 최근 몇 년 사이 시민 단체의 외양을 하고 활동 양식도 그와 비슷하지만 시민 사회의 보편적 가치를 부정하는 이상한 흐름이 생겼다. 심지어 시민 사회의 전통적 주장을 생경한 목적을 위해 뒤집어 사용하기도 한다. 이러한 도발적 반정명(反正名)의 시대에 개별 영역을 떠나 시민 사회 전체가 함께해야 할 일이 분명히 있을 것이다.

협치를 실질적으로 진전하려면 공조직은 시민 단체를 깊이 이해하고, 시민 운동가는 공조직을 깊이 이해할 필요가 있다. 신규 공무원의 임용 전 기본 교육 과정에 협치를 반드시 포함하고, 공무원의 보수 교육에 시민 사회와 협력하는 내용을 반드시 넣어야 한다. 지방자치단체 공무원과 시민 운동가가 서로 교차해서 파견 근무를 할 수 있는 제도를 시행해보면 어떨까.

시민 사회 활동가의 공익성을 인정하여 이들에게 정책적·사회적 지원을 하는 방안도 세워볼 만하다. 예를 들어 역량 강화 교육 기회를 주고, 모금과 재정과 회계 처리 방법을 교육하고, 새로운 정보 기술(IT)의 공익적 활용을 위한 전문 트레이닝을 실시하는 것도 고려해 보자.

21세기형 애드버커시(advocacy, 정책 제안 활동)나 캠페인을 전개할 수 있도록 활동 맥락과 권력의 분석, 이해 당사자의 지도 그리기, 영향력 행사 전술, 캠페인 과정의 불확실성에 대처하는 법, 원칙과 타협 중 하나를 선택해야 할 때의 판단 기준에 대해 토론할 기회가 있어야 한다.

1987년 민주화를 이룬 뒤 우리는 많은 것을 경험했고 많은 것을 배웠다. 그중 가장 중요한 교훈은 민주적 정부도 물론 중요하지만 근본적이고 장기적인 차원에서 변화는 자각한 민주 시민에게서, 즉 아래에서부터 나와야 한다는 점이다. 이렇게 거시적이고 시스템 자체와 관계 있는 문제에 관한 새로운 비전의 대안을 시민들과 함께 제시할 수 있는 능력이 우리가 이 시대의 시민 사회에 기대하는 모습일 것이다.

2019년 6월 18일

인권 국가를 위한 '창조적 파괴'

21대 총선 결과를 보도한 각 언론의 헤드라인을 보면서 든 생각은 이것이었다. 인권에서도 이런 상전벽해가 일어날 수 있을까. 기대의 높이와 결과의 높이가 이번에는 좀 가까워질 수 있을까.

일단 우려되는 것은 권력의 역설적 속성이다. 권력이 커질수록 책임도 커질 수밖에 없다. 잘하든 못하든 모든 책임을 몽땅 뒤집어써야한다. 큰 권력은 다른 누구에게 핑계를 댈 수도 없다. 국민의 심리적 균형추도 한쪽으로 쏠리기 쉽다. 잘한 것은 당연시되고 못한 것은 극대화된다.

새 국회는 2020년 6월에 개원한다. 다음 대통령 선거는 2022년 3월에 열린다. 그리고 석 달 뒤엔 지방선거가 예정되어 있다. 21대 국회는 두 행정부와 절반씩 병립하는데 현 정부 아래에서 제대로 일할 수 있는 기간은 길어야 1년 반 미만이다. 2021년 가을 정기 국회는 이미 대선의 격랑 속에 들어가 있을 것이기 때문이다.

이렇게 짧은 1년 반 동안 무엇을 할 수 있으며, 무엇에 집중할지를 결정하는 안목 자체가 정치적 능력이라고 말할 수밖에 없다. 우선순위를 정하는 가치 판단이 곧 정치적 유능함이다. 유권자들의 심판을 받을 시점이 되어 2년 전에 왜 그런 문제에 시간을 허비했는지 후회하지 않기를 바란다.

한국 사회의 토대가 민주화 세대로 교체된 것이 21대 총선에서 극적으로 표출되었다는 해석이 나온다. 구조-인구학적 분석은 거시적인 전망으로 보아 설득력이 크다. 하지만 잊지 말아야 할 점이 있다. 민주 정치의 양상과 역사의 장기 추세가 반드시 일치하지는 않는다는 것이다. 선거에서는 우회와 역류가 다반사로 일어난다. 당대 사람들의 삶의 경험과 특정한 국면에 좌우되기도 한다.

인권의 관점에서 앞으로 1년 반 동안 국회에 바라는 점이 있다. 인권을 위해서, 그리고 한국의 민주주의를 위해서 꼭 필요한 사항이라고 믿는다. 우선 반드시 차별금지법을 제정하라고 권하고 싶다. 혐오·차별을 받는 사람들의 피해가 너무 크기 때문이다. 모든 국민의 생명, 자유, 행복을 보장한다는 국가가 왜 필요한지를 입증하는 차원에서 실천해야 할 일이다. 같은 동료 인간을 인간 이하의 존재로 찍어서 괴롭히는 나쁜 인간들을 막을 수 있는 최소한의 안전장치를 왜 입법하지 않는가. 현 정부 출범 뒤 제일 먼저 했던 약속이 인권 국가 건설이었음을 우리는 기억한다.

행여 차별금지법이 득표에 도움이 안 되고 골치만 아픈 법이 될까봐 주저한다면 한 번 더 숙고하기 바란다. 2년 뒤 대선에서 어떤 문제가 쟁점으로 떠오를지 상상해보면 금방 답이 나온다. 현 시대 상황이 그렇다. 정서적으로 인화성이 높은 인권 관련 이슈를 물고 늘어지는 후보가 반드시 등장한다. 그런 이슈를 노리고 사회적·종교적·정치적 조직화를 꾀하는 반인권 세력이 이미 존재한다. 대권을 놓고 죽기 살기로 싸우는 마당에 이들이 금도를 지키겠는가.

이런 공세를 막느라 진을 빼다 보면 다른 주요 쟁점을 깊게 토론할 공간이 줄어든다. 선거가 인권 논란에 '하이재킹'당할 수도 있다. 민주주의의 손실이고 비극이다. '전체 국민을 똑같이 보호하는 선치'와 '일부 국민을 기필코 배제하는 악치' 중 어느 쪽을 선택할 것인가를 국민에게 묻는 방식의 메시지를 일관되게, 지속적으로 발산해야 한다. 일찌감치 쐐기를 박아놓아야 한다. 대선 레이스가 본격적으로 시작되면 이미 때가 늦다. 이렇게 많은 의석을 갖고도 차별금지법을 못 만들면 '나중에' 언제 만들 것인가.

차별금지법이 인권의 가시적 침해를 막는 대증요법이라면, 다수 대중의 삶의 조건을 개선하는 것은 원인 치료에 해당한다. 코로나 사태의 역학적 단계가 지나면 경제사회적 후폭풍이 본격적으로 불어닥칠 것이다. 이미 일시 휴직자가 사상 최대 규모로 늘었고 취업자는 크게 떨어졌다. 노인 일자리 사업이 연기되고 서비스 업종에서 무급 휴직이 증가했으며 고용률도 추락했다는 보도가 나왔다. 국제적으로 한국의 경제 전망이 그나마 덜 나쁘다고 하지만 오십보백보일 것이다.

경제적으로 아주 어려울 때쯤 다음 대선이 있다는 점도 기억해야 한다. 요즘 재난 기본 소득에 관한 논의가 많은데 정치적 상상력을 더 넓힐 필요가 있다. 두 가지를 함께 고려하면 어떨까 싶다.

하나는 '창조적 파괴'를 이참에 과감하게 실천하는 것이다. 발상의 전환 정도가 아니라 아예 상자 바깥으로 나와 상상할 수 있어야 한다. 코로나 위기가 끝나도 기후 위기는 여전히 더 심각한 문제로 남는다. 총선 전에 여당은 '그린 뉴딜 기본법'을 제정하고 기후 변화 대응을 위한 각 정당 연합체를 구성하겠다고 약속했다. 이것과 기본 소득을 연계하여 '녹색 기본 소득'을 구상할 수도 있을 것이다. 예를 들어 강상구가 쓴 《걷기만 하면 돼》에 나오는 아이디어를 연결고리로 해서 정책 연합을 추진할 정도의 파격적인 행보가 필요하다.

또 하나는 경제 논의를 단순한 정책의 차원을 넘어 경제사회적 권리의 차원으로 끌어올리는 문제다. 좋은 정책과 인권 정책은 동의어가 아니다. 좋은 정책은 공공성이 높고 혜택이 최대 다수에게 돌아가는 착한 정책이긴 하다. 하지만 상황과 조건에 따라 변할 수 있고 후퇴할 수도 있다. 인권 정책은 모든 사람이 권리로 요구할 수 있는 정책이다. 일단 확정되면 되돌리지 않는 것을 원칙으로 한다.

기존 질서가 해체되고 있는 현시점이 경제사회 정책의 권리화를 제도로 보장하기에 적기라 할 수 있다. 프랭클린 루스벨트 미국 대통령이 1944년에 제안했던 '경제권리장전(Economic Bill of Rights)'이 떠오른다. 미국의 연방헌법 수정 조항에 나오는 '권리장전'이 주로 시민적·정치적 권리를 다루었으므로 추가로 헌법을 개정해서 제2의 권리장전을 더하자는 주장이었다. 구체적으로 노동, 의식주, 농민 소득 보장, 불공정 경쟁 금지, 의료, 사회 보장, 교육을 인권으로 못박아 영속성을 부여하려는 시도였다.

애석하게도 경제권리장전은 성공하지 못했다. 만일 루스벨트의 구상이 실현되어 제일 영향력이 큰 나라에서 경제사회 정책의 기본 틀이 되었더라면 그것의 전 세계적 파급 효과는 상상을 초월했을 것이다. 하지만 경제권리장전의 기본 구도는 오늘날 경제적·사회적 권리로 계승되었다. 이 부분을 지금 이 땅에서 적극적으로 실현한다면 그 얼마나 의미 있는 일이 되겠는가.

여러 논자가 지적했듯이 한국은 — 여전히 모순을 안고 있지만—이제 단순히 서구 따라잡기, 배우기가 통하지 않는 독특한 정치 공동체로 진화했다. 코로나 사태에서 보듯이 외부에서 준거를 찾을 필요도 없고 찾을 수도 없는 영역이 많아졌다. 우리의 경험을 공유해 달라고 외국에서 요청할 정도가 되었다. 인권에서도 한국이 새로운 희망의 준거점이 되도록 새 국회가 분발해주면 얼마나 좋겠는가.

2020년 4월

국가 귀환의 시대

국가의 시간이 오고 있다. 국내외적으로 국가의 회귀를 요청하는 소리가 높다. 몇 달 전까지만 해도 상상하기 어려웠던 일들이 이젠 상식처럼 취급된다. 국가의 확장 개업은 2008년 세계 금융 위기 이후 꾸준히 진행되어 오다 코로나 사태를 계기로 하여 완전히 상승세를 탔다. 단기적 현상이 아니라 장기적 추세다.

국가가 재난 지원금을 개인에게 직접 지급하는 전대미문의 일이 벌어졌다. 한국판 뉴딜도 공식화되었다. 그린 뉴딜까지 얹어서 큰돈을 쏟을 것이라 한다. 그린 뉴딜이 막판에 포함되긴 했어도 녹색 전환에 방점이 찍혔다고 보기는 어렵다. 기후 위기에 본격적으로 대응하려면 훨씬 더 많은 자원을 투입하고 국가의 총력 체제를 가동해야 한다.

기본 소득 논의도 불붙었다. 정책의 실행 가능 여부를 떠나 사람들 귀에 솔깃하게 들리기 시작한 게 사실이다. 재난 지원금으로 이미 약효를 본 상태다. 여론 조사에서도 기본 소득 찬성 비율이 높게 나오고 보수권에서도 거론하기 시작했다. 기본 소득을 비판적으로 보면서 전면적인 전 국민 고용 보험이 필요하다는 주장도 나온다. 기본 소득이 기존 복지의 대체냐 보완이냐, 그리고 전 국민 고용 보험의 적용 폭과 속도에 따라서 차이가 나겠지만, 어쨌든 많은 이들이 국가가 적극적인 역할을 해야 한다는 데 동의한다.

그와 함께 재원을 마련할 방법론을 고민하는 소리가 여기저기서 들린다. 한국에서 증세는 일종의 천기누설형 금기어였는데 이제는 증세를 공개적으로 논해도 역적 소리를 듣지 않을 정도의 물꼬는 터졌다. 탄소세, 데이터세, 로봇세, 토지 보유세 등으로 재원을 만들자고 한다. 전 국민 매달 60만 원 수준으로 지급하려면 108조 원 정도의 순증세가 필요하다는 진단도 제시되었다.

금융과 무역의 신자유주의적 지구화가 퇴조하고 있는 것도 국가의 귀환을 재촉하는 요인이 되었다. 사람들을 '자유' 시장으로 몰아넣은 뒤, 죽든 살든 알아서 하라는 식의 방임형 경쟁 정책이 더는 통하지 않게 되었다. 하지만 21세기 국가의 귀환이 제2차 세계대전 뒤 서구 복지 국가 전성시대를 되풀이하지는 않을 것이다. 그 당시 국가는 노동 운동, 사민주의 정치와 역사적 타협을 통해 시민들에게 '마음 좋은 삼촌' 같은 이미지로 다가왔다. 시민들은 개인이라기보다 노동조합원, 교사, 사회 복지사, 간호사, 공무원 같은 공공 부문 일꾼으로서 국가와 만나는 경우가 많았다. 온정주의라는 비판을 받긴 했지만 국가는 어쨌든 복지 체제를 통해 사람들에게 사회 안전망을 제공해주었다. 나라에 따라서 공공재냐 권리냐 하는 차이가 있었지만 사람들의 삶이 전반적으로 덜 팍팍했던 것은 부정할 수 없다.

지금 우리 눈앞에서 벌어지는 국가의 귀환은 상당히 다른 양상을 띠고 있다. 노동 운동이나 사민주의 정치가 과거와는 다르고, 공공 부문도 예전과는 다른 수익 구조와 조직 문화를 지닌 것처럼 보인다. 국가와 개인 사이에 존재하던 조직화된 완충 지대가 크게 줄어든 상태에서 21세기의 국가 개입은 개별 국민에게 수직적으로 혜택을 내리꽂는 방식으로 이루어질 가능성이 높다.

서구 복지 국가의 국민은 집단에 귀속성을 지닌 존재이자, 국가와 동질성을 많이 공유한 집단이었다. 그러나 21세기 사람들은 상대적으로 개별화된 소비자 정체성을 지니고, 어떤 조직에 속하는 것을 자유의 제약으로 여기곤 하는 정서를 지닌다. 국내외적으로 비슷한 양상이다. 젊은이들 사이에서 '연대'라는 말이 상당히 부정적 어감으로 들리는 현실이 이 점을 단적으로 입증한다. 요컨대 '국가 시즌2'는 과거 복지 국가와는 아주 다른 구도와 감수성의 맥락에서 이루어지고 있다.

국가의 재등장은 인권에도 큰 영향을 준다. 국가가 커질 때 인권의 자리는 어디에서 찾아야 할까. 좋은 조짐인가, 복합적인 조짐인가, 나쁜 조짐인가. 이 모든 조짐을 하나로 묶어 21세기형 '국가의 시간'이라 불러도 크게 틀리지 않을 것이다. 국가가 커진다는 것은 결국 국가 재정의 비중이 늘어나고, 그것을 집행할 조직과 인력이 늘어난다는 뜻이다. 이 점을 감안하여 국제 인권 운동에서는 '정부 예산과 인권'이라는 분야를 발전시키고 있다. 유엔인권최고대표실에서는 이 방면의 매뉴얼까지 만들어 각국 정부에 보급하고 있다.

정부의 가장 중요한 경제 정책 문헌은 뭐니 뭐니 해도 예산 편성 내역인데, 하물며 국가가 커진다면 예산 편성이 인권에 얼마나 큰 영향을 주겠는가. 이때의 예산 편성은 인권과 직접 관련된 예산만을 의미하지 않는다. '모든' 예산이 인권의 렌즈를 통해서 편성되어야 한다는 뜻이다. 단순하게 말해, 정부가 모든 사람의 모든 인권을 잘 보호하려면 예산을 인권적으로 잘 편성하는 것에서부터 출발해야 한다. 유엔에서는 정부의 예산 편성에 개입하는 것 자체가 인권이라고 본다. 국제 인권 기준에 나와 있는 국정 참여 권리, 정보 접근권, 정부의 책무성을 물을 수 있는 권리가 그 바탕에 깔려 있다. 이런 주장은 인권을 확장해야 한다는 문제의식을 지닌 사람의 귀에도 파격적으로 들릴 것이다.

흔히 자유권은 정부가 시민들의 자유에 간섭하지 않기만 하면 보호될 수 있으므로 자원이 크게 소요되지 않는다는 통념이 있다. 꼭 그렇진 않다. 사법부 독립, 민주적이고 유능한 경찰, 인도적인 교정 시설을 위해 예산이 많이 필요하다. 사회권에는 더욱 큰 규모의 자원이 필요하다. 특히 국가가 커지는 시대에는 사회, 보건 의료, 교육, 여성, 아동, 복지, 환경 등이 단순히 공공 정책인지, 수급권을 요구할 수 있는 사회권 정책인지에 따라 큰 차이가 난다. 사회권 정책으로 간주하는 경우에는 예산안 편성 시 사업 유형별 지침의 작성 방법 자체를 바꿔야 한다.

유엔은 예산이 많이 필요한 '예산 집약형 인권'과, 예산이 많이 필요하지 않은 '예산 함축형 인권'을 나눠서 생각하라고 권고한다. 예산 집약형 인권은 특히 정부의 적극적 의무와 전향적·지속적 달성이 필요하다. 자칫 예산 편성 자체가 인권을 침해하는 경우도 생긴다. 예산 편성 방식에서 인권적 고려가 부족한 경우다. 차별적으로 예산을 짠다거나 퇴행적·축소 지향적으로 예산을 짤 때 이런 일이 발생할 수 있다. 인권의 차원이 빠진 예산 편성은 경로 의존형 정책 집행으로 이어져 정부의 의도와 상관없이 인권 침해가 발생할 가능성이 커진다.

국가의 시간이 도래한 시대에는 기획재정부처럼 예산 편성을 책임
지는 부서에 인권의 정신이 들어가야 한다. 패러다임 변화라는 말이
요즘처럼 맞아떨어지는 시대도 없다. 인권 운동도 국가의 성격이 천
지개벽하고 있는 현 시대상을 정확히 읽어야 한다. 국가의 시간이 오
면 자원 배분의 관문이 인권의 자리가 된다.

2020년 6월

인권도 마음이 중요하다

트럼프와 김정은은 앞으로 어떤 역사를 쓸 것인가. 현재 진행 중인 한반도 상황에는 과거와는 다른 특징이 많다. 그중 하나가 양국 지도자의 성격이다. 두 사람 다 자기 중심적 과시형인 데다, 목표 지향적 성취욕에 불타고, 위험 감수 승부사적 기질이 두둑하다. 그래서 상대방에게 끌리는 것일까. 언론에서 이런 측면을 많이 강조하는데, 이를 단순히 가십거리로만 볼 순 없다. 국내외를 통틀어 정치 지도자의 만남에서 양자의 '케미'에 이렇게까지 주목한 사례가 근래에 또 있었던가. 최고 의사 결정자의 정서적 친밀성에 바탕을 두고 톱다운 방식으로 내린 결정이 한반도와 세계 평화, 통일, 남북한 주민의 인권에까지 획기적인 영향을 끼친다면 세기적인 사건이 아닐 수 없다. 물론 두 사람의 성격적 특징만으로 모든 것을 설명할 순 없다. 하지만 마음이 통하지 않았더라면 여기까지 못 왔을 가능성이 상당하다.

지도자들의 마음만 중요한 게 아니다. 서재정 일본 국제기독교대학 교수가 말한 대로 당시 북미는 "서로를 겨누는 군대와 무기 체계, 군사 연습 자체가 필요 없는 상황을 만드는 노정"에 있었으므로, 양국 관계 변화의 핵심에는 "마음 안에 있는 적대감, 불안감을 씻어내는 과정"이 자리 잡고 있었다. 그러므로 북한, 미국, 한국 국민들의 마음 변화가 대단히 중요하다. 전통적인 냉전형 군비 통제 논리 혹은 대북 제재로 비핵화를 압박해야 한다는 식의 전략적이고 계산적인 사고로는 당시 상황을 설명하지 못한다고 서재정 교수는 강조한다.

1945년 제정된 '유네스코헌장'도 이와 비슷한 점을 지적한다. 헌장의 첫 문장을 보라. "전쟁은 인간의 마음에서 생기는 것이므로 평화의 방벽을 쳐야 할 곳도 인간의 마음이다. 서로의 풍습과 삶에 무지했던 것이 인류 역사를 통틀어 세계인들 사이에서 의혹과 불신을 일으킨 공통적인 원인이 되었으며, 이 의혹과 불신 때문에 생각 차이가 너무 나 전쟁을 자주 일으켰다."

냉전이 격화되고 동서 진영 갈등을 지정학적 체스 게임으로 설명하기 시작하면서 사람의 마음에 주목하는 접근 방식은 비과학적이고 비체계적인 방식이라 여겨졌다. 그러나 최근 국제 정치학·경제학·사회학에서 인간 행동의 심리적 추동 원인을 재발견하기 시작했다. 예를 들어 비국가 행위자들이 왜 급진화되기 쉬운지 묻는 질문에 거시적 시스템의 분석만으로 답하긴 어렵다. 차가운 인지(이성적 사고)와 뜨거운 인지(심리적 동기)가 복잡하게 연결되어 있다는 사실이 밝혀지고 있다. 과거엔 인지 지도를 그리거나 심리학적 프로필로서 지도자의 성격 특징이 정치적 결정에 미치는 영향을 연구하곤 했다. 그러나 요즘에는 개별 사례에서 일반 원칙을 도출하려는 경향이 늘었고, 지도자가 처한 상황이나 제도 환경의 차이가 의사 결정의 효과를 다르게 만드는 측면을 분석한다. 인권학에서도 사회 심리에 주목한 지 이십 년쯤 되었다. 대표적인 연구 흐름을 살펴보자.

첫째, '인류 공동체'를 대하는 태도다. 역사, 문화, 전통처럼 온갖 차이에도 불구하고 지구상의 모든 사람을 하나의 인간 가족으로 받아들일 수 있는지를 연구한다. '인류 공동체' 개념은 15세기부터 조금씩 발전해 왔다. 영국 시인 존 던(John Donne)이 17세기 초에 쓴 〈누구를 위하여 종은 울리나〉는 낭만적인 인류 개념을 표현한 시다. "대륙의 한 부분이 대양의 파도에 휩쓸려 나간다. 우리는 인류의 한 부분, 그러니 마을에서 조종이 울릴 때 누구를 위하여 종이 울리는지 알아보려 사람을 보내지 말라. 종은 바로 그대를 위해 울리는 것이니."

이런 전통을 이어받은 마하트마 간디(Mahatma Gandhi)는 다음과 같이 웅변한다. "모든 인류는 서로 나눌 수 없는 한 가족이다. 우리 한 사람 한 사람이 모든 사람의 잘못에 책임을 느껴야 마땅하다. 아무리 사악한 인간이라도 나와 동떨어진 존재라고 끊어낼 수 없다." 인권은 모든 인류를 나의 내집단으로 간주하겠다는 엄청난 지성적·정치적 기획인 셈이다.

한 가지 질문을 해보자. 세월호, 백남기, 송파 세 모녀, 김용균……. 이런 사건에서 우리가 경험하는 정서적·도덕적 충격을 콩고, 시리아, 예멘, 미얀마 로힝야족 사태에서도 동일하게 느끼는가. 우선 나부터도 머리로는 그래야 한다고 생각하면서도 마음으로는 그게 잘 안 된다. 인간의 공감 능력은 가까운 집단부터 시작해서 동심원 여러 개로 이루어진 것 같다. 그러나 인권은 우리가 어떤 집단과 동일시하는 자기 범주화를 제일 높은 수준, 즉 인류 전체와 동일시하는 차원으로 확장할 것을 요청한다. 인권을 문자 그대로 실천하려면 공감의 동심원을 큰 동그라미 하나로만 그려야 한다. 솔직히 말해 어려운 일이며, 그만큼 의식적인 노력이 필요하다.

둘째, 성격에 따라 인권을 대하는 태도가 어떻게 달라지는가. 자기 범주화의 동심원이 작을수록, 다시 말해 자기 종족 중심적일수록 인권에서 멀어진다. 세상을 상하로 나누는 데 익숙하고, 사회적 지배 성향이 강할수록 반인권적 행동을 하기 쉽다. 전통, 복종, 처벌을 중시하는 우익 권위주의적 성향일수록 인권과 잘 맞지 않는다. 그러나 공감 성향이 있고, 도덕적 추론을 할 수 있는 사람일수록 인권과 정비례하는 태도를 보인다.

셋째, 인권에 찬성한다고 하면서도 실제로는 인권과 반대되는 행동을 하는 사람이 왜 그렇게 많은가. 두 가지 이유가 있다. 우선 대다수 사람은 추상적 차원에서는 인권에 찬성하지만 구체적인 인권 문제를 접하면 평상시의 사고방식으로 재단하는 경향이 있다. '착한' 피해자와 '싸가지 없는' 피해자를 나누고, 보호할 '가치'가 있는 인권 문제와 그렇지 않은 인권 문제를 나눈다. '피해자답게' 행동하는 불쌍해 보이는 사람의 인권을 보호해줘야 한다고 생각하지만, 피해자가 사회 통념과 어긋나는 문제를 호소하거나 자기 주장을 너무 많이 하는 것 같으면 냉담하게 반응한다. 그러므로 인권의 역사는 추상적 인권 원칙과 실질적 인권 의식 사이의 일관성을 높이려는 투쟁의 역사라 할 수 있다.

자신이 속한 집단의 규범과 행동 기준에 자기 행동을 맞추려는 경향도 있다. 사회적으로 우월한 집단에 속해 있는 사람은 열등한 집단에게 비대칭적 권력 관계를 유지하는 쪽으로 행동한다. 이런 사람은 자기 집단의 추론 방식을 무비판적으로 따르기 쉽다. 유유상종은 인권에도 해당하는 말이다. 자기들끼리만 소통하는 에스엔에스(SNS)의 확증 편향이 무서운 것도 바로 이 때문이다.

절대다수의 한국인이 겉으로는 인권에 찬성하는 것처럼 보이지만 실증 조사를 해보면 꼭 그렇지만도 않다. 2008년 전 세계 19개 나라 국민을 대상으로 한 '고문에 관한 세계 여론 조사' 보고서에 다음과 같은 결과가 발표되었다. ①모든 고문이 폐지되어야 한다.(평균 57퍼센트) ②테러범에게는 약간 고문을 해도 된다.(평균 26퍼센트) ③고문을 평상시에 허용해도 된다.(평균 9퍼센트) ①번에서 절반 이하로 답한 나라, ②번에서 30퍼센트 이상으로 답한 나라, ③번에서 10퍼센트 이상으로 답한 나라, 이 세 범주에 모두 속한 나라가 딱 5개국이었는데 그중에 한국도 들어 있다. 우리가 가야 할 길이 얼마나 먼지 알 수 있을 것이다.

결론을 내자. 인권에서 사람의 심리를 어떻게 다룰 것인가. 양육의 초기 단계부터 인권 친화적인 마음을 길러야 한다. 과도한 처벌, 무관심과 방치, 지나친 응석 허용은 인권과 반대되는 성격을 만들기 쉽다. 자기 행동으로 타인이 해를 입을 수 있다는 점을 이해시켜야 한다. 삶에서 경험한 고통을 되돌아보면서 역지사지하는 공감 능력을 키우도록 안내할 수도 있다. '세계 시민 교육'을 통해 자기 범주화 수준을 높이는 것도 중요하다. 인권에는 왕도가 없다. 구속력 있는 법 제도가 필수지만 그것만으로는 부족하다. 자기 집단의 반인권적 규범을 따르지 않게 하려면 사회 전체를 관통하는 강력한 인권 규범이 있어야 한다. 지속적인 민주 시민 교육을 통한 인식 변화도 필요하다. 이런 노력에 더해 인권 증진의 개연성을 높이는 사회 구조의 변화가 있을 때 비로소 인권이 조금씩 전진한다.

2019년 2월

이 책 머리말에서 인권의 여정은 끝없이 계속된다고 말했다. 인권 달성을 향하는 길이 끝없이 펼쳐진다는 말은 무슨 뜻인가? 이 질문은 인권이 작동하는 방식의 핵심을 건드린다.

간혹 학생들이 이렇게 묻는다. "교수님, 인권 공부를 열심히 하고 인권 감수성을 높이면 언젠가는 좋은 세상이 오겠지요?" 나는 농담 반 진담 반, 이렇게 대답한다. "인권 공부를 열심히 해서 인권 감수성이 높아지면 자세하고 유식하게 불행해집니다." 인권이 좋은 세상을 보장해줄 것이라 믿는 이들에게 이런 대답은 실망스러울 것이다.

인권에서 변하지 않는 부분과 변하는 부분이 있다. 모든 인간이 본질적 차원에서 평등하고 존엄을 지닌 존재라고 보는 원칙은 변할 수 없다. 우리가 인권의 가치를 믿고 그것을 지키려 하는 한, 이 원칙은 변할 수 없고 변해서도 안 된다. 편견과 선입견을 버리고, 맨눈으로 한 사람 한 사람을 있는 그대로 바라보고 소중한 존재로 대하라는 원칙에 인류가 동의하는 데 수천 년이 걸렸음을 기억해야 한다.

인권 원칙은 확고하게 정해져 있는 반면 인권에서 변하는 부분도 있다. 역사적 시간대와 지리적 공간대에 따라, 맥락에 따라, 사회 조건의 변동에 따라 인권은 아주 다른 모습으로 우리 앞에 나타난다. 인권은 인간 사회에서 탄생하고 발전한 개념이기에 사회가 변하면 인권도 따라서 변한다. 정확히 말하면 인권의 작동 양상이 변한다.

구체적으로 말해 인간 존엄의 의미를 해석하는 방식, 평등이 적용되는 범위, 인간에게 고통을 주는 억압 권력, 그리고 사람을 차별하는 양상은 계속해서 변하고 확장되고 진화한다는 것이다. 인간 사회가 멈추지 않는 것처럼 인권도 멈추지 않는다. 그 과정에서 때론 큰 긴장과 갈등이 발생할 때도 있다. 하지만 그런 과정을 거치지 않으면 사회도 인권도 정체될 수밖에 없다. 이 과정을 인권 친화적으로 만들어 갈 수 있는 능력이 곧 민주주의의 힘이다.

차별을 예로 들어보자. 1948년에 나온 세계인권선언에서 예시한 차별의 종류보다 현재 통용되는 차별의 사유는 크게 늘었다. 온갖 새로운 차별이 나타나고 '발견'되고 있으며, 개인이 혼자서 당하는 문제가 아니라 사회 구조의 문제로서 차별을 바라볼 수 있게 되었다. 예를 들어 디지털 격차에 따른 차별은 디지털·인터넷 시대가 왔기 때문에 새롭게 출현한 것이다. 또는 학력·학벌로 사람을 차별하지 말라는 원칙을 보라. 이것은 학력·학벌에 따른 지위와 대우의 격차가 워낙 심하고 불공평해서 인간의 기본적 존엄이 훼손될 정도가 된 사회 상황을 반영한다.

차별을 바로잡는 방식도 변했다. 과거엔 무조건 똑같이 대우하기만 하면 차별을 해결할 수 있다고 생각한 때가 있었다. 하지만 차별받는 약자에게 평등한 대우를 해준다고 해도 그 상황이 바뀌지 않는 경우도 있다. 출발선이 너무 다른 경우에 그렇다. 이럴 때엔 적극적인 차별 시정 정책을 시행해 약자에게 '더 나은' 대우를 해줘야 출발선의 차이가 조금이라도 줄어든다. 이런 대책을 두고 '역차별'이라는 논란이 일기도 하지만 그렇게 말하기 전에 왜 적극적인 차별 시정 정책이 애당초 필요했는지를 생각해봐야 한다.

그리고 '같은' 대우를 해야만 차별이 해결될 때가 있고, '다른' 대우를 해야만 차별이 해결되는 경우도 있다는 점을 알게 되었다. 예를 들어 여성과 남성이 같은 일을 한다면 '같은' 임금을 지급해야 한다. 그러나 여성의 특성과 욕구의 차이를 감안해서 '다른' 종류의 대우를 제공해야 할 필요도 있다.

그러나 이런 원론적인 이야기를 하기는 쉬워도, 이런 움직임의 발자취 하나하나가 새롭게 발견되거나 적극적인 권리 주장을 거쳐 어렵사리 '획득'된 결과임을 잊어선 안 된다. 그렇게 어려운 과정을 거쳐 하나의 문제가 어느 정도 해결되면 기쁨도 잠깐이고, 전혀 새로운 문제가 다시 등장하고 우리는 그 문제 해결에 다시 골몰하게 된다. 어제 해결된 문제는 마치 공기처럼 너무나 당연하게 여겨지고, 새로운 문제가 나타나 우리에게 새로운 도전과 갈등을 야기한다.

이 과정은 긴 시간을 거쳐 사이클처럼 돌면서 앞으로 나아가는 순환적 특성을 지닌다. 이런 특성을 볼 줄 아는 것도 인권 감수성이다. 눈앞의 시급한 문제에 초점을 맞춰 인권에 접근하는 시각이 인권의 '당대적 감수성'이라면 인권의 순환·전진 과정을 길게 볼 줄 아는 안목은 인권의 '역사적 감수성'이다. 요즘 인권 감수성이라는 말을 많이 쓰지만 이 말을 당대적 감수성에만 한정하지 말고 역사적 감수성으로 확장하여 이해하는 눈이 필요하다. 역사책을 읽고 토론하면서 참된 이들이 자신의 시대적 모순에 용기 있게 도전하던 사례를 연구하는 것이 인권 공부에 좋은 이유가 여기에 있다.

역사적 감수성을 함께 갖춰야 인권의 발전을 어느 정도 객관적으로 인식하는 것이 가능해지고, 눈앞의 문제가 당장 해결되지 않더라도 실망하지 않고 긴 호흡으로 대처할 수 있는 힘이 생긴다. 개인의 삶이 사회 변동과 역사 변화와 얽혀 있는 점을 볼 수 있는 능력을 사회학자 찰스 라이트 밀즈(Charles Wright Mills)는 '사회학적 상상력'이라고 불렀다. 인권에서도 사회학적 상상력의 렌즈가 필요하다.

이런 식으로 인권 문제는 계속 해결과 등장을 반복하기 때문에 결말이 없는 여정이라고 하는 것이다. 인권의 순환적 여정은 바로 사회 발전의 과정이기도 하다. 인권을 시간적 단절이 아닌 연속성의 관점에서 잘 설명해주는 학문이 인권사회학이다.

인권이 시대적·지리적·맥락적 상황에 따라 변한다는 사실을 극적으로 보여준 코로나19 사태를 예로 들어 지금까지 설명한 내용을 정리해보자. 이 사건은 그 자체로는 비극적이지만 역설적으로 인권에 도움이 되는 점도 있다. 인권에 아주 큰 실천적·이론적 도전을 제기하면서 인권이 작동하는 방식에 우리를 눈뜨게 하는 촉매제가 되었기 때문이다. 인권의 논쟁적인 측면이 한꺼번에 불거져 나오면서 인권을 원점에서 다시 볼 수 있게 한 사건이라 하겠다.

우선 코로나 사태는 어떤 재난이 발생하면 그것이 자연 재해이든 인간이 일으킨 사고이든 반드시 사회적 차원을 거치면서 피해가 차등적으로 나타난다는 점을 일깨워주었다. 빈곤층, 노약자, 기저질환자, 장애인, 여성, 콜센터 근무자, 택배 노동자, 비정규직 노동자, 응대 노동자, 이주 노동자 들이 더 어려운 처지에 빠졌다. 재난 자체는 모든 사람에게 '평등하게' 발생하더라도 그 피해는 반드시 불평등하게 돌아간다. 인간이 사회적 동물임을 다시금 보여준 사례다.

만일 어떤 재해가 자연계 동물들에게 닥치면 그들은 아마 무작위로 (운이 나쁘면) 피해를 입을 것이다. 하지만 인간 세상은 계급, 신분, 지위, 성별, 국적, 소수 집단 정체성 같은 구조로 촘촘히 짜여 있다. 대다수는 의식하든 의식하지 않든 그렇게 짜인 틀 내에서 그 틀의 영향을 받으며 산다. 그러므로 어떤 재해가 닥치면 자기가 속한 집단과 자신이 처한 조건에 따라 전혀 다른 피해를 입기 마련이다. 각자가 활용할 수 있는 부와 자원이 다르고, 각자가 사회 내에서 생존을 위해 사용할 수 있는 영향력의 지렛대가 다르기 때문이다. 재난에 대처하는 과정에서 주류 사회가 취약 계층을 여러 방식으로 배제하기도 한다.

이렇게 촘촘하게 짜인 사회 구조 내에 개인이 단단히 '박혀 있는' 특성을 '사회적 배태성(social embeddedness)'이라 한다. 인권 침해가 벌어지는 것도 사회적 배태성을 통해 확인할 수 있다. 인권 침해를 당한 피해자는 무작위로, 단순히 운이 나빠 그런 일을 당한다기보다 자신이 속한 경제적·사회적·정치적 조건이 열악할수록 인권 침해를 당할 '개연성'이 커진다.

이 점을 논리적으로 확장해보면 바이러스 사태로 피해를 입은 취약 계층에게 사후 조치를 제공하는 것도 필요하지만, 나쁜 사건이 일어나기 전에 애당초 그 사회가 덜 불평등하고 덜 차별적인 구조가 되도록 만드는 일도 필요함을 알 수 있다. 실험실에서 만들 수 있는 바이러스 백신도 중요하지만 민주적 결정으로 만들 수 있는 '덜 불평등한' 사회 백신이 어쩌면 더 중요하다. 인권에서 이 점을 반드시 기억해야 한다. 인권 침해는 '공평하게', 무작위로 발생하지 않는다!

바이러스 사태로 또다시 확인된 점은 사회의 안정이 깨지는 일이 발생했을 때 혐오, 차별, 희생양 만들기, 음모론, 가짜 뉴스가 기승을 부린다는 사실이다. 자기의 삶이 팍팍해지고 자신을 둘러싼 주변 환경이 어려워지면 사람들은 그 '원인'을 찾아 심리적 불만을 배출하고 싶은 욕구가 높아진다. 마음속 깊이 자리 잡고 있던 편견에다 온갖 그럴듯한 설명, 사실과 허위를 섞어놓은 교묘한 선전, 정치적·이데올로기적 목적을 위해 특정 집단이 '문제'를 부풀리는 선동 공세가 더해지면 혐오와 차별이 기하급수적으로 늘어난다.

소셜미디어 혁명으로 만인의 만인에 대한 커뮤니케이션 경로가 개방된 우리 시대에 이런 식의 선전과 선동은 바짝 마른 초원의 불길처럼 퍼져 나간다. 이러한 언동일수록 원초적 응보 감정, 과장된 어법, 인위적으로 고조된 비분강개에 기대어 대중을 자극하고 조종한다. 자기 마음에 들지 않는 생각에 대해서는 그것이 아무리 논리적이고 사실에 부합하더라도 눈 하나 깜짝하지 않고 무시하거나 되레 공격한다. 조롱하고 모욕 주고 뒤집어씌우고 사실을 비틀고 현실을 부정한다.

이런 식으로 왜곡되고 전도된 사회 커뮤니케이션은 인권에 굉장히 큰 도전이 된다. 현대 인권은 근대 이후 계몽주의적 이성, 시민혁명, 사회계약론의 전통을 이어받았으므로 개인의 이성적 판단과 정치의 사회계약적 책무성을 기본으로 전제하곤 한다. '세계인권선언'에도 인간은 이성과 양심을 타고났으므로 서로를 우애롭게 대해야 한다는 말이 나온다.

따라서 인권은 불합리하고 반이성적이고 무책임한 언행과 정치를 생래적으로 거부하는 이론-실천 체계라 할 수 있다. 인권 담론에서는 대다수 양식 있는 이들이 불합리하고 반이성적이고 무책임한 언행과 정치를 '당연히' 싫어할 것이라고 전제하는 경향이 있다. 그러므로 인권 운동은 이성과 책무성과 양식이라는 가치를 사람들이 기본적 규범으로 받아들일 것이라 믿는다.

이 때문에 전 세계의 인권 운동은 반인권 세력 혹은 인권 탄압 정부와 맞설 때 그들이 얼마나 불합리하고 반이성적이고 무책임한지를 지적하고 비판하곤 한다. 그렇게 하면 아무리 무지막지한 반인권 세력이라 해도 적어도 자신의 모습을 창피하게 느낄 것이라고 가정하기 때문이다. 이 때문에 인권 운동에서 가장 중요한 전략 중 하나가 '지목하여 창피주기(naming and shaming)'였다.

'지목하여 창피주기'란, 인권을 침해하는 어떤 집단 혹은 정부를 공개적으로 지목하여 비판하면 그들이 스스로 창피함을 느낄 것이고, 그것을 모면하기 위해서라도 자신들의 행동을 바꿀 것이라는 가정이 깔려 있는 캠페인 방식이다. 이 방식은 인식과 행동을 이어주는 직선적 경로가 있다고 본다.

과거에는 '지목하여 창피주기' 방식이 대체로 통하곤 했다. 아무리 인권 침해를 자행하는 쪽이라도 그것을 자인하는 경우는 드물었다. 인권 운동 진영에서 나온 비판을 두고 되레 유언비어를 유포한다고 비난하거나 자신들이 인권을 옹호한다는 식의 립서비스를 내놓곤 했지만 스스로 인권 침해 행위를 그대로 인정하는 경우는 극히 드물었다.

그러나 이제 세상이 달라졌다. 자신의 반인권적 언행에 수치심을 느끼지 않는 경우가 많아졌다. 부끄러움은커녕 아주 당당하게 자신의 태도를 적극적으로 내세우기까지 한다. "내가 뭐 틀린 소리를 했느냐, 까놓고 말해 내가 뭘 잘못했느냐, 그러는 당신은 얼마나 다르냐."는 식으로 역공한다. 이런 이들에게 최소한의 염치, 균형 감각, 타인의 시선, 상식적 차원의 분별력, 사회의 불문율적 금도 따위는 쇠귀의 경 읽기에 불과하다.

이런 식의 노골적인 반사회성, 위악적인 반규범성은 인간 공동체를 분열시키고 파괴할 뿐만 아니라 인권 자체의 기반을 허문다. 부끄러움을 모르는 이들에게 인권이 뭐라고 대응할 수 있을 것인가? '지목하여 창피주기'가 통하지 않는 집단을 어떻게 통제할 수 있을까? 그렇다고 해서 모든 문제를 법적으로 해결할 수 있을까? 만일 명백히 반인권적인 작태이지만 법으로 처벌하기가 어려운 경우라면 도대체 어떤 지렛대를 동원해야 할까? 그들과 똑같은 방식으로 감정적이고 직설적으로 상대해줘야 옳은가?

참으로 어려운 질문이 아닐 수 없다. 새로운 이성적 정치를 제안하는 조지프 히스의 책《계몽주의 2.0 - 감정의 정치를 어떻게 바꿀 것인가》는 인권 운동에도 시사하는 점이 크다. 한 가지 확실한 사실이 있다. 인간에게 감정, 감각, 느낌, 열정은 소중한 자산이지만 그것만으로 집단의 공적 결정을 내릴 수는 없다는 점이다. 이제 인권 운동은 극히 고조된 정서적 분출과 정동의 시대에 감정과 이성의 황금비를 찾아야 할 과제를 지고 있다.

비상사태에서 인권을 어느 정도나 보장해야 하는가 하는 고전적인 질문도 다시 수면 위로 떠올랐다. 인간 자유가 우선인가, 공익이 우선인가? 마스크 착용, 자가 격리, 의심 증상 시 행동 요령, 동선 파악, 접촉자 추적, 비용 부담 등등 하나같이 민감한 질문이 아닐 수 없다.

인권을 자유지상주의로 보는 관점이라면 아무리 비상사태라 해도 국가의 개입을 최소화해야 옳다고 주장할 것이다. 인권을 공동체주의로 보는 관점에서는 인간 사회의 공익을 위해서라면 일정 한도 내에서 개인의 자유를 잠시 유보하거나 제한할 수 있다고 말할 것이다.

1948년에 제정된 세계인권선언 29조는 이 문제에 대해 다음과 같은 원칙을 제시한다. 첫째, 모든 사람은 공동체를 거쳐야만 자신의 인격을 자유롭고 온전하게 발전시킬 수 있으므로 자신이 속한 공동체에 구성원으로서 의무를 져야 한다. 둘째, 나와 마찬가지로 타인도 똑같은 권리를 누려야 하므로 "민주 사회의 도덕률과 공중 질서, 사회 전체의 복리를 위해 정당하게 요구되는 사안"을 위해서라면 권리를 제한할 수 있다.

이런 원칙이 있어도 문제가 다 해결된 것은 아니다. 어디까지가 공익이고 어디부터가 개인의 자유인지, 그 둘을 나누는 기준이 무엇인지에 관한 논쟁이 길게 이어질 수 있다. 이런 문제는 결국 그 사회가 지향하는 가치관과 민주주의 수준에서 결정될 수밖에 없다. 원론적으로 말한다면 모든 인간이 평등한 존엄을 지닌다는 기본 원칙을 지키는 바탕에서, 최대 다수의 최대 행복 정책을 취하는 것이 이상적이다.

바이러스 사태를 겪으면서 우리는 세계 각국 사람들이 생각하는 개인 자유와 공익의 기준과 의미가 서로 많이 다르다는 점을 확인할 수 있었다. 개인 자유를 최대한 존중하는 정책을 취했다가 사망자가 많이 나오자 뒤늦게 강제적 조치를 취한 나라가 있었고, 처음부터 그것과 반대되는 조치를 밀고 나간 나라도 있었다.

결국 어느 쪽이 옳았는가? 사망자 수를 제일 중요한 평가 기준으로 삼을 것인가? 아니면 보통의 사회 생활-경제 활동이 동결된 비용과 강제 조치를 시행함으로써 얻을 수 있었던 결과 간 대차 대조를 평가 기준으로 삼을 것인가? 아마 앞으로도 계속 인권과 실천 윤리에서 이 문제를 놓고 오래도록 논쟁이 거듭될 것이다.

아무리 비상사태라 해도 어떤 의무 조치를 취하는 데 민주적으로 숙의하는 과정을 거쳤는가? 비상사태에서 흔히 나타나는 '도덕적 공황'이나 여론의 쏠림 현상에 빠지기 쉬운 유혹을 이성적으로 자제했는가? 자유를 유보한 와중에 각국에서 권위주의적 조치를 취했던 것을 최종적으로 어떻게 평가할 수 있을까? 취약 계층이나 자기 목소리를 내기 어려운 이들에게 얼마나 정보를 투명하게 제공했으며, 그들의 의견을 정책에 반영하려고 얼마나 노력했는가? 언론의 보도와 논평이 비상사태의 공익적 해결에 도움이 되었는가, 아니면 이성적 판단을 마비시키고 사회 현상을 선정적으로 보게 하는 데 일조했는가? 이런 점들을 놓고 깊이 있게 토론하는 과정 자체가 한 사회의 인권 의식을 강화하는 계기가 될 것이다.

마지막으로 인권에서 요즘 큰 화두가 되고 있는 '근본 원인'에 대해 생각해보자. 코로나 사태로 모든 이들이 생명, 건강, 경제와 사회 활동, 교육, 정신 보건 측면에서 막대한 피해를 보았다. 그토록 상상하기 어려울 정도의 심각한 인권 침해 사건이었는데도 그것의 근본 원인에 대한 문제 의식은 크지 않았다.

역학자들과 환경 전문가들의 견해를 종합하면 숲과 자연 환경을 개발을 명분으로 삼아 망가뜨려 야생 동물의 서식지를 훼손한 생태계 파괴, 기후 변화, 공장식 축산, 멸종 위기 동물의 불법 거래, 야생 동물의 식용화, 인구 증가와 도시 밀집화, 지구화로 인한 병원체와 숙주의 이동 증가 따위가 복합적으로 작용하여 사람과 동물을 연결하는 신종 질환, 즉 인수 공통 감염병이 늘었다고 한다.

2020년 5월 한 언론사에서 한국기후변화학회 전문가들을 대상으로 하여 조사를 실시했다. 코로나19 같은 감염병이 기후 변화와 연관이 있는지를 물었더니 조사에 참여한 전문가 중 77퍼센트가 '연관이 있다'고 대답했다. '매우 그렇다'가 44퍼센트, '그렇다'가 33퍼센트였다. 전문가들이 꼽은 코로나19의 발생 원인을 순위별로 보면 1위 환경 파괴(66퍼센트), 2위 기후 변화(51퍼센트), 그 밖에 도시화, 지구화, 공장식 축산 등이 열거되었다. 감염병의 발생 주기를 예상하는 질문에는 지구 온난화로 인해 3년 이내로 비슷한 감염병이 또 유행할 것이라는 대답이 40퍼센트로 제일 많았다.

전문가들의 견해에 비추어 자문해보자. 코로나 같은 사태의 재발을 막으려면 어떻게 해야 하는가? 답은 자명하다. 환경 파괴를 멈추고 기후 변화에 대처하는 일을 우선 실행해야 한다. 왜? 그것이 초대형 감염병에 따른 초대형 인권 유린 사태를 예방할 수 있는 가장 근본적인 처방이기 때문이다.

그런데 코로나 사태와 연관하여 인권을 논의할 때 위에서 본 것처럼 감염병의 악영향을 입은 집단의 보호에 주로 초점을 맞춘 이야기가 많았다. 코로나 피해자들을 구제하고 그 점을 등한시한 당국을 비판하는 내용이었다. 인권 운동이 해야 할 고유의 업무를 잘 수행했다고 평가할 수 있다.

그러나 문제를 좀 더 확장해 생각해보자. 피해자에게 고통을 준 코로나의 발생 원인에 대한 문제 제기는 어디에 있는가? 다시 말해 코로나 피해자에 대한 문제 제기를 넘어, 코로나가 발생한 원인 그 자체, 즉 환경 파괴와 기후 위기에 대한 근본적인 해결을 요구하는 목소리는 왜 별로 들리지 않는가? 지구 곳곳에서 생태 학살(ecocide)을 저지르고 있는 개발 산업, 온실가스 배출 약속을 지키지 않는 각국 정부, 그리고 화석 연료 산업을 지속시키는 에너지와 발전 기업에 대해서는 왜 인권의 이름으로 책임을 추궁하는 목소리가 잘 나오지 않는가?

이 점은 전통적인 인권 이론과 실천의 한계로 늘 지적을 받아 왔다. 즉 어떤 문제의 피해를 입은 개인과 그 문제의 직접적 가해자에게는 관심을 기울이지만, 그 문제가 애당초 발생한 근본 원인에는 크게 관심을 기울이지 않는 한계가 인권에 내재해 있다는 말이다. 그런 문제까지 인권이 다루기는 어렵다고 생각하는 사람들이 많다. 하지만 이런 태도야말로 21세기가 얼마나 심각한 반인권적 구조 내에서 작동하는 시대인지를 잘 인식하지 못하는 것이다.

이런 이유 때문에 우리가 인권을 대할 때 직접적 인권 침해 문제와 근본적 인권 침해 문제를 함께 다루어야 하는 것이다. 정리하자면 인권 운동은 코로나로 인한 피해자 문제에 대해 비판하고 발언하면서, 그와 함께 기후 변화와 환경 파괴에 대해서도 똑같은 열정과 공분을 지니며 비판하고 발언해야 마땅하다.

이렇게 말하는 사람도 있을지 모르겠다. 인권 운동은 인권 문제에, 환경 운동은 환경 문제에 집중하는 게 맞지 않는가? 흔히 이런 식으로 세상사를 나눠서 생각하는 경향은 구획화된 관념의 오류라 할 수 있다. 모든 것이 모든 것과 연결되어 있음이 세상의 이치다. 점점 더 좁아지고 점점 더 서로 의존하는 세계에서 문제를 하나의 각도에서

만 풀려고 해선 안 된다. 인권은 인권이 자리 잡고 있는 사회와 세계의 넓은 맥락 속에서, 다른 여러 분야와 연결해 통합적으로 접근할 때 문제가 제대로 보이고 해결책도 제대로 찾을 수 있다.

나는 인권에 관심이 있고 인권을 옹호하는 수많은 선의 있는 사람들이 조금만 더 시야를 넓혀 인권을 바라보면 좋겠다고 생각한다. 평소에 인권을 생각하는 열성 중 일부만이라도 근본 원인에 대해 관심에 쏟는다면 오래지 않아 긍정적인 변화가 올 것이라고 믿는다. 나무와 가지만 보지 말고 날개를 단 새처럼 하늘 위에서 세상 전체를 조망하면서 숲을 내려다볼 줄 아는 인권 옹호자가 되기를 기대한다. 그렇게 질적으로 달라진 시각으로 인권 오디세이의 여정에 동참하는 사람이 많아질수록 우리 공동체의 인권은 그만큼 더 전진할 수 있다.

인명

인권의 최전선 — 조효제 교수의 미래 인권 강의

2020년 8월 15일 초판 1쇄 발행
2023년 2월 24일 초판 3쇄 발행

- 지은이 ──────── 조효제
- 펴낸이 ──────── 한예원
- 편집 ──────── 이승희, 윤슬기, 양경아, 김지희, 유가람
- 본문 조판 ──────── 성인기획
- 펴낸곳   교양인
   우 04015 서울 마포구 망원로6길 57 3층
   전화 : 02)2266-2776 팩스 : 02)2266-2771
   e-mail : gyoyangin@naver.com
   출판등록 : 2003년 10월 13일 제2003-0060

ⓒ 조효제, 2020
ISBN 979-11-87064-55-8   03300

이 도서의 국립중앙도서관 출판예정도서목록(CIP)은 서지정보유통지원시스템 홈페이지(http://seoji.nl.go.kr)와 국가자료종합목록시스템(http://www.nl.go.kr/kolisnet)에서 이용하실 수 있습니다.(CIP제어번호: CIP2020031893)